對本書的讚譽

掌握最佳資訊的金融分析師會比其他同業具有優勢。本書可以幫助你獲得這項優勢。

> —*Thomas Majewski, Managing Partner,*
> *Eagle Point Credit Management*

本書是資訊密集型財務分析業務中不可或缺的工具，對於那些希望利用當今技術來提高決策水準並在市場上獲得競爭優勢的專業人士而言，這是非常寶貴的指南。Justin Pauley 是結構融資領域的領導者。他的見解都是利用當今技術產生的實證資料。

> —*David Trepanier, CFA, Head of the CLO/Structured Products*
> *Business for a leading US financial institution*

在一小群真正有才華的金融分析師中，只有一小部分人真正理解如何利用技術。Justin Pauley 是在這兩方面都很出色的少數人之一。Justin Pauley 不僅有能力有效收集和管理資料，還能使用這些資料提供清晰簡明的分析。

> —*David Preston, CFA, Managing Director, Head of CLO and*
> *Commercial ABS Research, Wells Fargo Securities*

在進行財務分析時，技術工具的重要性無需贅言。Justin Pauley 已經成為結構化產品市場的領導者，在很大程度上是因為他對技術的掌握。本書歸納整理了他取得金融數據的經驗，這是絕無僅有而且寶貴的。無論分析師的技術專長如何，都能從本書學到有用的東西。

> —*Dylan Ross, Partner, Brigade Capital Management*

金融數據解密

Unlocking Financial Data
A Practical Guide to Technology for Equity and
Fixed Income Analysts

Justin Pauley 著

陳泳如 譯

目錄

前言 xi

第一章　　　緒論 1

概覽 2

　　第一部分：取得金融數據 2

　　第二部分：分析金融數據 3

　　第三部分：製作財務報表 3

金融市場 4

　　股票 4

　　公司貸款（銀行債務、槓桿貸款） 5

　　公司債券 6

三種途徑 6

　　途徑一：Microsoft Excel 7

　　途徑二：Microsoft Access 7

　　途徑三：C# 8

範例檔案下載 9

小結 9

第二章　　　組織金融數據 11

途徑 1：Excel 12

　　Excel 範圍與 Excel 表 12

　　增加參照欄 14

資料驗證 16

途徑 2 和 3：在 Access 中的表 17

將資料與查詢連接起來 19

小結 20

第三章　　彭博 21

識別資料欄 22

游標懸停 22

FLDS 篩選 23

彭博函式產生器和 Excel 中尋找資料欄 24

如果其他皆失敗 26

Excel 範例 26

取出單一資料欄 (BDP) 26

取出批量資料 (BDS) 29

取出歷史資料 (BDH) 31

同業證券 34

指數 35

同業 36

相關證券 37

途徑 1 與途徑 2：Excel 與 Access 38

公司債券、貸款和指數 38

公司工作表 43

參照和覆寫 46

途徑 3：彭博 C# API 47

將 Microsoft Access 設定成適合 C# 開發 47

彭博 C# API 53

基本參照範例 54

基本歷史資料範例 58

增加 Access 資料庫的資料 62

小結 73

第四章　　IHS Markit：公司大數據 75

公司貸款 75

資料請求 76

　　　　　　授信資訊 76

　　　　　　貸款報價、金融和分析 82

　　　公司和主權債券 85

　　　途徑 1：儲存 Markit 資訊至 Excel 85

　　　途徑 2：將 Markit 資料匯入 Microsoft Access 87

　　　途徑 3：使用 C# 匯入 Markit 資料 88

　　　小結 93

第五章　　金融數據分析 **95**

　　　資料完整性 96

　　　　　　檢查資料 96

　　　　　　樣本大小 97

　　　　　　離群值 98

　　　投資組合 99

　　　　　　投資組合工作表 100

　　　　　　投資組合資料庫表 101

　　　將 Excel 工作表連接到 Microsoft Access 103

　　　保存歷史 104

　　　　　　途徑 1：Excel 104

　　　　　　途徑 2：Microsoft Access 107

　　　　　　途徑 3：C# 109

　　　小結 112

第六章　　相對價值分析 **113**

　　　途徑 1：Excel 114

　　　　　　Excel 中的相關性和迴歸 114

　　　　　　同業組合 120

　　　　　　評等 121

　　　　　　統計工作表 122

　　　　　　並排比較 125

　　　　　　指數 127

　　　　　　加權 z 分數 128

　　　途徑 2：Access 130

　　　　　　Access 中的相關性和迴歸 131

　　　　　Access 中的中位數 132

　　途徑 3：C# 134

　　　　　相關性和迴歸 134

　　　　　同業組合 139

　　　　　評等 139

　　　　　統計表 139

　　　　　並排比較 148

　　　　　加權 z 分數 149

　　小結 150

第七章　　投資組合風險分析 **151**

　　途徑 1：Excel 152

　　　　　變異數、波動率和標準差 152

　　　　　夏普比率與歷史或預估回報 159

　　　　　投資組合明細 163

　　　　　警示訊息 175

　　途徑 2：Access 178

　　　　　投資組合分項 178

　　　　　警示訊息 183

　　途徑 3：C# 184

　　　　　夏普比率與歷史或預測回報 184

　　　　　投資組合分項與警示訊息 194

　　小結 194

第八章　　市場分析 **195**

　　途徑 1：Excel 196

　　　　　新發行貸款分析 196

　　　　　再融資 199

　　　　　價格歷史 202

　　途徑 2 與 3：Access 與 C# 207

　　　　　新發行貸款分析 208

　　　　　再融資 209

　　　　　價格歷史 210

更進一步 213

小結 216

第九章　　**製作報表** **217**

途徑 1：Excel 218

途徑 2：Microsoft Access 229

途徑 3：C# 與 SSRS 232

小結 246

第十章　　**投資組合報表** **247**

監控績效和風險 247

途徑 1：Microsoft Excel 248

計算回報 249

投資組合報表 257

途徑 3：C# 與 SSRS 263

小結 271

第十一章　　**結論** **273**

附錄 A　　**參照表** **275**

索引 **293**

前言

以下的說明，應該可以有助於瞭解這本書是否適合你：

- 本書將幫助你將你的觀點與來自彭博或 IHS Markit 的金融數據結合起來，你無需自行登入彭博取得（但我們建議你這麼做），分析結果並使用 Excel 製作專業報表，無需任何程式設計或 IT 部門的協助。

- 本書將逐步向你展示如何透過包括歷史財務數據、比較分析和相對價值在內的市場數據快速製作專業報表，以增強你的觀點。

- 對於基金經理人而言，本書示範如何產生專業投資組合總結報表，其中包含對投資組合績效表現、成長性、風險調整後回報和構成的高層次觀點。

- 如果你是程式設計師或潛在程式設計師，本書針對相同的議題也會利用 C# 示範。

- 本書的訴求是 "實用"。你需要具備的知識是對金融和 Excel 的基本理解，不需要懂程式設計、VBA 或高級數學。

要理解我為什麼寫這本書，得先了解我的背景。我一直很喜歡電腦，我的第一份工作是替 Wachovia（現在的 Wells Fargo）設計程式，這並不奇怪。然而，在我職業生涯的早期，我意識到一件重要的事情會讓我走上一條截然不同的職涯道路。我意識到，技術取得和分析資料的能力在其他領域（尤其是財務部門）中比在 IT 部門的程式設計師中更有價值。

擔任程式設計師工作三年之後，我轉到了銀行的研究小組，並利用我的電腦技能發掘了大量的市場賺錢機會和有可能是無法取得的內部資訊。相對於其他分析師，這些技能是我極大的優勢，我在蘇格蘭皇家銀行擔任研究部主管後，轉換跑道成為紐約資產管理公司 Brigade Capital Management 的高級結構化信貸分析師。在 Brigade，我仍然利用我的技術在評價投資機會上取得優勢。

在我的職業生涯中，我教過許多同事這些技術。這些技術可以幫助從彭博提供的資料中做很多有用的分析，這些分析都不需要用到程式技能，你只需要大部分金融從業人員都具備的能力：分析思維和 Excel 經驗（當然還有本書）。

對我的程式設計師同行來說，本書並沒有打算根據 API 文件重新發明輪子。本書提供的 C#範例，可以幫你從彭博和 IHS Markit 取得市場資料，使用 Math.Net 開源函式執行財務分析，以及使用 SQL Server 報表服務（SSRS）實現專業報表的自動化。

我想寫本書讓更多的人可以學到這些技巧，讓他們的履歷可以更加亮眼。

本書編排慣例

 由於頁面的顯示限制，本書中的許多程式碼被強制斷行。如果你在系統上執行程式碼，則不需要這些斷行。

本書使用下列編排慣例：

斜體字（*Italic*）
   表示第一次提到的術語、網址、電子郵件位址、檔案名稱及其副檔名。

定寬字（`Constant width`）
   用於程式清單以及段落內用於引用程式元素，如變數或函式名稱、資料庫、資料型態、環境變數、語句和關鍵字。

定寬粗體字（**`Constant width bold`**）
   表示命令或應由使用者輸入的資料。

定寬斜體字（*`Constant width italic`*）
   表示由使用者依實際需要而替換的文字。

 此圖代表一般性說明。

 此圖代表警告或注意事項。

使用範例程式

補充資料（程式碼範例、練習等）可從 *http://bit.ly/unlockFD_examples* 下載取得。

本書的目的為協助讀者完成工作。一般來說，你可以在自己的程式或文件中使用本書的範例程式碼，除非重製了程式碼中的重要部分，否則無須聯繫我們。例如，為了撰寫程式而使用本書中的數段程式碼，這樣無需取得授權；但是將書中的範例製作成光碟並銷售或散佈，則需要取得授權。此外，在回覆問題時引用了本書的內容或程式碼，同樣無須取得授權，但是把書中大量範例程式放到你自己的產品文件中，就必須取得授權。雖然沒有強制要求，但如果你在引用時能標明出處，我們會非常感激。出處一般也包含書名、作者、出版社和 ISBN。例如 "*Unlocking Financial Data* by Justin Pauley (O'Reilly). Copyright 2018 Justin Pauley,978-1-491-97325-7"。

假如你不確定自己使用範例程式的程度是否涉及侵權，歡迎隨時聯絡我們：
permissions@oreilly.com。

致謝

這本書獻給予我極大支持且令人讚嘆的太太，Emily Pauley。另外，非常感謝提供時間和協助的人。沒有你們，我無法憑一己之力完成（沒有按特別的順序）：Alex Belgrade、Scott Moore、Jeana Curro、Dan Bleicher、Matt Perkal、Sumit Sablok、Tom O'Shea。

第一章

緒論

簡而言之，財務分析師的角色就是評估債券、貸款、股票，甚至是證券化的商業房地產貸款組合等的價值。換句話說，分析師必須確定他將買入或賣出證券的價格。沒有統一的方法，模型或分析師用來確定價值的公式，因為每筆投資都不相同。然而，估值過程通常由兩個重要步驟組成：

- 分析師需要了解每筆潛在投資的內外情況，找出其中的細微差別以及賠錢或賺錢的可能性。

- 由此產生的風險調整後回報將與其他潛在投資相比較，以確定投資是便宜、貴，還是公平價值。

每檔證券不是只要執行一次評價就行；投資必須持續重新評價。在當今的全球經濟中，投資風險不斷變化，受商品價格變化、政府法規、自然災害、消費者情緒以及無數其他變數的影響。同樣地，即使這些變數不直接影響證券，但它們也可以使投資相對於其他受到影響的證券看起來便宜或貴。

評價一檔證券的過程非常複雜、耗時，而且通常需要分析大量金融數據。大部分金融數據由發行公司或銀行銷售端提供，但無法完整、公正地描述狀況。更重要的是，大多數公司可以獲得大量有助於評價過程的金融數據，但很少有技術團隊知道如何利用它，甚至知道它存在。

本書將告訴你如何釋放彭博資料的真正潛力，而不僅僅是使用彭博終端機。只需利用 Excel，而無需任何寫程式經驗，本書示範除了僅使用彭博進行篩選以外的取得資料方式，按照自己想要的方式進行組織取得資料，並將其與你的觀點和見解連結起來，以做出投資決策。本書還討論了如何從 IHS Markit 取得資料，這是取得公司債券和貸款數據的最佳來源之一，尤其是報價部分。許多銀行、資產管理公司和避險基金都已經訂閱了 Markit，但大部分資料都用於支持內部系統，並且很少能經由分析師的手而讓它發揮效用。

除了示範如何取得金融資訊之外，本書的第二部分涵蓋了資料分析、介紹如何使用金融數據確定相對價值、衡量證券組合的風險、計算證券之間的相關性，並透過分析貸款價格變動、發行和再融資來衡量市場趨勢。

最後，我們將所有的部分組合在一起，將資料和分析與你的見解相結合，以產生完全符合你需要的客製化報表。這些報表不是依靠流於形式的罐頭報表，而是使用你認為合適的同業、與你認為有意義的相對應基準指數去比較公司的績效，以及你認為重要的財務類別和計算。

儘管這些資料取得、分析和報表被設計為可以輕鬆實現、維護和無須編寫程式即可自動更新，但本書也利用 C#（程式語言）去處理處理相同的議題（給程式設計師或潛在程式設計師參考）。資料和資訊在任何產業中都很受重視，當然金融業也不例外，因為開發人員編寫程式和查詢資料庫的能力可以使她身為分析師更有價值。本書將示範如何取得金融資訊、對大型資料集執行不同類型的簡單財務分析，以及使用 SQL Server Reporting Services（SSRS）產生財務報表，而無需 SQL 伺服器。如果你對 Excel 和 C# 之間的步驟感興趣，我們會使用 Microsoft Access 資料庫示範相同的題材。

本章將深度針對本書每一章節提出重點概念和目標。還會根據你投資的資產類別（股票、債券和貸款）來解釋本書如何使你受益。

概覽

本書分為三個部分：取得金融數據、金融數據分析和產生財務報表。本小節將敘述每一部分主旨提供的實用目標內容。

第一部分：取得金融數據

第一部分包括第 2 章到第 4 章，介紹如何使用彭博和 Markit 取得和儲存有關股票、指數、債券和銀行貸款的金融數據。透過從這些系統中提取這些資訊，你將能夠執行以下操作：

- 取得無法僅靠彭博篩選而獲得的額外資料
- 產生包含公司資料的表格，這些表格可以同時比較多家公司、債券或貸款
- 探索大多數可交易的公司債券和貸款市場之每日價格和授信資訊
- 僅顯示重要的類別，按照你的偏好進行排列
- 使用其他來源覆蓋錯誤或缺漏的資訊

- 根據你的見解對公司進行分類以建立適當的同業群組

- 將彭博和 Markit 資料與你的自定義計算和見解相結合

在本部分結束之後，你將能夠整理原始金融數據來賦予它更高的價值，並且比使用彭博終端更靈活。此外，第 3 章中的技術將確保你以易於維護的方式儲存資料，並與其他資料集結合使用。

第二部分：分析金融數據

第二部分包括第 5 章至第 8 章，將第一部分收集的金融數據透過財務分析的方式展現，有助於理解其意義。第二部分首先將單一證券與其同業進行比較，然後擴展到在投資組合層面檢驗風險，最後結合更廣泛的市場趨勢。透過使用本部分中的財務分析方法，你將能夠執行以下操作：

- 利用相關性和迴歸確定兩種證券（或指數）之間的關係

- 將每一證券的績效與具有類似風險和回報特徵的證券同時進行比較

- 使用加權的 Z 分數對證券進行相對表現排名

- 透過計算變異數、標準差和夏普比率來衡量投資組合風險調整回報

- 將一個投資組合 "分類" 到不同的組中，比較出無法輕易發現的集中程度和趨勢

- 使用不同的指標來強調風險，建立投資組合門檻

- 使用 Markit 資料識別有意義的價格趨勢、新發行債券利差和再融資

在本部分結尾處，你能夠由第一部分收集的不同資料集得到未來展望、突顯風險程度並識別趨勢。此外，第 6 章中介紹的方法將向你展示如何維護歷史記錄並進行分析第一部分所收集到的資料。

第三部分：製作財務報表

第三部分（第 9 章和第 10 章）接續了第一部分和第二部分的成果，示範如何為各個公司和投資組合製作分析報表。在本部分中，前面部分的資料和分析將以你偏好的方式顯示。本部分將示範如何執行以下操作：

- 為個別公司建構兩頁分析報表（"公司現況說明書"），這些報表包含重要的歷史財務數據、定製備註、公司與同業的相對價值比較，以及分析師的目標價格趨勢

- 使用投資組合或指數的歷史回報計算時間加權（幾何）投資組合回報、年化投資組合回報、年化投資組合標準差和夏普比率
- 構建一份兩頁投資組合總結報表，包含具更高層次綜觀其投資組合績效、成長性、風險調整後回報和構成

在本部分的最後，你將能夠透過簡單地從下拉式清單中選擇公司名稱而無需任何編寫程式來產生客製化專業公司報表。此外，你將能夠繪製投資組合的績效表現，並將風險和回報與基準指標進行比較。

金融市場

本書著重於三個主要金融市場：股票、公司債券和公司貸款。儘管如此，你可以將本書中的許多應用直接套用於其他市場，如結構性產品、地方政府債券等。

股票

本書提供相當豐富的內容給負責研究股票市場的分析師。本書的第一部分示範如何從彭博產生一張關於指數成分股其基本面和技術分析資料表（轉換為單一幣別）。因為檔案格式是 Excel，你可以用自己的資料輕鬆地補充彭博資料。例如，透過增加你自己的類別欄，你可以將類似的公司正確分組在一起，而不是憑藉通常具有誤導性的產業分類法。此外，彭博擁有大量的金融公司資料。本書向你展示如何找到你正在尋找的確切資訊，而不是透過每個公司的幾十個類別篩選進行分頁。以下只是其中一些類別：

- 部門、產業、子產業
- 股票浮動利率的短期利率
- 標準普爾和穆迪評等
- 市值、企業價值、每股盈餘
- 債務總額、債務淨額、債務總額 / 稅前息前折舊攤銷前收益
- 股息總收益、十二個月總回報
- 三個月和年初至今的價格變化（%）
- 利息保障倍數、自由現金流量（FCF）、自由現金流量 / 債務總額
- CDS 利差

- 買、賣、持有建議

- 毛利潤、過去 12 個月之稅前息前折舊攤銷前收益

- 財務歷史數據

本書的第二部分示範如何計算兩家公司或公司與基準指數之間的關係（相關性和 Beta 值）。它還為每個定制類別的 Excel 公司表增加了中位數數據。你可以使用此中位數來比較每家公司與其同業的績效表現。

最後，第三部分向你展示如何設計自己的公司報表，而不是依賴第三方報表。藉由客製化你自己的報表，你可以加入你想要的類別以及你自己的備註和計算。

公司貸款（銀行債務、槓桿貸款）

和股票一樣，本書的第一部分將彭博的一系列有用的類別引入 Excel（或 Access），其中包括：

- 利差、下限、指數

- 到期

- 穆迪和標準普爾授信評等

- 年初至今和三個月價格變化

- 利差折價、收益率

- 下一個贖回日、贖回價格

然而，與股票不同的是，本書第一部分介紹如何從具豐富貸款資訊的 IHS Markit 取得貸款資料。此外，Markit 資料適用於大多數可交易貸款的全部而不是子集。將貸款的每日貸款價格與每筆貸款的授信資訊相結合，可以讓你看出像是某個產業出售的貸款這類的趨勢。以下是 Markit 貸款授信的一些資料：

- 發行人、產業、授信類型

- 保薦人、主代理、管理代理

- 額度、利差、下限、原始發行折價（OID）

- 美國銀行家協會委員會統一證券代碼程式（CUSIP）

- 留置類別（第一留置權、第二留置權等）

- 契約精簡貸款標誌

- 穆迪和標準普爾評等

- 發行日期、結束日期、到期日

在第二部分中，貸款按其母公司的類別以及其風險和回報特徵進行分類，例如較短 CCC 額度貸款。然後將貸款再與他們同業的中位數相比較排序，有助於比較後的情況清楚列示。除了授信層面的資訊和價格外，Markit 還提供了本書第二部分中使用的再融資資訊，以確定各產業的收緊或擴大趨勢等。

公司債券

像股票一樣，彭博有很多公司債券資料可以提取到 Excel（或 Access）表格中。其中一些領域包括以下內容：

- 息票

- 到期

- 穆迪和標普的授信評等

- 利差和收益率分析（經由彭博執行 YAS）

- 年初至今和三個月價格變化

- 可贖回標誌、下一個可贖回日期、下一個可贖回價格

如同貸款，債券也將在第二部分中進行分類。然後將所得到的每個類別的中位數用作該類別中每檔債券的基準。

三種途徑

本書透過三種不同方式（途徑）讓讀者將概念實作，技術難度從最簡單到複雜依序為：Excel、Microsoft Access 和 C#。如同各章中的概念相互連貫，而實作也是如此。因此，才會使用 "途徑" 命名，因為在閱讀本書時你將循序漸進實作。

由於大多數人都熟悉 Excel，因此大多數章節都使用 Excel 作為闡述概念的主要方法。把 Excel 的活頁簿匯入 Acess 中，用資料查詢的方式取代複雜的 Excel 公式。C# 途徑則利用編寫程式的方式，從第三方系統（Bloomberg and Markit）把資料萃取出來，將資料和分析結果儲存在 Microsoft Access 中，並使用 SSRS 生成報表。

每章分為三個途徑有兩個原因。首先，本書針對不同的讀者。這些概念對於擁有多年 Excel 經驗但從未使用過資料庫或編寫過程式的財務分析師來說非常有用。另外，對於開發人員來說，有比使用 Excel 更直接的方式來取得、操作和儲存資料。第二個原因是鼓勵那些從未使用資料庫或編寫程式的人動手嘗試。儘管本書並沒有教如何查詢資料庫或編寫程式，但可以將你在這裡學到的東西與《如深入淺出 C#》這類 C# 教學書籍的內容結合起來。此外，初學者可以使用 Excel 的例子來理解 C# 程式碼。下面的小節概述了每條途徑的優點和缺點。

途徑一：Microsoft Excel

無論你是分析師、程式設計師、科學家、會計師還是任何其他專業人士，如果你從事處理數字相關工作，則可能會使用到 Excel。Excel 是市場上最強大、最靈活、最受人喜愛的分析程式之一。除了令人印象深刻地兼具功能強大的函數和圖表工具之外，Excel 擁有任何人都能輕易上手的直觀界面。然而，相對於 Access 和 C#，它仍有一些缺點：

- 儘管 Excel 在計算數千筆資料時非常出色，但它在處理非常大的資料集時效率仍然非常低。大量的欄位或資料可能導致性能下降，甚至系統癱瘓。

- Excel 公式可能很快變長、複雜並且難以閱讀。除了最基本的計算之外，執行任何操作都可能用到多個內部函數和矩陣函數。

- 儘管 Excel 公式非常動態，但它們可能難以維護。只是單純地新增一個欄位都有可能會將錯誤引入公式中而不容易被發現。

- 出現問題時，複雜的公式可能難以除錯。

途徑二：Microsoft Access

雖然 Microsoft Access 只是微軟 SQL Server 的一個非常簡化的版本，幾乎每個人都可以使用 Access，而不必向 IT 部門詢問許多問題。Access 是一款出色的資料庫應用程式，可以輕鬆連結 Excel 資料、匯入 CSV 檔或自行產生包含數百列的表格（最多約 2GB）。使用 Access 並不比使用 Excel 困難。與 Excel 類似，資料儲存在資料表，這與 Excel 工作表非常相似除了欄已經預先定義（日期、文本、數字等）。但是，取代使用 Excel 冗長公式，Access 使用名為 "結構化查詢語言"（SQL）的語言去篩選資料，SQL 易於使用和閱讀。你可以使用 SQL 匯入多個表中的資料，而且它包含許多與 Excel 相同的彙總函數（平均值、最大值、最小值、標準差等）。簡單查詢並取得 2017 年出版的圖書數量可能如下所示：

```
SELECT COUNT(*) FROM Books WHERE Year(PublicationDate) = 2017
```

在本書中，那些遵循途徑二的人將先透過 Excel 從彭博取得資料，然後將 Excel 工作表匯入到 Access 進行查詢。Access 的長項就是簡化查詢資料的方式。但是 Access 也有其缺點：

- 其內建的報表功能在許多方面都遜色於 Excel。除了較難上手外，它缺少很多 Excel 的圖表功能。

- Access 的彈性不如 Excel。你不能直接在儲存格中鍵入公式或將圖表拖放到表格旁邊。

- 在查詢中取得前一列的值可能比預期的更複雜。

- 查詢結果不像 Excel 那樣容易格式化。

- 雖然 Access 可以輕鬆連接到 Excel 工作表以取得彭博資料，但無法直接連接到彭博。

- 雖然它們是可讀取的，但 SQL 查詢也可能變得複雜而且冗長。

途徑三：C#

C#（發音為 "C sharp"）是一個基於 Microsoft.NET Framework 的程式語言。儘管功能強大，但 C# 非常簡單易用。而且，微軟的 Visual Studio 整合開發環境（IDE，用於編寫程式的工具）為用來撰寫應用程式的最佳開發工具之一。與 Access 和 Excel 不同，C# 不受表、列和欄的限制。它可以從 Excel、Access、網站、電子郵件、彭博、文字檔或其他任何東西中取得資料。C# 也可以挖掘無窮盡的數學、科學和金融功能。資料和計算結果可以傳遞給 SSRS 產生漂亮的報表，並可以用少量程式碼轉換為 PDF 或 Excel 檔。最後，因為 C# 可以產生應用程式，所以可以很容易按排程更新資料、產生報表或發送電子郵件。儘管如此，C# 還有其缺點：

- C# 需要比 Excel 更多的前置作業。它需要幾十行程式碼才能從彭博資料中取出資料，而不是使用簡單的 Excel 公式。

- SSRS 可用來與 C# 一起製作報表工具，功能強大且全方位，但它不如 Excel 那樣容易上手。

- 不是每個人皆能夠不需要先獲得 IT 部門特別許可就能在辦公室電腦中安裝 C#（.NET）。

- 儘管 C# 是較容易學習的程式語言，但它還是有學習曲線。像任何程式語言一樣，C# 也有自己的語法和細微之處。

雖然我鼓勵你探索新技術，但這些概念比實行更重要；請使用最適合你和所處情況的方式。

範例檔案下載

你可以從 O'Reilly 的網站下載本書使用的範例 Excel 活頁簿、Access 資料庫和 C# 程式碼,並對其進行修改以滿足你的需求,不需要重製每個步驟。但是,了解每一步的目的仍然很重要,可降低錯誤發生。此外,由於授權問題,我無法提供所有資料(尤其是來自 Markit),所以有一些資料將被替換為已編制後的資訊。

你可以從此網址下載這些檔案:*http://bit.ly/unlockFD_examples*。

小結

在作出投資決定時,最重要的是分析師的說服力。說服力無法傳授,它來自多年的經驗(有時會失敗)。經驗會告訴你數字是否合理,或者 CFO 有沒有老實回答財報電話會議的問題。世界上所有的資料和分析都無法代替說服力。本書的目標是幫助你加強取得資訊的能力,進而建立說服力和找到新的投資機會,從而為你提供優勢。

第二章

組織金融數據

數據！數據！數據！沒有粘土我無法製作磚塊。

—夏洛克·福爾摩斯

從彭博和其他來源直接取得金融數據雖然方便，但請花一點時間規劃資料儲存的方式，在未來可以幫你省下很多麻煩。使用佈局或架構是不可少的一個步驟，因為未經過組織的資料可能會難以處理並且容易出錯。例如，以 Excel 活頁簿或 Access 資料庫來追蹤學生、教師和課程。如果使用教師的全名追蹤每個課程的教師，萬一教師結婚後決定更改她的姓氏，那麼每個對該名稱的參照都需要更新。如果有個地方沒改到，可能就會發生大問題。如果學校規模很大，可能會有同名同姓的教師，這也會造成排課和薪資單錯誤。

為了解決這個問題，我們需要用所謂的 "第三正規化" 來儲存資料。簡而言之，我們將為每組資料產生一個資料庫或 Excel 表格（Student 表、Teacher 表、Class 表等）。這些工作表或表中的欄位只會包含屬於其各自實體的屬性。這被認為是擁有一個關係。透過這個方式，則沒有資訊或屬性會重複。例如，教師的全名只會出現在 Teacher 表中，因為教師 "擁有一個" 名字。有關課程（生物學、數學等）資訊的 Class 表不應該包含一個是教師姓名的欄位，因為這會導致資訊重複。

然而，這樣會有如何將教師分配給課程的問題，畢竟課程 "擁有一位" 教師。當你需要一個表來參照另一個表中的實體（教師、學生等）時，我們使用一個主鍵。主鍵只是一個永遠不會改變的唯一識別碼，例如教師 ID 或社會安全號碼，用於標示表格中的唯一列。

由於唯一識別碼永遠不會改變，因此我們可以將它用作 Class 表中的參照（也稱為**外來鍵**），以參照 Teacher 表中的教師。因為 Class 表透過主鍵參照教師，所以如果教師要更改姓名，則只需針對教師部分做更新。聽起來很複雜，但只要記住一個重點：不應該在多個地方儲存相同的資料。

本章示範如何在 Excel 和 Access 中產生這些範例表，並告訴你如何正確儲存和檢索資訊。

途徑 1：Excel

Excel 範圍與 Excel 表

Excel 是非常好用的工具，因為你可以將資料和公式放在工作表的任何位置。但是，如果不增加一些結構，公式就會變得很難閱讀，而且可能會發生容易被忽視的錯誤。人們因為模型中（對於 Excel 工作表來說是一個奇特的詞）的錯誤而失去金錢和工作。有種方法可以避免避免這些問題發生，就是將 Excel 範圍轉換為 Excel 表格。

在 Excel 工作表上，任何儲存格間的連接都是以 Excel 範圍表示。Excel 範圍不太受限；他們可以是單個儲存格或整個工作表。另一方面，Excel 表藉由增加欄位標題並提供命名參照將結構增加到 Excel 範圍。例如，如果學生的名單被保存在 Excel 工作表的任意位置，則計算學生人數的公式將如下所示：

```
=COUNTA(A1:A14)
```

如果欄被移動或增加了新列，則公式可能不會計入正確的列數。但是，如果將該 Excel 範圍轉換至標有 "Student" 的 Excel 表，則公式如下所示：

```
=COUNTA(Student[StudentID])
```

在這種情況下，你可以確認它一定會包括表內的所有學生。要填入 Excel 範圍並將其轉換為 Excel 表，請使用以下步驟：

1. 在第 2 列中，標記 A 到 E 欄中的儲存格：StudentID、FirstName、LastName、DateOfBirth 和 Sex。

2. 在第 3 ～ 8 列中，增加對應於第 1 列中欄位標題的學生資料。

3. 選擇按照步驟 1 和 2 而產生之 Excel 範圍中的每個儲存格。

4. 在 Excel 功能區的 "常用" 標籤上，選擇 "格式化為表格"（或按 Ctrl-T）。確認在標註 "有標題的表格" 的核取方塊已打勾，然後點擊確定。

圖 2-1 顯示了本章用來討論第三正規化和以正確方式儲存資料的幾個 Excel 表格。

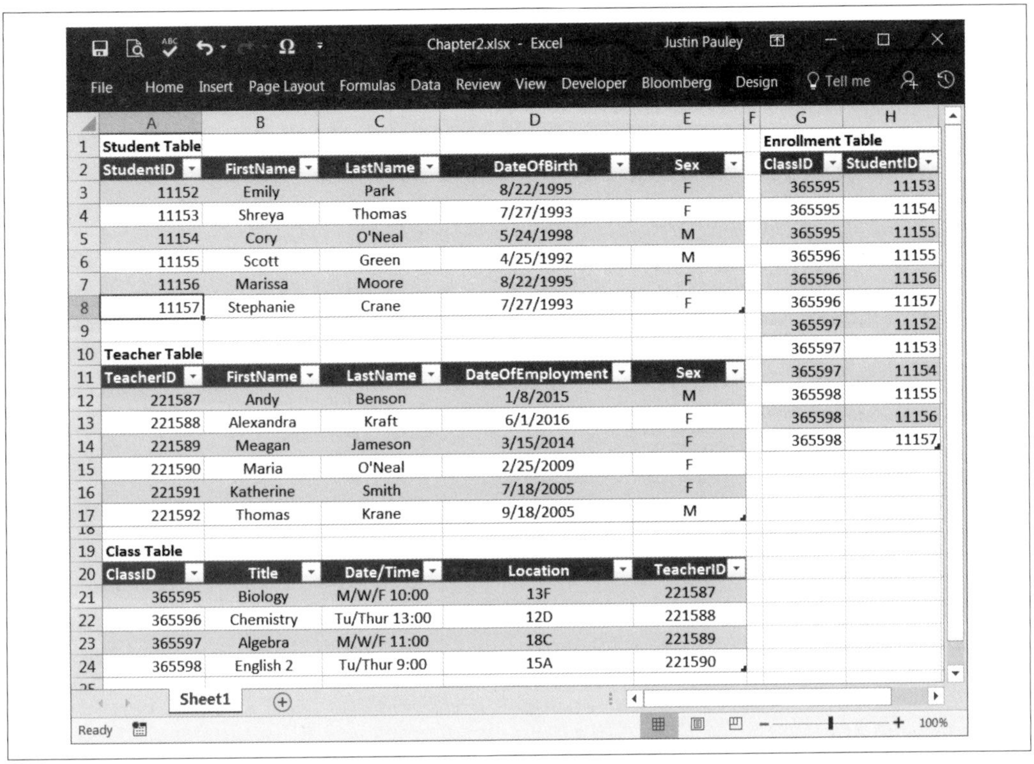

圖 2-1：Excel 清單範例

將 Excel 範圍轉換為表格後，除了可以直接套用豐富多彩的格式，還可以直接利用欄位標題旁的下拉式清單中直接排序或篩選。此外，在表格上按右鍵，選擇「表格＞合計列」，會在表格下方新增一列合計（Total）列，你可以分別選擇每一欄想要使用的彙總函數（圖 2-2）。

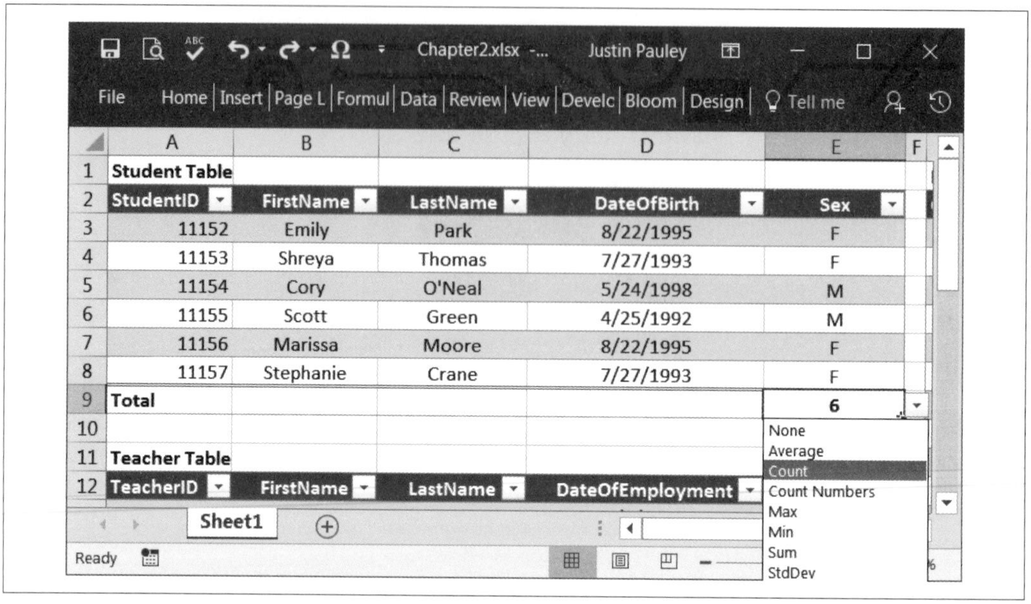

圖 2-2：Total 列的下拉式清單

標記你的表格很重要。為此，請點擊表格中的任意儲存格，然後在功能區上點擊 “設計” 索引標籤，接著在標有 “表格名稱”（位於左上角）的文字框中鍵入名稱（如 Student）。圖 2-1 中的表格標有：Student、Teacher、Class 和 Enrollment。標籤很重要，因為它使得參照每個 Excel 表格的公式更容易去讀和寫。這一點在本章後面會有所體現。

增加參照欄

參照圖 2-1，本例中的資料分為四個表格：Student、Teacher、Class 和 Enrollment。Student 表包含有關每個學生的所有屬性，包括當作主鍵的唯一識別碼（StudentID）。同樣地，Teacher 表包含每個教師的所有屬性，包括唯一識別碼和主鍵（TeacherID）。

Class 表開頭類似 Student 和 Teacher 表，每堂課程的屬性包括主鍵（ClassID）。但是，因為一堂課程 “會有一位” 教師，所以它會有個欄位存放 Teacher 表（TeacherID）的主鍵，以便參照該課程的教師。存放來自另一個表格主鍵的欄位稱為外來鍵。包含每堂課程中學生名單的 Enrollment 表，實際上由兩個外來鍵組成：ClassID 標示學生註冊的課程，以及 StudentID 用來標示該課程中特定學生。此外，因為 Enrollment 表中的每一列都在定義上具有唯一性（學生無法在同一堂課程中兩次），所以我們可以利用結合將 ClassID 和 StudentID 都作為主鍵來標示唯一列。當兩個以上的欄一起使用形成主鍵時，它被稱為複合鍵或複合主鍵。

然而，因為這是 Excel，所以必須參照多個表來標示教師、課程和學生的名稱，這樣的情況有可能讓人覺得麻煩。相反地，我們可以使用 INDEX 和 MATCH 函數利用主鍵和外來鍵將欄位從一個表中增加至另一個表。重要的是，我們並沒有將這些屬性本身增加到其他表中，因此不會違反重複資料的規則；而是在增加參照或連結。如果原始表中的資料進行更新，則所有對該資料的參照也將自動更新。

很多 Excel 使用者習慣用 VLOOKUP 函數來做資料比對，但 VLOOKUP 不如 INDEX 和 MATCH 函數的組合好用。VLOOKUP 的主要缺點是依賴欄位順序和位置。使用 VLOOKUP，你要搜尋的資訊必須位於查詢值的右側。另外，如果新增、刪除或移動欄位，可能會導致 VLOOKUP 參照錯誤的儲存格，從而導致重大問題。當使用 INDEX 和 MATCH 時，就不會發生這些問題。只有與公式中 TeacherID 外來鍵與 Teacher 欄中的 TeacherID 主鍵相符，教師的名字才會增加至 Class 表中，如下所示：

```
=INDEX(Teacher[FirstName],MATCH([TeacherID],Teacher[TeacherID],0))
```

細分公式，INDEX 函數有兩個參數：一個欄位名稱和一個列數。INDEX 函數用該列數傳回該欄中儲存格的值。MATCH 函數有三個參數：查找值、要搜尋的欄位和匹配類型（匹配類型應始終為零）。MATCH 函數傳回包含查找值的列數。結合後，INDEX 函數傳回 Teacher 表中 FirstName 欄的值，其中 Class 表中的 TeacherID 欄與 Teacher 表中的 TeacherID 欄匹配。你也可以將它與教師姓氏結合起來：

```
=INDEX(Teacher[FirstName],MATCH([TeacherID],Teacher[TeacherID],0))
& " " &INDEX(Teacher[LastName],MATCH([TeacherID],Teacher[TeacherID],0))
```

此公式將一欄增加到 Enrollment 表中，以使用 ClassID 顯示 Class 表中的課程名稱：

```
=INDEX(Class[Title],MATCH([ClassID],Class[ClassID],0))
```

此公式將學生的全名增加到 Enrollment 表中：

```
=INDEX(Student[FirstName],MATCH([StudentID],Student[StudentID],0))
&" "& INDEX(Student[LastName],MATCH([StudentID],Student[StudentID],0))
```

這個公式將學生的性別增加到 Enrollment 表中：

```
=INDEX(Student[Sex],MATCH([StudentID],Student[StudentID],0))
```

請注意，如果你更改了任何資訊來源（學生或教師姓名），則使用 INDEX 和 MATCH 參照的儲存格將自動更新。也許看起來有點複雜，但只要你多操作幾次，它就越來越理所當然。另外，Excel 具有非常好的自動完成功能，你可以在輸入時從類別清單中進行選擇。

除了在 Excel 表格中增加參照欄位之外，有時增加包含摘要資訊的欄位也是有幫助的。這可能包括將每堂課程的學生人數等欄增加至 Class 表中，或將每位教師的課堂數量增加至 Teacher 表中。利用設定名稱的 Excel 表格和欄位，將學生人數欄位增加到 Class 表中非常簡單：

```
=COUNTIF(Enrollment[ClassID],[@ClassID])
```

或者，更進一步，計算每堂課女性的學生人數：

```
=COUNTIFS(Enrollment[ClassID],[ClassID],Enrollment[Student''s Sex],"F")
```

請注意，複製和貼上公式在 Excel 表格中的運作方式不同。在 Excel 範圍內，複製和貼上將導致公式被更新，且會參照副本中相對位置的欄位。在 Excel 表格中，複製和貼上儲存格動作將轉化為公式。想要鎖定公式中的儲存格進行拖曳（而不是在公式中使用 $），可以參照像 Class[[ClassID]:[ClassID]] 取代簡單的 [ClassID] 的儲存格。

資料驗證

確認主鍵和外來鍵是正確的非常重要。如果 Class 表有一個 Teacher 表中不存在的 TeacherID，這將是一個糟糕的結果。幸運的是，Excel 有一個資料驗證工具可以幫助維護這些關係。Excel 的資料驗證工具強制儲存格的值須是從集合清單裡來的，且當發生集合清單更改後和外來鍵不再匹配的實例時會有錯誤提醒出現。

然而，不幸的是，資料驗證工具僅適用於命名範圍，而不是 Excel 表格欄名稱。操作以下步驟增加命名範圍，該範圍連接到 Teacher 表中的 TeacherID 清單。

1. 在功能區上，點擊公式索引標籤。在已定義之名稱組合中，點擊定義名稱。

2. 在 "名稱" 旁邊，鍵入 **TeacherIDs**，然後在 "參照到" 旁邊鍵入 **=Teacher [TeacherID]**，接著點擊確定。

　接下來，使用以下步驟將資料驗證增加到 Class 表中的 TeacherID 外來鍵欄：

3. 在 Class Excel 表格中，選擇 TeacherID 欄中的列。

4. 在功能區上，點擊資料索引標籤。在資料工具組合中，點擊資料驗證，然後選擇資料
   驗證。

5. 在儲存格內允許其下拉式清單選擇清單。取消勾選忽略空白之核取方塊。將來源設
   為 =TeacherIDs，然後點擊確定。

結果將呈現 Class 表中每個 TeacherID 儲存格中都有一個下拉式清單，這將允許你只能
選擇 Teacher 表中存在的 TeacherID。此外，透過點擊 "資料驗證" 下拉式清單中的 "圈
選錯誤資料"，Excel 將圈選不正確的外來鍵並繪製紅色圓圈。圖 2-3 顯示了紅色圓圈和
下拉式清單資料驗證功能。

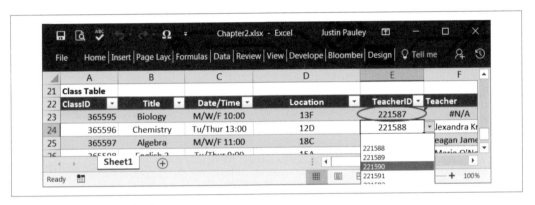

圖 2-3：Excel 資料驗證提醒

途徑 2 和 3：在 Access 中的表

當涉及到資料架構和表之間的關聯時，Microsoft Access 比 Excel 更嚴格。本節示範如
何在 Access 中產生表、在它們之間建立關聯，並使用查詢以組合資料。本節使用了與
Excel 範例相同的一些概念，並且也建議你閱讀 Excel 部分。

第一步是產生如圖 2-1 所示的相同表格。在設計模式下，為每個表增加欄，並將主鍵欄
（StudentID、TeacherID 等）的資料類型設為數值。右鍵點擊主鍵欄，然後選擇主鍵以
確認這些欄是其主鍵欄各自的表格。你不需要對外來鍵（Class 表中的 TeacherID）進行
任何操作。

接下來，用資料填入表格後，在功能區上點擊資料庫工具，然後點擊關聯。將外來鍵從一個表拖曳到其他表中各自的主鍵（將 Class 表中的 TeacherID 拖曳到 Teacher 表中的 TeacherID）。在編輯關聯對話框（圖 2-4）中選擇強迫參考完整性，確保外來鍵匹配主鍵。

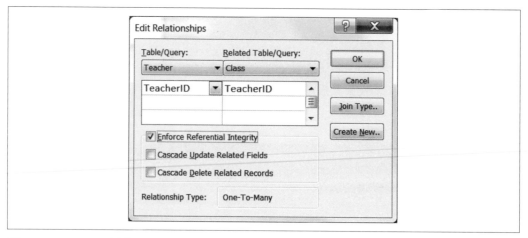

圖 2-4：在 Access 中編輯關聯對話框

在所有關聯建立之後，關聯選項應該如圖 2-5 所示。如果嘗試使用 Teacher 表中不存在的 TeacherID 向 Class 表增加列，這些關聯將導致錯誤。

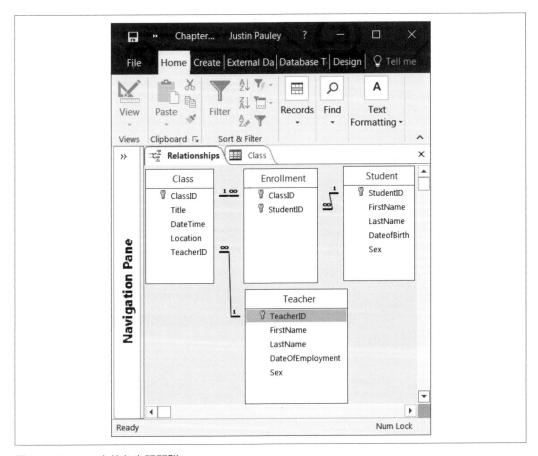

圖 2-5：Access 中的各表間關聯

將資料與查詢連接起來

SQL 看起來好像很恐怖，但並沒有那麼難，其實還比一些複雜的 Excel 公式更容易懂。雖然本書會告訴你怎麼用 SQL，但如果想要深入了解，建議你閱讀 Thomas Nield（O'Reilly）的《*Getting Started with SQL*》。以下是 SQL 查詢的基本語法：

```
SELECT Column1, Column2, Column3 from TableName;
```

此查詢將顯示**表名稱**中每一列的**欄 1** 至**欄 3**。你還可以增加一個 WHERE 子句，以某種表達形式對結果進行篩選。例如，以下內容將傳回 Enrollment 表中 ClassId 為 365595 的所有 StudentID：

```
SELECT
StudentID
from Enrollment
WHERE ClassId=365595
```

你還可以使用 JOIN 陳述式將多個表連接在一起。例如，要修改先前的查詢包含學生名字和姓氏的 Student 表，其中 StudentID 外來鍵與 Student 表中的主鍵相匹配，請使用以下帶有 INNER JOIN 的查詢：

```
SELECT
E.StudentID,
S.FirstName as [Student's First Name],
S.LastName as [Student's Last Name]
From Enrollment E
INNER JOIN Student S on S.StudentID=E.StudentID
WHERE  ClassId=365595
```

SQL 查詢是回答複雜問題的強大工具。雖然 SQL 查詢看起來可能很複雜，但只要仔細閱讀，通常都很容易理解，不會像某些複雜的 Excel 公式那麼難懂。以下查詢將 Class 表連接到 Teacher 表以顯示教師姓名以及課程資訊。此外，它使用子查詢來取出每堂課程的學生人數和女學生人數：

```
SELECT
C.ClassID,
C.Title,
C.DateTime,
C.Location,
T.FirstName as [Teacher's First Name],
T.Lastname as [Teacher's Last Name],
(Select count(*) from Enrollment E where E.ClassID=C.ClassID) as [# of Students],
(Select count(*) from Enrollment E
inner join Student S on S.StudentID=E.StudentID
where E.ClassID=C.ClassID and S.Sex='F' ) as [# of Female Students]
from Class C
INNER JOIN Teacher T on T.TeacherID=C.TeacherID
```

小結

本章介紹了規劃佈局的重要性，以保持資料的有序組織，並避免將來的麻煩。一個好的佈局應該使用唯一的識別碼（主鍵）來標示證券與其屬性，並參照唯一識別碼而不是重複屬性（"第三正規化"）。想出金融數據的唯一識別碼可能很困難；最好能使用大多數時間執行是有效的並且保持一致的識別碼。不管你要用 Excel 或 Access，我們將使用的佈局都是相同的。第 3 章會說明如何將彭博資料匯入 Excel 和 Access。

彭博

彭博專業（又名彭博終端）是財務分析師最有用的工具之一。但是，儘管彭博終端本身具有許多功能，但它無法與 Microsoft Excel 或 Access 的靈活性和分析功能相提並論。在本章中，我們將彭博的金融數據與 Excel 和 Access 的靈活性結合起來，產生一個非常強大的分析工具。此外，彭博的 Excel 增益集和全面的 .NET API 讓存取金融數據變得簡單。

我們將介紹 Excel 增益集和 .NET API 的常見功能；有關其他功能的更多資訊，執行彭博 DAPI <GO> 後有文件可供參照。

你從彭博提取的資料僅能供你個人使用。散佈或提供你從彭博資訊源取得的資訊可能會違反使用協議。此外，你可以在一天或一個月內取得的證券和欄位數量有限制。欲了解更多資訊，請參閱彭博文件（彭博的 DAPI <GO>）或向彭博客服詢問（BREP <GO>）。

在開始之前要謹慎一點：儘管彭博對其資料進行了清理和驗證，但一些彭博資訊有可能是不正確的。但是，這不能成為你分析錯誤的藉口。在本書後面的部分，我們將討論從大型數據集中識別和刪除不良數據的技術，但不能替代手動審查數據以確保其準確性。如果你認為某些彭博數據不正確，請聯繫彭博，以便他們能夠為你和其他使用者解決問題。儘管如此，請不要太擔心數據不正確的問題，這種情況其實很罕見。當談到處理金融數據時，如果你堅持完美的解決方案，你永遠無法完成任何事情。

識別資料欄

從彭博透過 Excel 或它的 API 取得資料的第一步是識別你想要檢索的正確資料欄。幸運的是，有好幾種方法可以找到它們。

游標懸停

在許多彭博的篩選上，你可以直接將游標放在內容上，就能看到相對應彭博資料欄的名稱。例如，透過執行 **AAPL US Equity DES <GO>** 來提取 Apple 的描述畫面，然後將游標移至 "52 週 H"（52 週最高股價）；會出現一個提示，顯示 Excel 資料欄 ID：HIGH_52WEEK，如圖 3-1 所示。

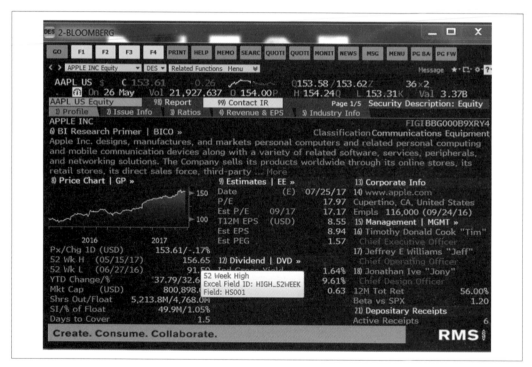

圖 3-1：顯示 Excel 資料欄 ID 的工具提示

標籤可能不明確，所以你應該使用下一節討論的 FLDS <GO> 命令仔細檢查定義。

FLDS 篩選

彭博允許使用者使用其 FLDS 篩選去搜尋資料欄。為了取得 FLDS 篩選，首先提取一檔證券（例如 Nokia FH Equity <GO>），然後使用 **FLDS <GO>**。打開 FLDS 篩選後，使用查詢文字框搜尋資料欄（例如，搜尋"市值"，如圖 3-2 所示）。這方法比游標懸停更受歡迎，因為考慮到大量資料欄，搜尋可以提取比在工具提示上找到的其他更有用的資料欄。例如，將游標移至說明螢幕上的市值（Excel 資料欄 ID：CUR_MKT_CAP）將不會顯示以不同貨幣計算市值的貨幣調整市場資料欄（Excel 資料欄 ID：CRNCY_ADJ_MKT_CAP）（請參見圖 3-2）。如果你比較來自不同地區的兩家公司，則調整貨幣非常重要。另外，FLDS 篩選顯示每個資料欄的當前值，使你更容易找到正在尋找的目標。FLDS 篩選的另一個重要功能是將資料欄從彭博直接拖到 Excel 工作表上（你可以在Options 項中使用此功能）。

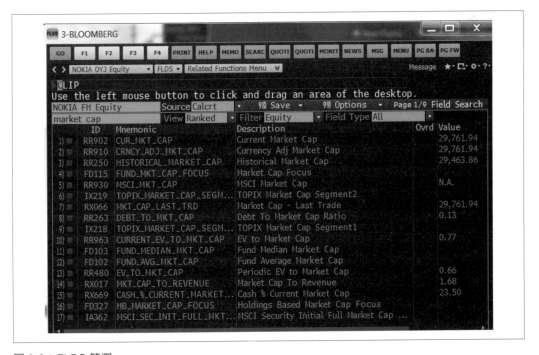

圖 3-2：FLDS 篩選

更重要的是，使用 FLDS 篩選，你可以點擊一個資料欄來查看更詳細的說明和可選覆寫（請參閱圖 3-3）。在你的分析中使用資料欄之前，閱讀每個資料欄的描述是很重要的。例如，你可以使用 EQY_FUND_CRNCY（如圖 3-3 所示）在請求 CRNCY_ADJ_MKT_CAP 時覆寫貨幣。本章後面將討論使用覆寫。

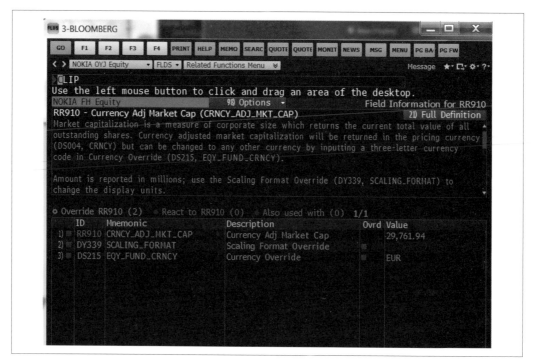

圖 3-3：彭博資料欄說明

彭博函式產生器和 Excel 中尋找資料欄

使用彭博 Office 工具，你可以使用直觀的功能表直接從 Excel 取得 FLDS 篩選的功能。為此，請在 Excel 的功能區中點擊彭博索引標籤，然後在 "Create" 組中點擊 "Function Builder"（函式產生器），如圖 3-4 所示。

圖 3-4：Excel 功能區裡的彭博索引標籤

函式產生器有許多有用的功能，但在這裡，我們把重點放在彭博數據點（BDP）功能。本章後面將詳細討論的 BDP 函式從彭博中檢索單個數據點。在選擇 BDP 後，你可以使用函式產生器搜尋證券和資料欄，如圖 3-5 所示。

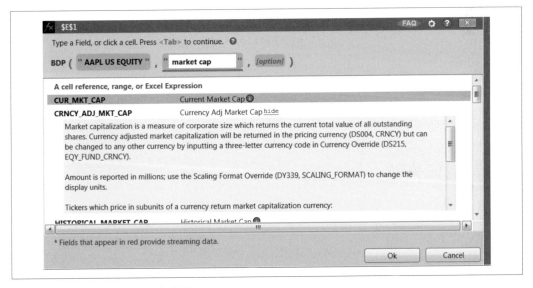

圖 3-5：Excel 中的彭博函式產生器

或者，要以 Bloomberg Field Search 方式去瀏覽資料欄庫，同樣是在 Excel 中，於彭博索引標籤的工具組中選擇查詢資料欄按鈕（參見圖 3-6）。儘管按資料欄深度探討非常有用，但 FLDS 篩選更適合搜尋，因為它會顯示適用的資料欄，其值按受歡迎程度排列。

在你發現使用資料欄搜尋和函式產生器有多容易之後，不要試圖跳過本章的其餘部分。接下來的幾節將演示如何在不將彭博資料欄硬寫程式為 Excel 公式的情況下提取資料的簡單方法。這將確保你的工作表和資料庫表更容易維護並為第 5 章和第 9 章做好準備。

圖 3-6：Excel 中的彭博資料欄搜尋對話框

如果其他皆失敗 …

如果你仍然無法找到你想要尋找的資料欄，請在 Excel 中的彭博索引標籤上點擊 Live Help，並請求彭博的 Live Help 尋求幫助。你也可以點擊彭博 HELP <GO> 螢幕上的 Live Help 按鈕。

Excel 範例

在我們開始建立工作表和資料庫表格之前，先說明一下將資料匯入到 Excel 中的過程。即使你打算專門使用 C# 取得彭博資料，Excel 也是了解不同彭博功能的有效方式。

取出單一資料欄 (BDP)

如前所述，你可以使用彭博的 BDP 功能使用彭博資料欄取得單個數據點，例如價格或評等。BDP 函式參數非常簡單：

```
=BDP("Security","Field","Option 1", "Option 2",..."Option N")
```

你可以對 *"Security"* 參數使用各種識別碼。例如，在公司債券上，可以使用其 ISIN、CUSIP 或彭博 ID 號碼，如 "US103186AA06 Corp"、"103186AA0 Corp" 或 "EK1711978 Corp"。

以 Open Text Corporation（`OTC CN Equity <GO>`）為例。首先，使用下列 Excel 公式取得市值：

```
=BDP("OTC CN Equity", "CUR_MKT_CAP")
```

這個 Excel 公式將在 OTC CN Equity 的 `DES <GO>` 篩選後傳回與 Mkt Cap 相同的數字（但是，DES 彭博篩選以百萬為單位顯示市值，而 Excel 公式則回傳完整的未格式化數字）。根據 CUR_MKT_CAP 的 FLDS 篩選描述，該值以公司的報價貨幣記錄中。你可以按照以下方式提取該幣別：

```
=BDP("OTC CN Equity","QUOTED_CRNCY")
```

此公式回傳加幣，加幣匯率程式碼。你可以使用 `FXTF <GO>` 在彭博資訊中找到 FX 交易代碼列表。你可以透過提供覆寫資料欄或使用匯率來以美元為單位提取 Open Text 的市值。正如 CRNCY_ADJ_MKT_CAP（參見圖 3-3）的資料欄說明畫面所示，用於調整貨幣的適當覆寫資料欄是 EQY_FUND_CRNCY。要使用此覆寫，你可以將兩個參數增加至 BDP 函式（第一個參數是我們覆寫的資料欄，第二個資料欄是值）或使用 OVERRIDE_FIELD = OVERRIDE_VALUE 格式。例如，要在 Excel 中傳回 Open Text Corporation 的市值，你也可以使用

```
=BDP("OTC CN Equity", "CRNCY_ADJ_MKT_CAP", "EQY_FUND_CRNCY", "USD")
```

或

```
=BDP("OTC CN Equity", "CRNCY_ADJ_MKT_CAP", "EQY_FUND_CRNCY=USD")
```

正如 CRNCY_ADJ_MKT_CAP 的資料欄畫面所描述的，回傳的值以百萬為單位。如果你想更改回傳市值的格式，請使用列出的其他覆寫資料欄（也顯示在圖 3-3 中）SCALING_FORMAT。在資料欄描述畫面中點擊 SCALING_FORMAT 將顯示可用選項。以下 Excel 公式將格式更改為基本單位（UNT）而不是數百萬：

```
=BDP("OTC CN Equity", "CRNCY_ADJ_MKT_CAP", "EQY_FUND_CRNCY=USD",
"SCALING_FORMAT=UNT")
```

或者，我們可以不使用覆寫資料欄，而是將 "加幣兌美元" 的匯率和在 Excel 中調整市值。要做到這一點，提取 CADUSD 即期匯率的 PX_LAST 資料欄（這是彭博的另一檔證券，`CADUSD Curncy <GO>`），使用以下公式：

```
=BDP("CADUSD Curncy","PX_LAST")
```

你可能會注意到我們的兩個結果（第一個 CRNCY_ADJ_MKT_CAP 公式和第二個 CUR_MKT_CAP 和 CADUSD 匯率的乘積）不相等。這可能是因為不同的報價來源所致。

 彭博提供多種證券報價來源。了解你使用的是哪個報價來源是非常重要的。

你可以在下載證券後，藉由執行 PCS <GO> 或使用 BDP 公式提取 PRICING_SOURCE 資料欄來查看報價來源。此外，QFX <GO> 為各種貨幣報價來源提供解釋，PCSS <GO> 為其他報價來源提供解釋。

要覆寫你的預設報價來源並使用倫敦貨幣市場（CMPL）的彭博綜合匯率（CMP）取得 CADUSD 匯率，請使用以下公式，該公式將 CMPL 附加至證券參數中：

    =BDP("CADUSD CMPL Curncy","PX_LAST")

對於其他證券（例如公司債券），請在證券參數內使用 "@" 符號來覆寫預設報價來源：

    =BDP("US103186AA06@BVAL Corp","PX_BID")

表 3-1 包含了彭博 PCSS 篩選的基本小結。

表 3-1：報價源小結

報價源	描述
BGN	基於來自多個貢獻引用的即時組合
BVAL	將直接市場觀察與定量定價模型相結合
MSG1	彭博從你的 inbox（收件箱）中挖掘價格
TRAC	TRACE 是 FINRA 的公司和機構的債券報價服務 。獲得即時債券價格資訊需要付費取得授權。非訂戶在延遲四小時的情況下查看報價資訊

值得一提的最後一個 BDP 可選參數是 "Fill"。對不適用於證券的資料欄的請求將預設傳回 "#N/A N/A"。"Fill" 參數能將不適用請求的傳回值更改為你提供的請求。例如，向像 Dell 這樣的私人公司申請 CUR_MKT_CAP 會導致 "#N/A N/A"，但你可以使用以下公式將其更改為簡單的破折號（"-"）：

    =BDP("DELL US Equity","CUR_MKT_CAP","Fill=-")

要回傳空儲存格，請將 Fill 參數設為 B("Fill=B")。

取出批量資料 (BDS)

你可能已經注意到，FLDS 篩選有時會在"值"欄中顯示"顯示批量資料"；這表明該資料欄將傳回多個值。例如，Microsoft 的 FLDS 篩選（MSFT US Equity <GO>）顯示 BLOOMBERG_PEERS 旁邊的顯示批量資料。點擊顯示批量資料將顯示多個公司名稱，這些公司名稱代表"由彭博專有算法評估的同業證券列表"。要將此列表匯入 Excel，請使用 BDS 功能，該功能與 BDP 功能具有相似的語法：

    =BDS("Security","Field","Option 1", "Option 2",..."Option N")

與 BDP 功能不同，BDS 功能匯入資料採多列和 / 或多行，並具有多個不同的選項。

從 BDS 傳回的列表將覆寫它填入的儲存格中的現有資料，因此請確保將該函式置於空白區域中。

你可以使用 **DIRECTION** 參數來指定如何排列傳回值（水平跨欄或垂直跨列）（垂直是預設值）。若要跨行橫向回傳 BLOOMBERG_PEERS，請使用以下公式：

    =BDS("MSFT US Equity","BLOOMBERG_PEERS","DIRECTION=HORIZONTAL")

SORTASC（按升序排序）、**SORTDESC**（排序降序）參數控制傳回資料的順序。你可以將這些參數設為欄號或欄名（可以透過將 **HEADERS** 參數設為 Y 來顯示）。例如，要按字母順序傳回 BLOOMBERG_PEERS 資料

    =BDS("MSFT US Equity","BLOOMBERG_PEERS","SORTASC=1")

或

    =BDS("MSFT US Equity","BLOOMBERG_PEERS","SORTASC=Peer Ticker")

STARTROW、**ENDROW**、**STARTCOL** 和 **ENDCOL** 參數限制傳回的資料。如果將 STARTROW 設為 3，則前兩列將從傳回的資料中排除。同樣，透過將 ENDROW 設為 4，第四列之後的項目將會被排除在外。使用這些參數的組合，例如將 STARTROW 設為 2，將 ENDROW 設為 2，將只檢索列表中的第二個元素。你可以將這些參數與 SORTASC 和 SORTDESC 參數結合使用。例如，要檢索前兩個按字母順序排序的 BLOOMBERG_PEERS，請使用以下命令：

    =BDS("MSFT US Equity","BLOOMBERG_PEERS","SORTASC=1","ENDROW=2")

在本段落中，關鍵參數用粗體顯示。另見附錄中的表 A-2。

AGGREGATE 參數將 BDS 結果合併到單個儲存格中。你可以將它與定制資料聚合方式的 **SEPARATOR** 參數結合使用。**SEPARATOR** 參數的有效值包括：B（空白）、C（逗號）或 SC（分號）。例如，下面的公式傳回前兩個 BLOOM-BERG_PEERS，在單個儲存格中用分號分隔：

```
=BDS("MSFT US Equity","BLOOMBERG_PEERS","ENDROW=2","AGGREGATE=Y","SEPARATOR=SC")
```

要將 Microsoft 的最後三筆股息付款提取到一個儲存格中，請先使用以下公式顯示 Microsoft 的股息歷史記錄：

```
=BDS("MSFT US Equity","DVD_HIST_ALL","HEADERS=Y")
```

結果如圖 3-7 所示。

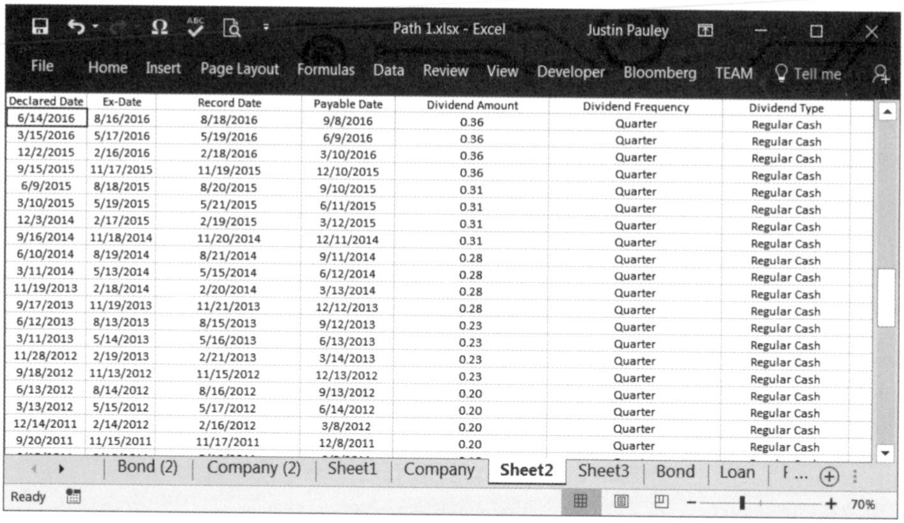

圖 3-7：用 BDS 顯示股息歷史

其次，藉由增加 "SORTDESC = 記錄日期 " 來確保結果是正確排序：

```
=BDS("MSFT US Equity","DVD_HIST_ALL","HEADERS=Y","SORTDESC=Record Date")
```

第三，要刪除前三列之外的所有列，請增加 "ENDROW = 3"。另外，刪除 HEAD ERS 參數，因為它將包含在列數中：

```
=BDS("MSFT US Equity","DVD_HIST_ALL","SORTDESC=Record Date","ENDROW=3")
```

第四，藉由使用 Startcol 和 Endcol 隔離股息金額欄（第五欄）：

```
=BDS("MSFT US Equity","DVD_HIST_ALL","SORTDESC=Record Date","ENDROW=3",
  "STARTCOL=5","ENDCOL=5")
```

最後，使用逗號分別使用 AGGREGATE 和 SEPARATOR 參數將資料連接到一個儲存格中：

```
=BDS("MSFT US Equity","DVD_HIST_ALL","SORTDESC=Record Date","ENDROW=3",
  "STARTCOL=5","ENDCOL=5","AGGREGATE=Y","SEPARATOR=C")
```

使用 Excel SUM 函數將最後三個股息相加在一起，可以使用 **ARRAY** 參數將結果轉換為 Excel 陣列，該陣列可以在諸如 **AVERAGE** 或 **MEDIAN** 等 Excel 彙總函數中使用。像任何 Excel 陣列函數一樣，在你鍵入它之後，必須在公式欄中按 Ctrl-Shift-Enter：

```
=SUM(BDS("MSFT US Equity","DVD_HIST_ALL","SORTDESC=Record Date","ENDROW=3",
  "STARTCOL=5","ENDCOL=5","ARRAY=TRUE"))
```

最後一個要提到的參數是 **PCS**，它可以用來更改價格來源。例如，要將報價來源設為 BGN，請在 BDS 公式中附加 "PCS = BGN"。

取出歷史資料 (BDH)

除了取出證券最新的財務數據外，你還可以使用 Excel BDH 函式為許多資料欄提取歷史資料。如果在資料欄描述畫面上顯示這些歷史值，則可以使用歷史值。與 BDP 和 BDS 功能一樣，BDH 的前兩個參數是 SECURITY 和 FIELD。要提取資料欄在特定期的值，唯一可以被接受的附加參數就是請求的日期。例如，要取出蘋果股票在 2015 年 7 月 1 日的價格，請採用以下所示：

```
=BDH("AAPL US Equity","PX_LAST","7/1/2015")
```

但是，要取得一段期間的歷史資料，請提供開始日期和結束日期。例如，要取得蘋果股票在 2014 年 6 月 2 日至 2014 年 6 月 30 日之間的價格，請採用以下所示：

```
=BDH("AAPL US Equity","PX_LAST","6/2/2014","6/30/2014")
```

 清除 BDH 公式下面的任何資料是一個好主意，可以確保不會被意外地覆寫或錯誤地被併入任何內容。

特定的日期，如同上一個範例，應該提供與你所屬電腦的預設值一致的格式（通常，在美國 MM/DD/YYYY 或在歐洲 DD/MM/YYYY）。提供一個空字串（""）作為結束日期其預設值為今天的日期。

日期參數是靈活的，除了特定的日期，參數允許不同的日期類型和相對日期。有三種不同的日期類型：會計（F）、日曆（C）或實際（A），你可以在表 3-2 中看到它們。你還可以使用這些日期類型把相對日期指定為特定時間點，例如一週前的 "-1AW"。

表 3-2：彭博日期類型

類型	每日	每週	每月	季度	半年度	年度
會計	—	—	—	FQ	FS	FY
日曆	CD	CW	CM	CQ	CS	CY
實際	AD	AW	AM	AQ	AS	AY

會計指的是具體公司的財務日曆。例如，使用以下公式取得 Plantronics,Inc.（PLT US Equity <GO>）2016 年第一季的歷史股票價格，因許多會計第一季度在 3 月份開始，故傳回值會是從 2016 年 6 月 30 日開始：

```
=BDH("PLT US Equity","PX_LAST","FQ1 2016","")
```

日曆和實際的日期類型最好藉由它們的差異點來敘述。以實際類型來說，"-1AW" 正好是七天前；"-1AY" 正好是一年前；以日曆類型來說，另一方面，"-1CW" 將循環並傳回上週開始前的最後一個營業日，"-1CY" 將傳回在去年開始前一天。

舉個例子，以下公式將於 2016 年 6 月 13 日開始，正好是 2016 年 9 月 13 日的三個月前或一季前。

```
=BDH("AAPL US Equity","PX_LAST","-1AQ","9/13/2016")
```

而下列公式將於 2016 年 3 月 31 日開始，即上一季度前一天（9 月 13 日為今年第三季度，4 月為今年第二季度）。

```
=BDH("AAPL US Equity","PX_LAST","-1CQ","9/13/2016")
```

預設情況下，BDH 將僅在交易日傳回價值，因此將跳過市場的休市期間。然而，並非所有市場都有相同的休市日曆，彭博將使用與證券交易所相對應的日曆。例如，2016 年 7 月 1 日至 7 月 10 日蘋果（AAPL 美國股票 <GO>）的歷史價格將不包括 7 月 4 日，因為它不是美國的交易日。然而，勞埃德銀行集團（LLOY LN Equity <GO>）將於 7 月 4 日顯示值，因為該日期並非倫敦的假期。要使用美國交易日顯示 Lloyds 的歷史價格，請按如下所示包含 CDR 參數：

```
=BDH("LLOY LN Equity","PX_LAST","7/1/2016","7/10/2016","CDR=US")
```

有關日曆代碼的完整列表，請執行 CDR <GO>。或者，要指定要傳回哪幾天，儘管是假日，請使用 **DAYS** 參數。除了交易日的預設值（T）之外，你可以將 DAYS 參數設為 W 為所有工作日或 A 為所有日曆天。例如，以下公式將顯示從 7 月 1 日到 7 月 10 日蘋果的股價，包括週末和假日（7 月 4 日）：

```
=BDH("AAPL US Equity","PX_LAST","7/1/2016","7/10/2016","DAYS=A")
```

由於市場在週末和假日休市，BDH 將自動使用最近一次的可用日期值。要改變這種模式，請將 **Fill** 參數設為以下之一：

C, P, *or* Previous

與預設值相同，使用最近一次可用日期的值

N, E, *or* Error

顯示錯誤提示

F

使用下一個可用日期的值

B *or* Blank

顯示一個空白儲存格

NA

傳回 Excel N/A 錯誤

PNA

如果可行，則使用以前的日期值，否則傳回 Excel N/A 錯誤

或者，使用以下方式指定文本，例如 "市場已結算"：

```
=BDH("AAPL US Equity","PX_LAST","7/1/2016","7/10/2016","DAYS=A",
"FILL=Market Closed")
```

在本節中，關鍵參數用粗體顯示。另見附錄中的表 A-4。

為了顯示每天以外的頻率資料，**PERIOD** 參數支援此功能。你可以將 **PERIOD** 參數設為表 3-2 中列出的相同日期類型。例如，以下公式顯示 2016 年 1 月至 2016 年 9 月間每月 15 日蘋果股票收盤價：

```
=BDH("AAPL US Equity","PX_LAST","1/15/2016","9/15/2016","PERIOD=AM")
```

你可以將 **PERIOD** 參數與相對應日期結合起來，從年初開始每個月結束時顯示 Apple 的股價：

```
=BDH("AAPL US Equity","PX_LAST","-CY","","PERIOD=CM")
```

此外，請求價格資料欄時，請使用 **QUOTE** 參數顯示給定期間的每日均價而不是收盤值，例如：

```
=BDH("AAPL US Equity","PX_LAST","-CY","","PERIOD=CM","QUOTE=A")
```

2014 年 6 月 9 日星期一，蘋果公司從 1 股股票分割成 7 股後其股票價格從 645.57 美元降到 92.7 美元。但是，蘋果使用 BDH 的股價歷史顯示，蘋果股票 2014 年 6 月 6 日的收盤價為 92.2243 美元。這是因為彭博自動調整了分拆，股票分割 / 合併，股息 / 紅利以及權利提供 / 權利。如果你不想進行此調整，請執行 DPDF <GO> 重新配置你的設定，或將 **CAPCHG** 參數設為 N，如下所示：

```
=BDH("AAPL US Equity","PX_LAST","6/1/2014","6/10/2014","CAPCHG=N")
```

另外，DPDF <GO> 畫面可以選擇調整普通現金股息和超額現金股息。要在 BDH 函式中覆寫這些功能，請將 **CSHADJNORMAL** 或 **CSHADJABNORMAL** 設為 Y 或 N。或者，透過將 USEDPDF 參數設為 N，直接忽略所有 DPDF 首選項。

要調整傳回值的貨幣，請將 **FX** 參數設為貨幣代碼，例如 "FX = USD" 或 "FX = CAD"。

彭博還包含了幾個參數來改變顯示值的方式。**POINTS** 控制傳回日期的最大數量，例如 "POINTS = 5" 只會傳回五個日期。要按降序顯示日期而不是預設的升序，請將 SORT 參數設為 D 以降序。BDH 功能也可以採用與 BDS 功能相同的 **DIRECTION**、**ARRAY** 和 **PCS** 參數。但是，使用 ARRAY 參數時，你可能希望將其與 **DATES** 參數結合使用。設定 " 日 期 = HIDE" 只會傳回沒有日期欄的值。最後，當你請求 PX_LAST 時，固定收入證券顯示的是殖利率而不是價格。可以更改為 PRICE 透過 **QUOTETYPE** 設為 P 以取得價格。

同業證券

證券的表現無法單獨被衡量；它必須列入比較。換句話說，為了理解一檔債券或股票的表現，你應該以不同的方式將它與同業進行比較。確定適當的同業清單很重要，儘管很多人已經嘗試過，但自動完成這項任務過於主觀。根據你的分析，將 Apple 的股票表現與納斯達克指數的表現、再大一點範圍的標準普爾 500 指數或你分類後的公司的自定義指數進行比較可能較有意義。此外，樣本集中的證券數量也很重要。包括證券太少可能會產生微不足道的結果，但包括太多可能會給你帶來誤導性的結果。

本節將討論尋找同業證券的各種不同指數和方法。

指數

彭博資訊中不乏知名的股票指數，例如標準普爾 500 指數（SPX Index <GO>）、道瓊斯工業平均指數（INDU Index<GO>）、納斯達克綜合指數（CCMP Index<GO>）和羅素 2000 指數（RTY Index <GO>）。每個指數都不相同，包含的公司數量從 30 到 5000 多不等。例如，威爾遜 5000 指數（W5000 Index<GO>）幾乎包含所有總部位於美國的上市公司。此外，還有幾個 "分類指數"，其中一些由彭博產生，其中包括由涵蓋範圍較廣的母指數中細分出來的子指數。例如，羅素 3000 技術指數（RGUST Index <GO>）是羅素 3000 技術公司的市值加權平均指數。

除通用指數外，彭博於 2016 年 8 月 24 日收購了巴克萊風險分析和指數解決方案有限公司，因此，彭博客戶可以存取大量指數及聯合合作品牌 Bloomberg Barclays 指數。要瀏覽不同的指數，請使用 IN <GO>。例如，彭博資訊巴克萊美國公司高收益債券指數包含 2,152 檔美元計價的高收益固定利率公司債券。

要獲得更具針對性的指數，請嘗試搜尋。只需搜尋 "Bloomberg HY Technology" 即可獲得彭博美元高收益公司債券指數技術（BUHYTE Index <GO>），這是一項基於規則的市值加權指數，用於公開發行、高收益、固定利率、美元、科技公司發行的公司債券。

另外，幾家大型銀行和金融機構在彭博為其客戶提供客製化指數。美國銀行美林證券的客戶可以取得該銀行的美國高收益技術指數（H0TY Index<GO>）等資訊。

有兩種簡單的方法可將指數成分股匯入 Excel 中。執行 MEMB <GO> 並在 Output 選項下選擇 Excel，或使用 BDS 公式來取得 INDX_MEMBERS 資料欄：

```
=BDS("BUHYTE Index","INDX_MEMBERS")
```

有時 Excel 匯出或 BDS 函式將傳回與你的分析不同類型的證券識別碼。例如，用於取得指數成分股的上一個公式範例傳回了彭博唯一識別碼列表（例如 "COLW3497804"）而不是 ISIN。為了要保持一致，請使用 BDP 功能來提取慣用的識別碼。儘管不是常發生這種情況，但有時傳回的識別碼有一個字首，必須在傳遞給 BDP 函式之前將其剝離。在這種情況下，我們必須使用 Excel SUBSTITUTE 功能剝離每個識別碼的 "CO"，並附加 "Corp" 使其成為有效的識別碼。下列公式將更正的證券資料欄傳遞給 BDP 函式以檢索 ISIN（ID_ISIN）：

```
=BDP(SUBSTITUTE(N4,"CO","",1) & " Corp","ID_ISIN")
Note: Cell N4 contains the ID COLW3497804
```

同業

我們之前已經討論過如何使用 BDS 函式來檢索證券同業的列表，正如彭博專有算法使用此方法所評估的那樣：

    =BDS("MSFT US Equity","BLOOMBERG_PEERS")

在識別同業證券時，算法遠非完美。幸運的是，彭博提供了一個篩選來處理證券之間的相關性。圖 3-8 顯示了 Microsoft（MSFT US Equity <GO>）的同業相關性（PC）篩選（PC <GO>）。PC 篩選是一個查詢相關證券和指數的有用方式。

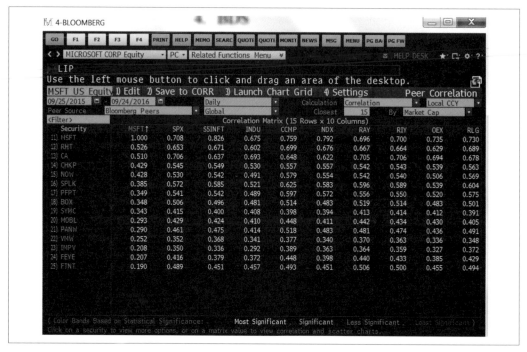

圖 3-8：用於 Microsoft 的同業相關係數篩選

相關證券

相關證券（RELS ⟨GO⟩）篩選提供所選證券發行人的全面概況。如圖 3-9 所示，First Data Corp 的相關證券篩選顯示，它有好幾個債務性證券。

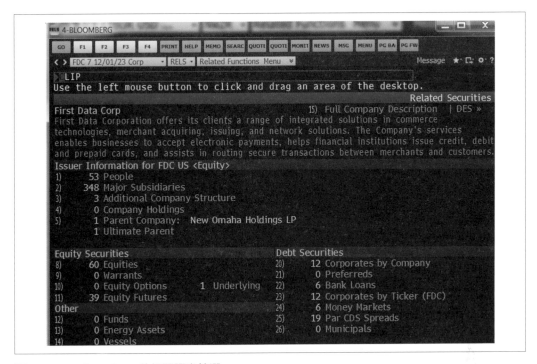

圖 3-9：First Data Corp 的相關證券篩選

只需點擊 "以公司作排序" 連結，即可顯示由 First Data Corp 發布的證券列表，按證券類型分為多個。注意：如圖 3-10 所示，結果按最高相關性排列（如第一欄中的相關指標圖標所示）。相關性指標基於彭博的專有算法，是確保分析中包含最相關證券的非常有用的方法。

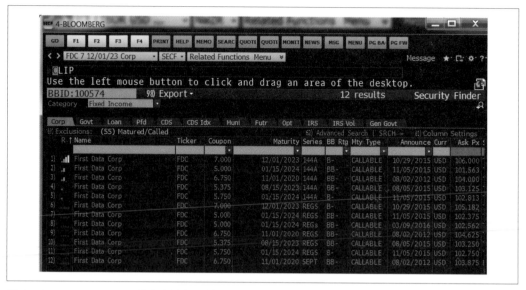

圖 3-10：First Data Corp 的債券按相關性排序

途徑 1 與途徑 2：Excel 與 Access

本節介紹透過工作表為企業建立包括公司債券、貸款和指數新工作簿的步驟。透過將彭博的資料匯入這些工作表，輕而易舉就能取得大量資訊。另外，這些工作表將被用於本書第二部分的分析章節。如果你遵循途徑 2，則本節中建立的工作表將在第 5 章中連接到 Microsoft Access。

下面表格中的資料欄／欄目被選中來示範一些財務數據的基本類型。它們僅代表了彭博可取得資訊的其中一小部分。

公司債券、貸款和指數

首先建立一個新的工作簿並命名第一張工作表為 **Bond**。然後，依表 3-3 所示填入新工作表的前兩列。表 3-3 包含四欄：Excel 欄文字；Bloomberg Field（aka Mnemonic）儲存在第 1 列；對資料的可讀描述要儲存在第 2 列；以及彭博社資料欄的描述以供參照。例如，儲存格 C1 應該包含 BOND_TO_EQY_TICKER，儲存格 C2 應該包含 CompanyID。

同樣，儲存格 D1 應該包含 SECURITY_DES，而儲存格 D2 應該包含 "Security Description"。請注意，彭博資料欄不區分大小寫。在填入 Excel 範圍（A1 到 T2）後，包含第 2 行（A2 到 T2）中使用過的儲存格的 Excel 範圍轉換為命名為 **Bond** 表格。

表 3-3：債券工作表專欄和彭博地圖

欄	輸入第 1 列	輸入第 2 列	描述
A	[特意留空]	BondID	
B	[特意留空]	BBID	
C	BOND_TO_EQY_TICKER	CompanyID	債券發行人股票代碼
D	SECURITY_DES	Security Description	彭博對證券的描述
E	CPN_TYP	Coupon Type	利率類型（固定、浮動）
F	CPN	Fixed Coupon	目前的利率
G	MATURITY	Maturity	債券到期日
H	RTG_MOODY	Moody's Rating	穆迪評等
I	RTG_SP	S&P Rating	S&P 評等
J	QUOTED_CRNCY	Currency	報價幣別
K	PAYMENT_RANK	Rank	支付排名（高級無擔保、擔保等）
L	PX_LAST	Price	最新的價格
M	CHG_PCT_YTD	YTD Px Chg	年初至今的價格變動（百分比）
N	CHG_PCT_3M	3M Px Chg	三個月的價格變動（百分比）
O	YAS_YLD_SPREAD	YAS Spread	以當前價格計算債券收益率與其違約基準收益率之間的基點差（bps）。由 YASD <GO> 篩選控制的預設設定。
P	YAS_BOND_YLD	YAS Yield	按當前價格計算債券收益率。由 YASD <GO> 篩選控制的預設設定
Q	CALLABLE	Callable?	債券可以贖回嗎？
R	NXT_CALL_DT	Next Call Date	下一個債券可以由發行人贖回的日期
S	NXT_CALL_PX	Next Call Price	下個通知贖回日期的債券贖回價格
T	[特意留空]	Bond Comments	

完成的 Bond 表格應該如圖 3-11 所示。

要整合所有資訊，我們需要為每個債券、貸款、公司等提供一個唯一的識別碼。畢竟，如果辦不到這一點的話，那麼這本書就沒用了。不幸的是，要賦予每種證券一唯一識別碼有點困難，舉例來說，公司債券可能根據規則 S（Reg S）和規則 144a 發布，因此可以有兩套識別碼（a 144a 國際證券識別號碼 [ISIN] 和統一安全識別程序委員會 [CUSIP] 以及 Reg S ISIN 和 CUSIP）。

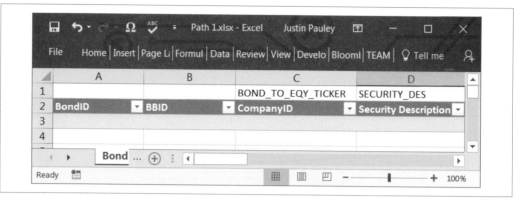

圖 3-11：初始版面配置後的債券工作表

更複雜的是，即使所有的識別碼都參照了同樣的債券，與 Reg S 系列相較，不同的基金投資 144a 系列可能有不同的規則。因此，144a 和 Reg S 之間的價格和流動性可能不同。此外，股票也存在類似的問題，因為私人公司沒有股票代碼，上市公司在不同交易所擁有不同的代碼。雖然沒有完美的解決方案，但如果你自己有一套固定的用法，應該就不會有什麼問題。就本書而言，在識別碼的使用上，以 144a ISINs 作為公司債券、股票代碼與公司交易代碼，彭博識別碼則用於貸款。另外，也要提醒讀者，CUSIP 是 CUSIP Global Services 的產品，可能需要在資料庫中儲存和使用 CUSIPs 之前須先獲得授權。

使用表 3-3 中的版面配置，在 Bond 工作表中標題為 BondID 的 A 欄下列出公司債券的 144a ISIN 列表。可以包括同一家公司發行的多種債券，但重要的是不要列出重複的 ISIN。接下來，在第二欄 BBID 中增加一個公式，該公式將 ISIN 轉換為由彭博識別的證券。正如我們在本章前面所討論的，只需在債券的 ISIN 後增加 "Corp"，使其成為有效的彭博識別碼，如下所示：

```
=[@BondID]&" Corp"
```

請注意 "Corp" 之前的空間！這很重要，結果應該看起來像："US004498AA90 Corp"。在 BBID 欄中列出了彭博識別碼後，我們準備將彭博資料匯入我們的工作表中。將下列公式輸入到儲存格 C3 中，該儲存格應該是直接位於 CompanyID 欄標題下的儲存格：

```
=BDP(Bond[@[BBID]:[BBID]], C$1, "Fill=-")
```

透過在公式中指定表和欄的名稱，如 Bond[@[BBID]:[BBID]] 而不是僅僅 [@BBID]，儲存格參照被鎖定並且可以被複製或拖曳以填入工作表的其餘部分。為了清楚起見，沒有儲存格參照，公式將看起來如下所示：

```
=BDP("US004498AA90 Corp","BOND_TO_EQY_TICKER","Fill=-")
```

正如本章前面所述，該公式為從彭博資訊中提取每筆債券的 BOND_TO_EQY_TICKER 資料欄。BOND_TO_EQY_TICKER 將傳回債券發行人（或具有權益基本資訊的第一母公司股票代碼）的股票報價。稍後我們將使用這些資料為我們 Company 工作表提供公司列表。捨棄直接硬寫程式到 Excel BDP 公式中，而是參照彭博資料欄有三個主要的優點。首先，將它列在每列的頂部，便於快速尋找當前資料欄，並可以透過更改一個儲存格就能將當前資料欄更改至另一個資料欄。其次，經由使用參照，由插入欄和將彭博資料欄放在第一列去增加另一個資料欄是很簡單地。第三，使用相同的公式可以減少出錯的機率。

圖 3-12 顯示了 Bond 工作表的外觀（儲存格 D3 為被編輯的狀態以顯示公式）。

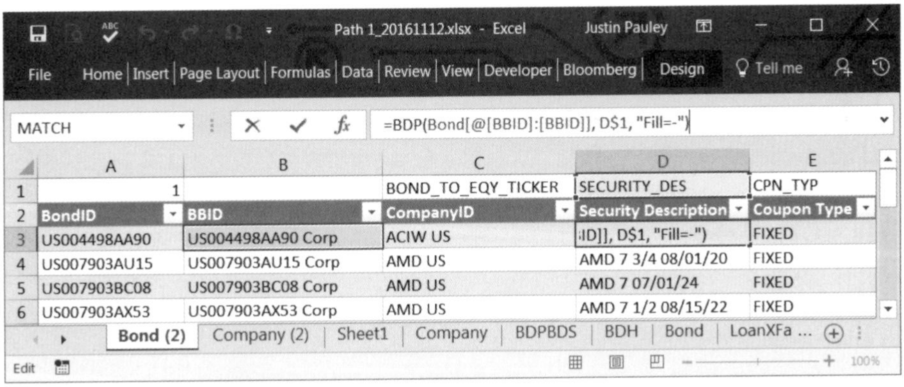

圖 3-12：債券工作表與彭博資料

你可以透過在 Excel 中選擇 A 欄，然後在功能區的常用索引標籤上，點擊設定格式化的條件，點選醒目提示儲存格規則，然後選擇重複值來增加條件格式以突出顯示重複的儲存格。

Loan 工作表的設定幾乎與 Bond 工作表完全一樣，只有一個例外：使用彭博 ID 號碼（例如 Zebra Technology 定期貸款 B 的 "BL2015081"）而不是 ISIN。如果一致，則可以使用不同的識別碼作為貸款表的主鍵，並將 BBID 列中的值設為有效的 berg 識別碼。使用表 3-4 中的前兩欄填入貸款工作表的前兩行。將第二列轉換為命名為 **Loan** 的 Excel 表格。使用與 Bond 表相同的公式來填入剩餘的儲存格。

表 3-4：貸款工作表專欄和彭博地圖

列	輸入第 1 列	描述
[特意留空]	LoanID	包含每筆貸款的唯一識別碼
[特意留空]	BBID	包含完整的彭博識別碼
ISSUER_PARENT_EQY_TICKER	CompanyID	貸款發行人股票代碼
SECURITY_DES	Security Description	彭博對證券的描述
LN_CURRENT_MARGIN	Margin	保證金或利差優於基準息票
INDEX_FLOOR	Floor	如果適用，則按照指數分級
RESET_IDX	Index	息票的基準指數
MATURITY	Maturity	到期日
RTG_MOODY	Moody's Rating	穆迪評等
RTG_SP	S&P Rating	標準普爾評等
PX_LAST	Price	最後更新的價格
CHG_PCT_YTD	YTD Px Chg	年初至今的價格變動（百分比）
DISC_MRGN_ASK	DM	基於當前詢價價格的利差折價（DM）
YLD_YTM_ASK	Yield	基於賣價之到期收益率
CALLABLE	Callable?	債券可以贖回嗎？
NXT_CALL_DT	Next Call Date	下一個債券可以由發行人贖回的日期
NXT_CALL_PX	Next Call Price	下個通知贖回日期的債券贖回價格
[特意留空]	Loan Comments	

建立一個名為 **IDX** 的指數工作表（不是"指數"，因為該詞是 Microsoft Access 中的保留字）。指數工作表的設定與貸款工作表一樣，但有一個例外：如"BL2015081 Corp"中的 BBID 列中使用"Corp"的 BBID，而不是"SPX Index"中的"Index"。按表 3-5 前兩欄填入 IDX 工作表的前兩列。將第二列轉換為名為"IDX"的 Excel 表格。使用與 Bond 表相同的公式來填入剩餘的儲存格。

表 3-5：IDX 工作表專欄和彭博地圖

輸入第 1 列	輸入第 2 列	描述
[特意留空]	IndexID	包含每筆貸款的唯一識別碼
[特意留空]	BBID	包含完整的彭博識別碼
NAME	Name	指數的名稱
PX_LAST	Price	最後更新的價格
CHG_PCT_HIGH_52WEEK	52 Week High	過去 52 週當前價格和最高價格之間的差異百分比
CHG_PCT_LOW_52WEEK	52 Week Low	過去 52 週當前價格與最低價格之間的差異百分比
CHG_PCT_YTD	YTD Px Change	年初至今的百分比價格變動
CHG_PCT_3M	3M Px Change	過去三個月的價格變動百分比
CURRENT_TRR_1YR	12M Total Return	一年總回報；股息被再投資

公司工作表

Company 工作表在幾個方面與 Bond、Loan 和 IDX 工作表不同。首先，由於許多指標都是名目金額，因此需要在多個欄位中進行貨幣覆寫。其次，雖然大多數彭博專欄將包含相同的公式，但五年期 CDS 價差需稍作調整，稍後將予以解決。最後，Company 工作表包含一個 Category 欄，該欄將是手動輸入（不是來自彭博的自動化）以及從其他彭博專欄中獲得的 Net Debt / EBITDA 欄。

建立一個名為 **Company** 的新工作表，並開始將單詞 **Currency** 放入儲存格 A1 和 **USD** 放到儲存格 B1 中。稍後我們將在彭博公式中參照 B1 儲存格，以確保所有貨幣金額均以美元（USD）為單位。

然後，使用表 3-6 中的資料欄填寫第 2 行和第 3 行中的欄。例如，儲存格 C2 內容應為單詞 "NAME"，儲存格 C3 內容應為單詞 "CompanyName"。同樣地，儲存格 F2 內容應為單詞 "GICS_SECTOR_NAME"，儲存格 F3 內容應為單詞 "Sector"。儲存格 A2 和 B2 應保持空白。將第 3 列中的儲存格轉換為名為 "Company" 的 Excel 表格。標有星號（*）的欄使用貨幣覆寫，如本節後面所述。

表 3-6：公司工作表專欄和彭博地圖

輸入第 2 列	輸入第 3 列	描述
[特意留空]	CompanyID	包含每個公司的唯一識別碼
[特意留空]	BBID	包含完整的彭博識別碼
NAME	CompanyName	公司的名稱
COMPANY_IS_PRIVATE	Private	指出公司是否是私人的
GICS_SECTOR_NAME	Sector	全球產業分類標準（GICS）產業分類
GICS_INDUSTRY_NAME	Industry	全球產業分類標準（GICS）產業分類
GICS_SUB_INDUSTRY_NAME	Sub-Industry	全球產業分類標準（GICS）子產業分類
RTG_SP_LT_LC_ISSUER_CREDIT	S&P Rating	標準普爾長期債務發行人評等
RTG_MDY_LT_CORP_FAMILY	Moody's Rating	穆迪的長期公司家族評等
CRNCY_ADJ_MKT_CAP*	Market Cap	幣別經市值調整
SHORT_AND_LONG_TERM_DEBT*	Total Debt	短期和長期債務總額（百萬）
NET_DEBT*	Net Debt	公司的債務淨部位
CRNCY_ADJ_CURR_EV*	Enterprise Value	幣別經企業價值調整
TRAIL_12M_EBITDA*	TTM EBITDA	過去 12 個月的稅前息前折舊攤銷前收益
PE_RATIO	PE Ratio	市盈率、股票價格與公司每股收益的比率
EQY_DVD_YLD_IND	Dividend Gross Yield	最新公佈的年度總利潤除以當前價格
CURRENT_TRR_1YR	12M Total Return	一年總回報。股息再投資
CHG_PCT_YTD	YTD Px Change	年初至今的百分比價格變動

輸入第 2 列	輸入第 3 列	描述
CHG_PCT_3M	3M Px Change	過去三個月的價格變動百分比
SALES_REV_TURN*	Total Revenue	公司的總營業收入減去對總銷售額的各種調整
TOT_DEBT_TO_EBITDA	Total Debt/EBITDA	總債務除以 12 個月後的稅前息前折舊攤銷前收益
INTEREST_COVERAGE_RATIO	Interest Coverage	息稅前利潤（EBIT）除以利息總額
TRAIL_12M_FREE_CASH_FLOW*	FCF	過去 12 個月的自由現金流量
FCF_TO_TOTAL_DEBT	FCF/Total Debt	過去 12 個月的自由現金流量除以總債務
CRNCY_ADJ_PX_LAST*	Price	幣別經最後更新的價格調整
CHG_PCT_HIGH_52WEEK	52 Week High Change	過去 52 週當前價格和最高價格之間的差異百分比
CHG_PCT_LOW_52WEEK	52 Week Low Change	過去 52 週當前價格與最低價格之間的差異百分比
CDS_SPREAD_TICKER_5Y	5yr CDS Spread Ticker	彭博股票代碼為五年期信用違約互換價差
TOT_BUY_REC	Buy Recommendations	研究分析師建議購買的總數
TOT_SELL_REC	Sell Recommendations	研究分析師建議出售的總數
TOT_HOLD_REC	Hold Recommendations	研究分析師建議持有的總數
[特意留空]	Net Debt/EBITDA	
[特意留空]	5yr CDS Spread	
[特意留空]	Category	
[特意留空]	Company Comments	

你也許有注意到，有些欄位（例如 Moody's Rating 和 Price）存在多個表格中，這似乎與我之前所說的在多個地方儲存相同資訊的情況相矛盾。這是因為在 Company 表中的 Moody's Rating 欄是指穆迪公司的家族評等（公司評等），Bond 表中的 "Moody's Rating" 是指穆迪的評等（債券評等）。同樣地，Company 表中的 Price 欄是指公司的股價，而在 Loan 表中指的是貸款價格。如果這樣做造成你的困惑，你也可以使用更精確的欄位名稱，像是 "貸款價格" 和 "債券價格"。

接下來，將你的公司代碼列表放在 CompanyID 欄位標題下的 A 欄位中。此列表應該至少包含 Bond 工作表和 Loan 工作表中 CompanyID 欄位中的所有代碼。接下來，藉由以下所示公式將 "Equity" 附加到 CompanyID 欄位的末尾在 BBID 欄中建立有效的彭博識別碼：

```
=[@CompanyID]&" Equity"
```

同樣地，重要的是要注意 "Equity" 一詞之前的空格，使你的儲存格看起來像 "SVR US Equity"。接下來，建立與 Bond 和 Loan 工作表中所使用的 **BDP** 函式類似的 **BDP** 函式，除了增加貨幣覆寫，正如本章前面所討論的。每個儲存格從 CompanyName 標題下的第一列開始，不包括四欄（Net Debt/EBITDA、5yr CDS Spread、Category 和 Company Comments），應包含以下內容：

```
=BDP(Company[@[BBID]:[BBID]], C$2,"EQY_FUND_CRNCY",$B$1,"Fill=-")
```

為了清楚起見，沒有使用參照，這個公式看起來如下所示：

```
=BDP("SVR US Equity", "NAME","EQY_FUND_CRNCY","USD","Fill=-")
```

儘管 NAME Bloomberg Field 不會採用或不需要貨幣覆寫，但它不會導致問題，並允許跨大多數欄使用一致的公式。最後包括 Net Debt / EBITDA 欄以示範如何計入一個其值不是從彭博資訊中獲得的欄。當 EBITDA 欄不為無資料時，該欄的公式將計算 Net Debt 欄除以 TTM EBITDA 欄：

```
=IF([@[TTM EBITDA]]<>"-",[@[Net Debt]]/[@[TTM EBITDA]],"-")
```

信用違約互換（CDS）是一種複雜的信用衍生工具，其超出了本書的範圍。可以說，CDS 本質上是投資者可以購買（例如，獲得保護）或賣出（例如，出售保護）的債券（或其他證券）的保險契約。了解保護或利差的成本是公司績效表現的重要市場指標。在其他條件相同的情況下，CDS 利差範圍越廣，隱含的風險就越大。使用 5yr CDS Spread Ticker 欄中的 CDS_SPREAD_TICKER_5Y 彭博資料欄尋找五年期 CDS 的股票，如果存在，透過在 5yr CDS Spread 欄中放入以下公式取得 CDS 價差：

```
=IF([@[5yr CDS Spread Ticker]]="-","",
BDP([@[5yr CDS Spread Ticker]]& " Corp", "PX_LAST","Fill=-"))
```

像 Bond 和 Loan 工作表一樣，主鍵（CompatibleID）是唯一的。你可以按照我們在 Bond 工作表中討論的相同方式著重顯示重複項。此外，請在 Category 欄為每個公司填入正確的類別。

雖然大多數專欄都是來自彭博的資料欄，但**最重要的資訊將來自你**。例如，彭博會告訴你，根據全球產業分類標準（GICS），Apple 是一家 "技術硬體、儲存和周邊" 公司。然而，彭博同時告訴你，Western Digital 也是一家 "技術硬體、儲存和周邊" 公司，但這兩家公司顯然存在明顯差異。作為分析師，對於如何評價一家公司的績效，你必須要有自己的判斷，透過資料的佐證，可以讓你的分析更具可信度。舉例來說，彭博無法告訴你，財務長在上次線上法說會的預測是否可信。

參照和覆寫

以下小節將逐步參照其他工作表中的相關資訊，以及覆寫缺漏或不正確的彭博資訊。

參照

接下來，我們將修改工作表以包含來自其他工作表的欄，例如在 Bond 工作表中包含公司的全名（CompanyName）。儘管最常見的解決方案是使用 Excel VLOOKUP 函數，但第 2 章中介紹的 VLOOKUP 存在一些問題。一種更好但稍微複雜的解決方案是將 Excel INDEX 和 MATCH 函數相結合。

MATCH 函數在一個範圍內搜尋一個值並傳回它的位置，而 INDEX 函數傳回一個儲存格在特定位置的值。使用以下公式將一欄增加到名為 "Company Name" 的 Bonds 表中：

```
=INDEX(Company[CompanyName],MATCH([@CompanyID],Company[CompanyID],0))
```

你可以根據需要增加盡可能多的對其他工作表的參照，但應標註（使用顏色或粗體）此資料來自另一個工作表。此外，可以使用資料驗證（在第 2 章中提到），或在債券和貸款工作表中包含一列表明公司工作表上是否存在 CompanyID。如果公司在公司工作表上找到，則以下公式傳回 TRUE；否則傳回 FALSE：

```
=NOT(ISERROR(VLOOKUP([@CompanyID],Company[CompanyID],1,FALSE)))
```

覆寫

如果你發現缺漏或不正確的資料，直接更新工作表並更換彭博公式將會造成混亂難以維護。相反地，你可以透過建立覆寫工作表（Bond 覆寫、Loan 覆寫、Company 覆寫）來修改由彭博傳回的資料（或增加缺漏的資料）。這些覆寫工作表將包含你想要更改的資訊。

要為 Bond 工作表建立一個覆寫，首先建立一個名為 **Bond Override** 的新工作表。然後，在第一列中，分別在欄 A 和 B 中增加欄標題 **BondID** 和 **Over ride Date**。接下來，將其他欄標題增加到 Bond 表中的第一列，以使它們被覆寫。之後，選擇帶有欄標題（包括 BondID 和 Override Date）的儲存格，並將其轉換為命名為 **BondOverride** 的 Excel 表格（如第 2 章所述）。

為了配合覆寫表，請修改 Bond 工作表中包含 BDP 功能的公式。建構一個不依賴欄位順序的公式可能會變得有點複雜。

針對 CompanyID 我們現有的 BDP 公式

```
=BDP(Bond[@[BBID]:[BBID]], C$1, "Fill=-")
```

將變成：

```
=IF(IFERROR(VLOOKUP(Bond[@[BondID]:[BondID]],BondOverride,
    MATCH(Bond[[#Headers],[CompanyID]],BondOverride[#Headers],0),
    FALSE),"")="",BDP(Bond[@[BBID]:[BBID]], C$1, "Fill=-"),
    VLOOKUP(Bond[@[BondID]:[BondID]],BondOverride,
    MATCH(Bond[[#Headers],[CompanyID]],BondOverride[#Headers],0),
    FALSE))
```

乍看之下很複雜，但在我們將其細分之後，其實很簡單。一般來說，如果 BondID 在 BondOverride 表中不存在，或 BondOverride 表中相應的 CompanyID（或儲存格所在的任何欄）儲存格為空，則公式將顯示原始 BDP 函式的結果。

在第一部分中，公式在 BondOverride 表中搜尋 BondID（使用 VLOOKUP，因為我們總是知道欄的位置），並傳回與 Bond 表中的 CompanyID 欄名稱相同的欄中資料（找到使用我們前面討論過的 MATCH 函數）。如果發生錯誤（因為該欄不存在或 BondID 找不到），它將傳回一個空白儲存格。

然後，如果第一部分傳回空白儲存格，則 IF 函數將傳回原始 BDP 函式的結果；否則，它將傳回 VLOOKUP 的結果。調整之後，增加到 BondOverride 表中的列的資料將顯示在 Bonds 工作表上。對於貸款和公司來說，增加覆寫工作表的過程是相同的。

途徑 3：彭博 C# API

彭博提供了一個功能強大的 API，你可以透過它在 C# 中取得如同我們在 Excel 中探索的資訊一樣。

將 Microsoft Access 設定成適合 C# 開發

首先，讓我們開始在 Access 中建立一個新的資料庫。在這個資料庫中，我們將建立四個表格：Company、Bond、Loan 和 IDX。這些表格將包含彭博資訊。將需要第五張表將彭博資料欄的地圖儲存到資料庫表和欄位中。

其次，使用表 3-7 中描述的模式建立 Company 表。將以下表格中以星號（＊）表示的欄設為主鍵。

在 Microsoft Access 中，當你將資料型態設為數字時，你需要在屬性視窗中將資料欄大小更改為雙精度。

表 3-7：公司表設計

資料欄名稱	資料型態
CompanyID*	短文本
BBID	短文本
CompanyName	短文本
IsPrivate	短文本
Sector	短文本
Industry	短文本
SubIndustry	短文本
SPRating	短文本
MoodyRating	短文本
MarketCap	數值
TotalDebt	數值
NetDebt	數值
EV	數值
EBITDA	數值
TotalRevenue	數值
TotalDebtToEBITDA	數值
InterestCoverage	數值
FCF	數值
FCFToTotalDebt	數值
Price	數值
YrHi	數值
YrLow	數值
CDS5YrTicker	短文本
NetDebtToEBITDA	數值
CDSSpread5Yr	數值
Category	短文本
CompanyComments	長文本
PERatio	數值
DVDYield	數值
TotalReturn12M	數值
PxChgYTD	數值
PxChg3M	數值
RecBuy	數值
RecSell	數值
RecHold	數值

第三，使用表 3-8 中描述的模式建立 Bond 表。

表 3-8：*Bond* 表設計

資料欄名稱	資料型態
BondID*	短文本
BBID	短文本
CompanyID	短文本
SecurityDes	短文本
CpnType	短文本
FixedCpn	數值
Maturity	日期 / 時間
MoodyRating	短文本
SPRating	短文本
Currency	短文本
Rank	短文本
Price	數值
PxChgYTD	數值
PxChg3M	數值
YASSpread	數值
YASYield	數值
IsCallable	短文本
NextCallDate	日期 / 時間
NextCallPrice	數值
BondComments	長文本

第四，使用表 3-9 中描述的模式建立 Loan 表。

表 3-9：*Loan* 表設計

資料欄名稱	資料型態
LoanID*	短文本
BBID	短文本
CompanyID	短文本
SecurityDesc	短文本
CpnType	短文本
Margin	數值
Floor	數值
Index	短文本
Maturity	日期 / 時間
MoodyRating	短文本

資料欄名稱	資料型態
SPRating	短文本
Currency	短文本
Rank	短文本
Price	數值
PxChgYTD	數值
PxChg3M	數值
DM	數值
Yield	數值
IsCallable	短文本
NextCallDate	日期 / 時間
NextCallPrice	數值
LoanComments	長文本

第五，我們將使用表 3-10 中描述的模式建立 Index 表。

表 3-10：Index 表設計

資料欄名稱	資料型態
IndexID*	短文本
BBID	短文本
IndexName	短文本
Price	數值
YrHi	數值
YrLow	數值
PxChgYTD	數值
PxChg3M	數值
TotalReturn12M	數值

第六，使用表 3-11 建立一個名為 Map 的表格，該表格將包含 Bloomberg Fields 和我們的資料庫表格結構之間的映射。DestTable 和 Dest-Col 都應該被指定為主鍵（從而建立一個複合主鍵）。

表 3-11：Map 表設計

資料欄名稱	資料型態
DestTable*	短文本
DestCol*	短文本
BloombergFLD	短文本

最後，將表 3-12 中的列插入到 Map 表中。在本節稍後的部分，我們將討論如何動態使用此映射將彭博資料加載到 Access 資料庫中。

表 3-12：Map 表資料

Dest 表	Dest 列	彭博資料欄
公司	CompanyName	NAME
公司	IsPrivate	COMPANY_IS_PRIVATE
公司	Sector	GICS_SECTOR_NAME
公司	Industry	GICS_INDUSTRY_NAME
公司	SubIndustry	GICS_SUB_INDUSTRY_NAME
公司	SPRating	RTG_SP_LT_LC_ISSUER_CREDIT
公司	MoodyRating	RTG_MDY_LT_CORP_FAMILY
公司	MarketCap	CRNCY_ADJ_MKT_CAP
公司	TotalDebt	SHORT_AND_LONG_TERM_DEBT
公司	NetDebt	NET_DEBT
公司	EV	CRNCY_ADJ_CURR_EV
公司	EBITDA	TRAIL_12M_EBITDA
公司	TotalRevenue	SALES_REV_TURN
公司	TotalDebtToEBITDA	TOT_DEBT_TO_EBITDA
公司	InterestCoverage	INTEREST_COVERAGE_RATIO
公司	FCF	TRAIL_12M_FREE_CASH_FLOW
公司	FCFToTotalDebt	FCF_TO_TOTAL_DEBT
公司	Price	CRNCY_ADJ_PX_LAST
公司	YrHi	CHG_PCT_HIGH_52WEEK
公司	YrLow	CHG_PCT_LOW_52WEEK
公司	CDS5YrTicker	CDS_SPREAD_TICKER_5Y
公司	PERatio	PE_RATIO
公司	DVDYield	EQY_DVD_YLD_IND
公司	TotalReturn12M	CURRENT_TRR_1YR
公司	PxChgYTD	CHG_PCT_YTD
公司	PxChg3M	CHG_PCT_3M
公司	RecBuy	TOT_BUY_REC
公司	RecSell	TOT_SELL_REC
公司	RecHold	TOT_HOLD_REC
債券	CompanyID	BOND_TO_EQY_TICKER
債券	SecurityDes	SECURITY_DES
債券	CpnType	CPN_TYP
債券	FixedCpn	CPN
債券	Maturity	MATURITY

Dest 表	Dest 列	彭博資料欄
債券	MoodyRating	RTG_MOODY
債券	SPRating	RTG_SP
債券	Currency	QUOTED_CRNCY
債券	Rank	PAYMENT_RANK
債券	Price	PX_LAST
債券	PxChgYTD	CHG_PCT_YTD
債券	PxChg3M	CHG_PCT_3M
債券	YASSpread	YAS_YLD_SPREAD
債券	YASYield	YAS_BOND_YLD
債券	IsCallable	CALLABLE
債券	NextCallDate	NXT_CALL_DT
債券	NextCallPrice	NXT_CALL_PX
貸款	CompanyID	ISSUER_PARENT_EQY_TICKER
貸款	SecurityDesc	SECURITY_DES
貸款	CpnType	CPN_TYP
貸款	Margin	LN_CURRENT_MARGIN
貸款	Floor	INDEX_FLOOR
貸款	Index	RESET_IDX
貸款	Maturity	MATURITY
貸款	MoodyRating	RTG_MOODY
貸款	SPRating	RTG_SP
貸款	Currency	QUOTED_CRNCY
貸款	Rank	PAYMENT_RANK
貸款	Price	PX_LAST
貸款	PxChgYTD	CHG_PCT_YTD
貸款	PxChg3M	CHG_PCT_3M
貸款	DM	DISC_MRGN_ASK
貸款	Yield	YLD_YTM_ASK
貸款	IsCallable	CALLABLE
貸款	NextCallDate	NXT_CALL_DT
貸款	NextCallPrice	NXT_CALL_PX
指數	IndexName	NAME
指數	Price	PX_LAST
指數	YrHi	CHG_PCT_HIGH_52WEEK
指數	YrLow	CHG_PCT_LOW_52WEEK
指數	PxChgYTD	CHG_PCT_YTD
指數	PxChg3M	CHG_PCT_3M
指數	TotalReturn12M	CURRENT_TRR_1YR

彭博 C# API

在本節中，我們將討論使用 C# 存取彭博的 Desktop API。本節介紹取得參照資料（例如在 Excel 中使用 BDP）和歷史資料（例如 Excel 中的 BDH）。最後，將示範如何匯入 Access 資料庫。對於更進階的主題，彭博在其 WAPI <GO> 畫面上提供了大量關於其他有用 API 特性的文件。本節中的大部分內容都來自彭博提供的範例和文件。

 因為資料流量有上限，所以建議你不要重複擷取靜態資料。

在開始寫程式之前，透過存取彭博的 WAPI <GO> 畫面選擇 API 下載中心來下載 API 函式庫。點擊 Desktop API 旁邊的下載按鈕，將產生的 zip 檔儲存並解壓縮到電腦本機 *blp* 目錄下（通常為 *C:\blp*）。

接下來，在 Visual Studio 中，透過右鍵點擊專案並選擇 Add Reference 來建立一個新的 C# 主控台應用程式。瀏覽到 *C:\blp\DAPI\APIv3\DotnetAPI\v3.10.1.2\lib*（你可能因為不同的版本或本機 *blp* 資料夾存放位置而需要調整該路徑），然後增加對 *Bloomberglp.Blpapi. dll* 的參照。

接下來，在你的 *Program.cs* 檔中，為程式碼中參照的彭博類別新增適當的 using 宣告：

```
using Event = Bloomberglp.Blpapi.Event;
using Element = Bloomberglp.Blpapi.Element;
using Message = Bloomberglp.Blpapi.Message;
using Name = Bloomberglp.Blpapi.Name;
using Request = Bloomberglp.Blpapi.Request;
using Service = Bloomberglp.Blpapi.Service;
using Session = Bloomberglp.Blpapi.Session;
using SessionOptions = Bloomberglp.Blpapi.SessionOptions;
using InvalidRequestException =
        Bloomberglp.Blpapi.InvalidRequestException;
using Datetime = Bloomberglp.Blpapi.Datetime;
```

彭博建議預先處理其 GetElement 和 GetValue 方法會使用到的雜湊值，因此在 Program 類別的主體中包含以下聲明：

```
class Program
{
    private static readonly Name SECURITY_DATA = new Name("securityData");
    private static readonly Name SECURITY = new Name("security");
    private static readonly Name FIELD_DATA = new Name("fieldData");
    private static readonly Name RESPONSE_ERROR = new Name("responseError");
    private static readonly Name SECURITY_ERROR = new Name("securityError");
```

```
private static readonly Name FIELD_EXCEPTIONS =
new Name("fieldExceptions");
private static readonly Name FIELD_ID = new Name("fieldId");
private static readonly Name ERROR_INFO = new Name("errorInfo");
private static readonly Name CATEGORY = new Name("category");
private static readonly Name MESSAGE = new Name("message");
```

最後在實例中運行 Program 類別的程式碼，而不是靜態的 Main 函式，請在 Program 類別中建立一個名為 BasicExample 的方法，並從 Main 方法中調用它：

```
static void Main(string[] args)
{
  Program p = new Program();
  p.BasicExample();
}
```

基本參照範例

BasicExample 方法建立與彭博的連接並向彭博的參照資料服務發送資料請求。彭博參照資料服務的回應在下一個方法 ProcessResponse 中被處理。使用彭博的 API 之前必須透過兩個步驟與之建立連線。首先，如以下的 BasicExample 方法程式碼範例所示，程式必須建立一個 session 連接到彭博終端機。然後，該 session 物件用於取得彭博的某一項服務。

所有彭博資料必須透過其中一項“服務”取得。對於參照資料，請使用其 refdata 服務。BasicExample 方法嘗試使用 OpenService 方法存取 refdata 服務，如果成功，它將使用 GetService 方法取得 Service 物件。

接下來，程式碼使用 Service 物件的 CreateRequest 方法建立 Request 物件，該方法將包含要檢索的證券和資料欄的列表。彭博建議將多個證券和資料欄請求捆綁在一起，而不是發送多個請求。

程式碼中，藉由附加證券列表至 Request 物件的“證券”元素中，將其增加至請求中。證券可以透過多種方式進行指定；下面的程式碼示範如何透過 CUSIP 和公司的股票代碼的方式參照債券。與“/cusip”和“/ticker”類似，“/isin”或“/bbgid”可以分別用 ISIN 或 Bloomberg Global Identifier 識別債券。

接下來，藉由附加到 Request 物件的 fields 元素中，這些資料欄將被增加至請求中。API 使用與 Excel BDP 函式相同的資料欄名稱。如本例所示，為了提供資料欄覆寫，例如將 CRNCY_ADJ_MKT_CAP 的貨幣覆寫為 EUR，在發送請求之前將 overrides 元素附加到 Request 物件並設定其 fieldId 和 value。

然後，程式碼將請求發送給彭博，並捕獲任何無效的例外請求。

在發送請求後，程式碼使用其 NextEvent 方法輪詢 Session 物件的回應。對於較大的請求，API 可能只傳回部分回應，在這種情況下，你應該繼續輪詢 Session 物件。但是，在 API 發回非部分回應（或 session 狀態回到終止狀態）後，停止輪詢並停止 session。收到任何回應後，將該事件傳遞給 ProcessResponse 方法（稍後定義）。

讓我們來看看這些程式碼是如何實作的：

```csharp
private void BasicExample()
{
    // 建立彭博 Session
    // 否則顯示錯誤並退出
    SessionOptions sessionOptions = new SessionOptions();
    Session session = new Session();
    bool sessionStarted = session.Start();
    if (!sessionStarted)
    {
        System.Console.Error.WriteLine("Failed to start session.");
        return;
    }
    // 啟動 RefData Bloomberg 服務
    if (!session.OpenService("//blp/refdata"))
    {
        System.Console.Error.WriteLine("Failed to open //blp/refdata");
        return;
    }
    Service refDataService = session.GetService("//blp/refdata");

    // 建立新的請求
    Request request = refDataService.CreateRequest("ReferenceDataRequest");

    // 加入證券請求
    Element securities = request.GetElement("securities");
    securities.AppendValue("/ticker/AAPL US Equity");
    securities.AppendValue("/cusip/319963BP8");

    // 加入彭博資料欄請求
    Element fields = request.GetElement("fields");
    fields.AppendValue("CRNCY_ADJ_MKT_CAP");
    fields.AppendValue("PX_LAST");

    // 增加覆寫請求
    // 以下 4 個陳述式設定 EQY_FUND_CRNCY=EUR
    Element overrides = request["overrides"];
    Element override1 = overrides.AppendElement();
    override1.SetElement("fieldId", "EQY_FUND_CRNCY");
    override1.SetElement("value", "EUR");
```

```csharp
// 發送請求
try
{
    session.SendRequest(request, null);
}
catch (InvalidRequestException e)
{
    System.Console.WriteLine(e.ToString());
}

// 雖然尚未報錯
// 或收到完整回覆
bool done = false;
while (!done)
{
    Event eventObj = session.NextEvent();
    // 除了部分回覆之外，根據條件
    // 將可能收到更多部分回覆或收到完整回覆
    if (eventObj.Type == Event.EventType.PARTIAL_RESPONSE)
    {
        ProcessResponse(eventObj);
    }
    // 很多時候你只是收到完整回覆
    else if (eventObj.Type == Event.EventType.RESPONSE)
    {
        ProcessResponse(eventObj);
        done = true;
    }
    else
    {
        foreach (Message msg in eventObj)
        {
            System.Console.WriteLine(msg.AsElement);
            if (eventObj.Type == Event.EventType.SESSION_STATUS)
            {
                if (msg.MessageType.Equals("SessionTerminated"))
                {
                    done = true;
                }
            }
        }
    }
}
session.Stop();
}
```

下一個方法是 ProcessResponse 方法。此方法處理前面提及的 BasicExample 方法中傳回的彭博資料。在傳遞給 ProcessResponse 方法的 Event 物件中，有個 Message 物件集合。Message 物件集合中要不是含有錯誤，代表請求失敗，不然就是證券元素集合。而證券元素集合中要不是包含錯誤，代表證券有問題，不然就是資料欄集合，而資料欄集合中也可能包含著錯誤，ProcessResponse 函式應該反覆處理這些不同的集合以取得回傳值。

如果訊息中沒有錯誤，則程式碼將反覆處理每個證券元素，將傳回的資料欄列表取出，然後繼續反覆處理這些列表。儘管以下程式碼以字串的形式檢索資料欄的值，但仍有一些方法可將其檢索為不同的資料類型（本章稍後會討論）。

最後，對於每個證券元素，檢查是否有任何資料欄異常集合並且顯示。

程式碼如下所示：

```
private void ProcessResponse(Event eventObj)
{
    // 回覆可能包含多種的訊息
    foreach (Message msg in eventObj)
    {
        // 如果訊息是報錯，則顯示並繼續以下程序
        if (msg.HasElement(RESPONSE_ERROR))
        {
            Element error = msg.GetElement(RESPONSE_ERROR);
            Console.WriteLine("Request failed: "
            + error.GetElementAsString(CATEGORY) +
            " (" + error.GetElementAsString(MESSAGE) + ")");
            continue;
        }
        // 對於回覆中的每檔請求證券
        Element securities = msg.GetElement(SECURITY_DATA);
        for (int i = 0; i < securities.NumValues; ++i)
        {
            // 為證券物件和代碼建立參照
            Element security = securities.GetValueAsElement(i);
            string ticker = security.GetElementAsString(SECURITY);

            // 如果證券報錯，則顯示並繼續以下程序
            if (security.HasElement("securityError"))
            {
                Element error = security.GetElement(SECURITY_ERROR);
                Console.WriteLine("Security Error: "
                + error.GetElementAsString(CATEGORY) +
                " (" + error.GetElementAsString(MESSAGE) + ")");
                continue;
            }
```

```
// 對請求的每一個資料欄
// 顯示從彭博取出的資料
Element fields = security.GetElement(FIELD_DATA);
if (fields.NumElements > 0)
{
    for (int j = 0; j < fields.NumElements; ++j)
    {
        Element field = fields.GetElement(j);
        System.Console.WriteLine(field.Name + "\t\t" +
            field.GetValueAsString());
    }
}

// 假如有一個特定資料欄有例外發生
// 就將它顯示出來
Element fieldExceptions = security.GetElement(FIELD_EXCEPTIONS);
if (fieldExceptions.NumValues > 0)
{
    for (int k = 0; k < fieldExceptions.NumValues; ++k)
    {
        Element fieldException =
            fieldExceptions.GetValueAsElement(k);

        Element error = fieldException.GetElement(ERROR_INFO);
        Console.WriteLine("Field Exception: "
        + fieldException.GetElementAsString(FIELD_ID) + " "
        + error.GetElementAsString(CATEGORY) +
        " (" + error.GetElementAsString(MESSAGE) + ")");

    }
}
        }
    }
}
```

基本歷史資料範例

要模擬 Excel BDH 函式並為彭博資料欄提供資訊的歷史記錄，需要進行一些調整。首先，將已預先計算後的 "date" 雜湊值增加至 Program 類別的主體：

```
private static readonly Name DATE = new Name("date");
```

接下來，將請求宣告更改為以下內容：

```
Request request = refDataService.CreateRequest("HistoricalDataRequest");
```

接下來，為歷史請求設定附加參數。在本章前面，我們討論了 BDH 函式的各種參數。相關的 API 參數請參照表 3-13。

表 3-13：API 參數用於取得歷史資料

參數	BDH 相對應	註釋
startDate	—	開始日期以 YYYYMMDD 格式
endDate	—	結束日期以 YYYYMMDD 格式
periodicityAdjustment	—	會計、日曆或實際
periodicitySelection	—	每日、每週、每月、季度、半年度、年度
currency	FX	三字母 ISO 代碼；例如：美元、英鎊
overrideOption	Quote	設為 OVERRIDE_OPTION_GPA 以在報價計算中使用平均價格而不是收盤價格
pricingOption	QuoteType	價格為 PRICING_OPTION_PRICE，收益率為 PRICING_OPTION_YIELD
nonTradingDayFillOption	Days	NON_TRADING_WEEKDAYS、ALL_CALENDAR_DAYS、ACTIVE_DAYS_ONLY
nonTradingDayFillMethod	Fill	PREVIOUS_VALUE 或 NIL_VALUE for blank
adjustmentNormal	CshAdjNormal	設為 true 或 false
adjustmentAbnormal	CshAdjAbnormal	設為 true 或 false
adjustmentSplit	CapChg	設為 true 或 false
adjustmentFollowDPDF	UseDPDF	設為 true 或 false
calendarCodeOverride	CDR	例如 "US" or "JN"

於 BasicExample 函式中，在發送請求之前，將 Request 物件的 startDate 和 endDate 資料欄設為 "YYYYMMDD" 日期格式的日期：

```
request.Set("startDate", "20140601");
request.Set("endDate", "20140625");
```

像 Excel 一樣，你還可以透過在 Request 物件中設定 periodicitySelection 資料欄將期間選擇設為每日、每週、每月、每月或每年。

```
request.Set("periodicitySelection", "DAILY");
```

完整的方法如下所示：

```
private void HistoryExample()
{
    SessionOptions sessionOptions = new SessionOptions();
    Session session = new Session();
    bool sessionStarted = session.Start();
    if (!sessionStarted)
    {
        System.Console.Error.WriteLine("Failed to start session.");
        return;
    }
    if (!session.OpenService("//blp/refdata"))
```

```
{
    System.Console.Error.WriteLine("Failed to open //blp/refdata");
    return;
}

Service refDataService = session.GetService("//blp/refdata");

// 利用 HistoricalDataRequest
Request request = refDataService.CreateRequest("HistoricalDataRequest");

Element securities = request.GetElement("securities");
securities.AppendValue("/ticker/MSFT US Equity");
securities.AppendValue("/ticker/AAPL US Equity");

Element fields = request.GetElement("fields");
fields.AppendValue("PX_LAST");
fields.AppendValue("PX_OPEN");

// 設置日期和期間
request.Set("startDate", "20140601");
request.Set("endDate", "20140612");
request.Set("periodicitySelection", "DAILY");

try
{
    session.SendRequest(request, null);
}
catch (InvalidRequestException e)
{
    System.Console.WriteLine(e.ToString());
}


bool done = false;
while (!done)
{
    Event eventObj = session.NextEvent();
    if (eventObj.Type == Event.EventType.PARTIAL_RESPONSE)
    {
        ProcessHistoryResponse(eventObj);
    }
    else if (eventObj.Type == Event.EventType.RESPONSE)
    {
        ProcessHistoryResponse(eventObj);
        done = true;
    }
    else
    {
        foreach (Message msg in eventObj)
```

```
            {
                System.Console.WriteLine(msg.AsElement);
                if (eventObj.Type == Event.EventType.SESSION_STATUS)
                {
                    if (msg.MessageType.Equals("SessionTerminated"))
                    {
                        done = true;
                    }
                }
            }
        }
    }
    session.Stop();
}
```

由於對歷史資料請求的回應與來自參照資料請求的回應不同，因此你需要將 while 循環中所呼叫的函式從 ProcessResponse 更改為 ProcessHistoryResponse。

ProcessHistoryResponse 方法看起來與 ProcessResponse 方法類似，但有一些例外。首先，與參照回傳不同，歷史資料回傳中的 SECURITY_DATA 元素不是陣列：它包含一檔證券。其次，FIELD_DATA 除了一個值之外還包含一個日期。

程式碼將反覆處理 FIELD_DATA 集合，該集合包含的元素對應到每一天。每個元素會有另外一個 Element 集合負責請求的資料欄，其中也包含日期本身。由於日期已經是集合的一部分，因此在迴圈處理剩餘集合的其他資料欄時，會按名稱將其取出並忽略。

以下是完整的程式碼：

```
private void ProcessHistoryResponse(Event eventObj)
{
    foreach (Message msg in eventObj)
    {
        if (msg.HasElement(RESPONSE_ERROR))
        {
            Element error = msg.GetElement(RESPONSE_ERROR);
            Console.WriteLine("Request failed: "
            + error.GetElementAsString(CATEGORY) +
            " (" + error.GetElementAsString(MESSAGE) + ")");
            continue;
        }

        Element securityData = msg.GetElement(SECURITY_DATA);
        string security = securityData.GetElement(SECURITY).GetValueAsString();
        Console.WriteLine(security);

        Element fieldData = securityData.GetElement(FIELD_DATA);
```

```
if (fieldData.NumElements > 0)
{
    for (int i = 0; i < fieldData.NumElements; i++)
    {
        Element element = fieldData.GetValueAsElement(i);
        // 從傳回的資料欄中取出日期並顯示
        Datetime date = element.GetElementAsDatetime(DATE);
        Console.WriteLine(date.ToSystemDateTime().ToShortDateString());

        // 顯示剩餘的資料欄（不是 DATE）
        for (int f = 0; f < element.NumElements; f++)
        {
            Element field = element.GetElement(f);
            if (!field.Name.Equals(DATE))
            {
                Console.WriteLine(field.Name + " = "
                + field.GetValueAsString());
            }
        }
    }
}
```

增加 Access 資料庫的資料

在本節中，我們使用彭博 API 增加資料庫中資料表的資料。本節中的程式碼透過在 Map 資料表中列出的彭博資料欄送出彭博 API 請求，來反覆處理各自資料表中的債券、貸款和公司。Map 資料表還包含相對應的欄以儲存來自彭博的回傳資訊。

在我們開始之前

在開始之前，有幾件事情需要解決。首先，要將 C# 連接到 Microsoft Access，你需要安裝適用於你的 Microsoft Access 版本的對應 OleDb 驅動程式。例如，使用 Microsoft.ACE.OLEDB.12.0 連接到 Microsoft Access 2016。

接下來，在 Visual Studio 中為主控台應用程式建立一個新的 C# 解決方案，並將 Access 資料庫的複本放置在專案的目錄中。然後，使用專案目錄中的資料庫檔案，使用適當的識別碼為 Bond、Loan、Index 和 Company 資料表增加資料。對於每一個資料表中的主鍵欄和 BBID 欄，可以透過手動輸入或從 Excel 中貼上（提示：從 Excel 貼上多列，在 Access 中的常用索引標籤上，點擊貼上，然後點擊貼上附加）。將每個資料表的其餘欄位留空；他們將使用 API 填入。

建立一個強型別資料集

有很多方法可以將你的 C# 程式碼連接到資料庫，但我更喜歡使用強型別資料集，因為它們很簡單，它將資料庫查詢與程式碼分開，並使程式碼更易於閱讀。在 Visual Studio 中，右鍵點擊你的專案並選擇新增，選擇新專案，然後選擇資料集。命名新的資料集 **ADS.xsd**。接下來，在伺服器總管窗格中，右鍵點擊資料連接並選擇新增連接。選擇 Microsoft Access 資料庫檔案作為你的資料源，點擊 "資料庫檔案名稱" 旁邊的瀏覽按鈕，然後在專案的目錄中選擇 Access 資料庫檔案，然後點擊確定。接下來，在伺服器資源管理器窗格中，瀏覽並選擇 Tables 資料夾中的表格，然後將它們拖到新的資料集上。你的資料集應該看起來如圖 3-13。

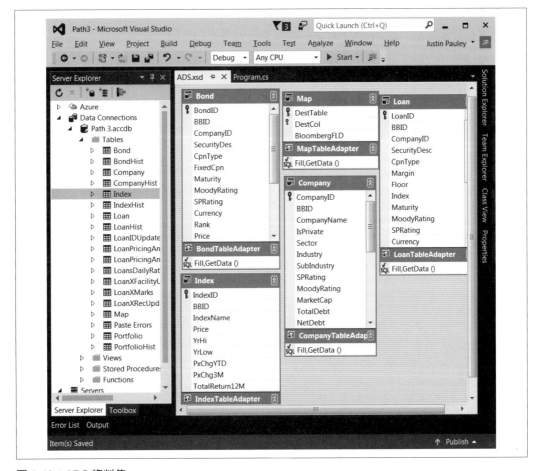

圖 3-13：ADS 資料集

程式碼

這個專案將像我們用來檢索參照資料的專案一樣。首先一樣參照 /blp 目錄中的 Bloomberg.dll、增加相同的 using 宣告，並增加相同的預先計算的 Name 物件。如以下的程式碼所示，Run 方法被呼叫，它從 Access 中匯入我們的資料集，從債券、貸款和公司提取資料，然後更新資料庫：

```csharp
using Event = Bloomberglp.Blpapi.Event;
using Element = Bloomberglp.Blpapi.Element;
using Message = Bloomberglp.Blpapi.Message;
using Name = Bloomberglp.Blpapi.Name;
using Request = Bloomberglp.Blpapi.Request;
using Service = Bloomberglp.Blpapi.Service;
using Session = Bloomberglp.Blpapi.Session;
using DataType = Bloomberglp.Blpapi.Schema.Datatype;
using SessionOptions = Bloomberglp.Blpapi.SessionOptions;
using InvalidRequestException =
        Bloomberglp.Blpapi.InvalidRequestException;
using System.Data;

namespace Path3_Load
{
    class Program
    {
        private ADS DS = new ADS();
        private static readonly Name SECURITY_DATA = new Name("securityData");
        private static readonly Name SECURITY = new Name("security");
        private static readonly Name FIELD_DATA = new Name("fieldData");
        private static readonly Name RESPONSE_ERROR = new Name("responseError");
        private static readonly Name SECURITY_ERROR = new Name("securityError");
        private static readonly Name FIELD_EXCEPTIONS =
        new Name("fieldExceptions");
        private static readonly Name FIELD_ID = new Name("fieldId");
        private static readonly Name ERROR_INFO = new Name("errorInfo");
        private static readonly Name CATEGORY = new Name("category");
        private static readonly Name MESSAGE = new Name("message");

        static void Main(string[] args)
        {
            Program p = new Program();
            p.Run();
        }
        private void Run()
        {

            FillDataSet();
            RunBonds();
            RunLoans();
```

```
            RunCompanies();
            RunIndex();
            int rowc= UpdateDataSet();
        }
```

FillDataSet 方法相當簡單；它使用 TableAdapterManager 從 Access 中匯入資料集：

```
    private void FillDataSet()
    {
        using (ADSTableAdapters.TableAdapterManager tm =
        new ADSTableAdapters.TableAdapterManager())
        {
            tm.BondTableAdapter = new ADSTableAdapters.BondTableAdapter();
            tm.LoanTableAdapter = new ADSTableAdapters.LoanTableAdapter();
            tm.CompanyTableAdapter = new ADSTableAdapters.CompanyTableAdapter();
            tm.IndexTableAdapter = new ADSTableAdapters.IndexTableAdapter();
            tm.MapTableAdapter = new ADSTableAdapters.MapTableAdapter();
            tm.BondTableAdapter.Fill(DS.Bond);
            tm.LoanTableAdapter.Fill(DS.Loan);
            tm.CompanyTableAdapter.Fill(DS.Company);
            tm.IndexTableAdapter.Fill(DS.Index);
            tm.MapTableAdapter.Fill(DS.Map);
            tm.Connection.Close();
        }
    }
```

在 RunBonds 方法中，逐一查看資料庫中的債券列表，並使用用於參照每個債券和相對應債券 DataRow 的證券識別碼來填入 Dictionary 物件（secIds）。然後，使用 Map 表，將 Bloomberg Field 和相應的目標欄位填入另一個 Dictionary 物件（fields）以儲存請求的資料。最後，將兩個 Dictionary 物件傳遞給一個泛型函式 FetchData，它將執行實際的請求：

```
    private void RunBonds()
    {
        Dictionary<string,DataRow> secIds = new Dictionary<string, DataRow>();
        Dictionary<string, string> fields = new Dictionary<string, string>();

        foreach (ADS.BondRow bond in DS.Bond)
        {
            secIds.Add("/isin/" + bond.BondID,bond);
        }
        foreach (ADS.MapRow map in DS.Map.Where(x => x.DestTable == "Bond"))
        {
            fields.Add(map.BloombergFLD, map.DestCol);
        }
        FetchData(secIds, fields, "Bond");
    }
```

FetchData 方法建立一個彭博的 Session，取得參照資料服務的實例，將兩個 Dictionary 物件（secIds 和 fidlds）中的證券識別碼和資料欄列表增加到彭博請求中，並發送請求。該方法還接受一個可選擇的 KeyValuePair 陣列來達成覆寫（稍後用於存取公司資料）。最後，FetchData 方法獲得 Session 物件的回應，並在回覆或部分回覆中將 Event 物件與 Dictionary 物件以及資料表名稱一起傳遞給 ProcessResponse 方法：

```csharp
private void FetchData(
    Dictionary<string, DataRow> secIds,
    Dictionary<string, string> fields,
    string table,
    params KeyValuePair<string, string>[] overrides)
{
    // 啟動 session 和 service
    Session session = new Session();
    bool sessionStarted = session.Start();
    if (!sessionStarted)
    {
        System.Console.Error.WriteLine("Failed to start session.");
        return;
    }
    if (!session.OpenService("//blp/refdata"))
    {
        System.Console.Error.WriteLine("Failed to open //blp/refdata");
        return;
    }

    Service refDataService = session.GetService("//blp/refdata");

    // 產生請求
    Request request = refDataService.CreateRequest("ReferenceDataRequest");

    // 在請求中加入每一檔證券
    Element securities = request.GetElement("securities");
    foreach (string id in secIds.Keys)
    {
        securities.AppendValue(id);
    }
    // 在請求中加入每一個資料欄
    Element requestedFields = request.GetElement("fields");
    foreach (string field in fields.Keys)
    {
        requestedFields.AppendValue(field);
    }

    // （可選）如果存在覆寫，請將其增加至請求中
    if (overrides != null)
    {
        Element overrideElement = request["overrides"];
```

```csharp
            foreach (KeyValuePair<string, string> or in overrides)
            {
                Element o = overrideElement.AppendElement();
                o.SetElement("fieldId", or.Key);
                o.SetElement("value", or.Value);
            }
        }
        // 發送請求
        try
        {
            session.SendRequest(request, null);
        }
        catch (InvalidRequestException e)
        {
            System.Console.WriteLine(e.ToString());
        }

        // 處理回覆
        bool done = false;
        while (!done)
        {
            Event eventObj = session.NextEvent();
            if (eventObj.Type == Event.EventType.PARTIAL_RESPONSE)
            {
                ProcessResponse(eventObj, fields, table, secIds);
            }
            else if (eventObj.Type == Event.EventType.RESPONSE)
            {
                ProcessResponse(eventObj, fields, table, secIds);
                done = true;
            }
            else
            {
                foreach (Message msg in eventObj)
                {
                    System.Console.WriteLine(msg.AsElement);
                    if (eventObj.Type == Event.EventType.SESSION_STATUS)
                    {
                        if (msg.MessageType.Equals("SessionTerminated"))
                        {
                            done = true;
                        }
                    }
                }
            }
        }
        session.Stop();
}
```

ProcessResponse 方法使用彭博 Session 回應中的資料來填入 Dictionary 物件 secIds。當 ProcessResponse 經由迴圈處理請求的資料時，它透過請求中的代碼來尋找 RunBonds 方法建立的 Dictionary secIds 中的 DataRow。

接下來，程式碼從傳回的資料欄中抽取出列表，使用資料欄 Dictionary 取得相對應的 DataTable 欄，然後透過將 DataRow 物件的內容設為 null 來清除其內容。接著，程式碼檢查彭博傳回資料欄的 "Datatype" 屬性，用以決定存取傳回值的適當方法。例如，如果 field.Datatype 設為 DataType.FLOAT64，那麼它使用 field.GetValueAsFloat64() 方法，而如果 field.Datatype 設為 DataType.DATETIME，則它使用 Field.GetValueAsDatetime() 方法。此外，請在設定 DataRow 中的欄位到回傳值前，先檢查 ADS 資料集中的 DataColumn 可以接受回傳值的 datatype 資料類型。

```csharp
private void ProcessResponse(
    Event eventObj,
    Dictionary<string, string> fields,
    string table,
    Dictionary<string, DataRow> secIds
    )
{
    foreach (Message msg in eventObj)
    {
        if (msg.HasElement(RESPONSE_ERROR))
        {
            Element error = msg.GetElement(RESPONSE_ERROR);
            Console.WriteLine("Request failed: "
            + error.GetElementAsString(CATEGORY) +
            " (" + error.GetElementAsString(MESSAGE) + ")");
            continue;
        }

        Element securities = msg.GetElement(SECURITY_DATA);
        for (int i = 0; i < securities.NumValues; ++i)
        {
            Element security = securities.GetValueAsElement(i);

            if (security.HasElement("securityError"))
            {
                Element error = security.GetElement(SECURITY_ERROR);
                Console.WriteLine("Security Error: "
                + error.GetElementAsString(CATEGORY) +
                " (" + error.GetElementAsString(MESSAGE) + ")");

                continue;
            }

            Element fieldExceptions = security.GetElement(FIELD_EXCEPTIONS);
```

```
if (fieldExceptions.NumValues > 0)
{
    for (int k = 0; k < fieldExceptions.NumValues; ++k)
    {
        Element fieldException =
            fieldExceptions.GetValueAsElement(k);

        Element error = fieldException.GetElement(ERROR_INFO);
        Console.WriteLine("Field Exception: "
        + fieldException.GetElementAsString(FIELD_ID) + " "
        + error.GetElementAsString(CATEGORY) +
        " (" + error.GetElementAsString(MESSAGE) + ")");

    }
}

// 取出我們在請求中使用的股票代碼，例如 / ISIN / 123123434
string ticker = security.GetElementAsString(SECURITY);

// 具有此 ID 的資料集中的列。
DataRow row = secIds[ticker];



Element fieldElements = security.GetElement(FIELD_DATA);
if (fieldElements.NumElements > 0)
{

    for (int j = 0; j < fieldElements.NumElements; ++j)
    {
        Element field = fieldElements.GetElement(j);

        // 使用 Map 表找尋目標欄。
        DataColumn dc =
        row.Table.Columns[fields[field.Name.ToString()]];
        row[dc] = DBNull.Value;
        switch (field.Datatype)
        {
            case DataType.BOOL:
                if (dc.DataType == typeof(bool))
                {
                    row[dc] = field.GetValueAsBool();
                }
                break;
            case DataType.DATE:
                if (dc.DataType == typeof(DateTime))
                {
                    row[dc] =
                    field.GetValueAsDate().ToSystemDateTime();
```

```
        }
        break;
case DataType.DATETIME:
    if (dc.DataType == typeof(DateTime))
    {
        row[dc] =
        field.GetValueAsDatetime().ToSystemDateTime();
    }
    break;
case DataType.FLOAT32:
    if (dc.DataType == typeof(double))
    {
        row[dc] =
        Convert.ToDouble(field.GetValueAsFloat32());
    }
    break;
case DataType.FLOAT64:
    if (dc.DataType == typeof(double))
    {
        row[dc] = field.GetValueAsFloat64();
    }
    break;
case DataType.INT32:
    if (dc.DataType == typeof(int))
    {
        row[dc] = field.GetValueAsInt32();
    }
    break;
case DataType.INT64:
    if (dc.DataType == typeof(long))
    {
        row[dc] = field.GetValueAsInt64();
    }
    break;
case DataType.STRING:
    if (dc.DataType == typeof(string))
    {
        row[dc] = field.GetValueAsString();
    }
    break;
case DataType.CHAR:
    if (dc.DataType == typeof(char))
    {
        row[dc] = field.GetValueAsChar();
    }
    else if (dc.DataType == typeof(string))
    {
        row[dc] =
        Convert.ToString(field.GetValueAsChar());
```

```
                    }
                    else if (dc.DataType == typeof(bool))
                    {
                        char c = field.GetValueAsChar();
                        if (c == 'Y')
                            row[dc] = true;
                        else if (c == 'N')
                            row[dc] = false;
                    }
                    break;
                default:
                    Console.WriteLine("Missing Column Type");
                    break;
            }

            System.Console.WriteLine(field.Name + "\t\t" +
                field.GetValueAsString());
        }
    }
}
}
```

RunLoans 方法與 RunBonds 方法非常相似，除了它使用代碼而不是 ISIN 來識別貸款：

```
private void RunLoans()
{
    Dictionary<string, DataRow> secIds = new Dictionary<string, DataRow>();
    Dictionary<string, string> fields = new Dictionary<string, string>();

    foreach (ADS.LoanRow loan in DS.Loan)
    {
        secIds.Add("/ticker/" + loan.LoanID + " Corp", loan);

    }
    foreach (ADS.MapRow map in DS.Map.Where(x => x.DestTable == "Loan"))
    {
        fields.Add(map.BloombergFLD, map.DestCol);
    }
    FetchData(secIds, fields, "Loan");
}
```

RunCompanies 方法與 RunLoans 方法非常相似，除了會把 KeyValue Pair 傳遞給 FetchData 方法來覆寫 EQY_FUND_CRNCY。此外，還包括一個 post 請求的代碼，用於在資料庫中設定 NetDebtToEBITDA 欄位，並使用五年期 CDS 代碼（如果存在）建立五年期 CDS 區間的新請求。以下演示如何擴展其他功能以添加不同的自定義計算。

```
private void RunCompanies()
{
    Dictionary<string, DataRow> secIds = new Dictionary<string, DataRow>();
    Dictionary<string, string> fields = new Dictionary<string, string>();

    foreach (ADS.CompanyRow company in DS.Company)
    {
        secIds.Add("/ticker/" + company.CompanyID + " Equity", company);

    }
    foreach (ADS.MapRow map in DS.Map.Where(x => x.DestTable == "Company"))
    {
        fields.Add(map.BloombergFLD, map.DestCol);
    }
    FetchData(secIds, fields, "Company", new KeyValuePair<string, string>(
    "EQY_FUND_CRNCY", "USD"));

    // 抓完資料後，後續處理任務
    secIds.Clear();
    fields.Clear();
    foreach (ADS.CompanyRow company in DS.Company)
    {
        // 設置 Net Debt/EBITDA
        if (company.IsNetDebtNull() == false
            && company.IsEBITDANull() == false
            && company.EBITDA > 0)
        {
            company.NetDebtToEBITDA = company.NetDebt / company.EBITDA;
        }
        // 5 年期 CDS
        if(company.IsCDS5YrTickerNull() == false)
        {
            secIds.Add("/ticker/" + company.CDS5YrTicker + " Corp", company);
        }
    }
    if(secIds.Count >0)
    {
        fields.Add("PX_LAST", DS.Company.CDSSpread5YrColumn.ColumnName);
        FetchData(secIds, fields, "Company");
    }
}
```

RunIndex 方法與 RunLoans 方法非常相似，除了參照索引時在 IndexID 後附加 "Index" 而不是 "Corp"：

```
private void RunIndex()
{
    Dictionary<string, DataRow> secIds = new Dictionary<string, DataRow>();
    Dictionary<string, string> fields = new Dictionary<string, string>();
```

```
    foreach (ADS.IndexRow index in DS.Index)
    {
        secIds.Add("/ticker/" + index.IndexID +" Index", index);

    }
    foreach (ADS.MapRow map in DS.Map.Where(x => x.DestTable == "Index"))
    {
        fields.Add(map.BloombergFLD, map.DestCol);
    }
    FetchData(secIds, fields, "Index");
}
```

最後一個方法，`UpdateDataSet`，將更新後的資料集儲存到 Access 並傳回更新後的資料列數：

```
private int UpdateDataSet()
{
    int rowc = 0;
    using (ADSTableAdapters.TableAdapterManager tm =
    new ADSTableAdapters.TableAdapterManager())
    {
        tm.BondTableAdapter = new ADSTableAdapters.BondTableAdapter();
        tm.LoanTableAdapter = new ADSTableAdapters.LoanTableAdapter();
        tm.CompanyTableAdapter = new ADSTableAdapters.CompanyTableAdapter();
        tm.IndexTableAdapter = new ADSTableAdapters.IndexTableAdapter();
        rowc = tm.UpdateAll(DS);
        tm.Connection.Close();
    }
    return rowc;
}
```

 在 Visual Studio 中執行程式碼時，它會在專案的 /bin/Debug 資料夾中建立資料庫的本機複本，並將所有更新儲存到該複本中，而不是更新專案資料夾中的版本。

小結

本章介紹了可用於建立 Excel 工作簿或 Access 資料庫的技術，讓你不僅可以從彭博自動提取資料，而且可以將其儲存在一致且易於維護的配置中。雖然這對於財務分析已經很有用，但接下來的章節將告訴你如何加強 Excel 工作簿或 Access 資料庫的資料分析和報表技巧。

第四章

IHS Markit：公司大數據

本章將介紹如何從 IHS Markit 中取得金融資訊，IHS Markit 提供公司債券、貸款和各種不同產品的金融數據，是最佳資料來源之一。與彭博不同的是，Markit 提供客戶幾乎所有可交易債券和貸款的報價和參照資料，沒有任何限制。處理大量的金融數據為不同類型的有用分析打開了大門，例如根據信用價差、信用評等或其他特徵查詢數千個銀行團貸款的每日價格變化趨勢。許多銀行、資產管理公司和避險基金都有訂閱 Markit 資料；然而，大部分資料被用來支援內部系統，很少能夠經由分析師的手而發揮其效用。

第 8 章討論了在大型的資料集上不同類型的分析，而本章重點介紹了不同類型的可用資料、如何檢索資料，以及基於你所關注的途徑使用 Excel 和 Microsoft Access 儲存資料的技術。

本章未涵蓋 IHS Markit 提供的所有產品。要了解有關 Markit 及其全系列產品的更多資訊，請造訪 *https://www.markit.com*。本章中使用的大多數資料欄描述來自 Markit 的文件。

公司貸款

公司貸款（也稱為銀行貸款、槓桿貸款或聯合貸款）是由通常評等為非投資等級公司發行的貸款。Markit 在大多數可投資的全球市場上提供參考資料（授信資訊、信用評等、識別碼等）和績效資訊（報價、財務、分析等）。

資料請求

幸運的是，藉由使用 Markit 貸款資料自動交換，Markit 讓請求資料變得非常簡單。Markit 提供的資料每一種類型都稱為 "管道"，你可以使用自定義的網頁請求以逗號分隔值（CSV）或可擴展標記語言（XML）格式請求這些資料。網頁請求只是一個包含參數（例如公司、用戶名、密碼和其他選項）的 URL（網站）。例如，以 CSV 格式取得貸款價格（LoanXMarks 管道）與在網頁瀏覽器中存取以下 URL 一樣簡單：

```
https://loans.markit.com/loanx/LoanXMarks.csv?LEGALENTITY=firmname
    &USERNAME=user1&PASSWORD=password1
```

該 URL 會下載可以在 Microsoft Excel 中開啟的 CSV 檔。在 URL 中將 *.csv* 副檔名轉換為 *.xml* 將傳回一個 XML 檔（旨在供程式讀取）。如果參數（例如用戶名）包含特殊字元，則必須對它們進行編碼以避免出現問題；例如，你需要使用 "%2F"，而不是 "/"。上網搜尋 "URL 編碼器" 可以找到許多可幫助你編碼的網站。

 你可以從 Markit 的網站 *http://www.markit.com* 下載本節中討論的大部分資訊。

授信資訊

Facility Update 管道將傳回自上次請求後更新的每個貸款機構的參照資料；請聯繫 *support@markit.com* 取得授信資料的初始檔案。因此，如果你發送了兩個連續的請求而它們之間沒有間隔，則第二個請求將傳回空結果。藉由下列 URL 語法以 CSV 格式取得授信資料：

```
https://loans.markit.com/loanx/LoanXFacilityUpdates.csv?LEGALENTITY=
mylegalentity&USERNAME=user1&PASSWORD=mypassword
```

傳回的檔案將具有表 4-1 中定義的欄位。因為 Markit 與標準普爾有合作關係，所以只有與標準普爾簽約的客戶才可以存取某些欄位（用星號 "*" 表示）。另外，有一些欄位（用 ** 表示）必須具備 Markit 存取權限（你可以聯繫 *support@markit.com*），然後才能顯示在結果中。用 *** 表示的欄需要與標準普爾達成協議，並且需要對 Markit 提出特定請求。

表 4-1：授信更新欄

欄	描述
LoanX ID	每筆貸款的唯一識別碼
PMD ID	與特定發行人 / 付款組合相關聯的唯一識別碼。這可以是正數或負數
PMD Trans ID*	PMD / LCD 識別交易的唯一 ID 或貸款包
Issuer Name	借款人或發行人的名稱
Issuer ID*	與特定發行人相關聯的唯一識別碼
Deal Name	借款人的名稱。這通常與前面的儲存格相同，但可以包括交易的日期和類型
Facility Type	特定貸款類型；TLB、過橋貸款等
LoanX Facility Type	Markit 將 PMD 工具類型合併為當前的 16 個標準化值之一
Facility Status*	特定儀器類型：橋樑、364 天、次級、定期貸款攤銷
LoanX Facility Type Code*	貸款 X 授信類型 + 貸款 X 授信類別的代碼表示
LoanX Facility Category*	Markit 將 PMD 授信類型簡化為以下之一：機構、RC、TLA、其他
Industry	基於 SIC 代碼的產業分類
Initial Amount	授信金額以 MM 計
Initial Spread	初始 LIBOR 利差
Maturity Date	最後到期日
Ticker***	發行人的股票代碼
Currency***	貸款的幣別
LoanX Currency Code*	標定的幣別縮寫
SP Org ID***	標準普爾指定的組織 ID
Commitment Fee*	擔保費
Sponsor*	貸款的保薦人
LoanX Sponsor Code*	將保薦人名稱作為數字代碼
Launch Date*	貸款的發行日期
Close Date*	貸款的截止日期
State*	發行人的狀態
Country*	發行人的國家別
LoanX Country Code*	標定的國家縮寫
Pro Rata Assignment*	Pro Rata Assignment 最小值
Institutional Assignment*	機構指定最小值
Pro Rata Fee*	Pro Rata 費用
Institutional Fee*	機構費用
Facility Fee*	支付全部授信的年費
Consent*	代理、公司、兩者
Security*	擔保貸款之資產
LoanX Security Code*	標定的證券縮寫
Lead Agent*	首位代理人

欄	描述
LoanX Lead Agent Code*	產生與保證人名稱關聯的唯一識別碼
Admin Agent*	行政代理人
LoanX Admin Agent Code*	產生與代理名稱關聯的唯一識別碼
Document Agent*	文件代理
LoanX Doc Agent Code*	產生與代理名稱關聯的唯一識別碼
Syndicate Agent*	聯合代理
LoanX Synd Agent Code*	產生與代理名稱關聯的唯一識別碼
Initial SP Rating*	初始標準普爾評等
Industry Code*	產業代碼
SIC Code*	SIC 代碼
SIC Description*	SIC 描述
Industry Segment ID*	產業細分 ID
Industry Segment Description*	產業細分描述
Status Code*	內部狀態代碼
Status	內部狀態描述
Cancelled*	表示交易被取消的標誌
Created Time	產生授信記錄的日期
Modified Time	修改授信記錄的日期
Term*	貸款期限，以年為單位
RC Term*	RC 貸款的年限，以年為單位
TLA Term*	TLA 貸款期限，以年為單位
TLB Term*	TLB 貸款期限，以年為單位
TLD Term*	TLD 貸款期限，以年為單位
OID*	原始發行時的貸款價格
Libor Floor*	在 Libor 事件中支付的最低基本費率低於特殊門戶級別
Lien Type***	在借款人的資本結構水準其債務順序
Cov-Lite***	表示該付款的標誌是 cov-lite

表 4-1 顯示了授信更新資料包含大量有用的資訊，特別是對於標準普爾客戶。你可以透過很多有趣的方式使用這些資料；例如，可以用它來確定全球發行趨勢（依評等或產業排序的利差和初次發行折價 "OID"）或產業即將到期的未來總額。LoanX ID 欄是主鍵，只單獨對應一筆貸款。

Recommended Updates 管道提供有關再融資的資訊以及貸款可能變為不活躍的其他原因。Recommended Updates 管道與 Facility Update 管道類似，只會在上次請求後才會傳回新記錄。你可以使用以下 URL 語法檢索 Recommended Updates：

```
https://loans.markit.com/loanx/LoanXRecUpdates.csv?LEGALENTITY=myfirm&USERNAME=
user1&PASSWORD=mypassword
```

表 4-2 列出並描述了對 Recommended Updates 請求後傳回的欄。

表 4-2：推薦的更新欄

欄	描述
LoanX ID	每筆貸款的唯一識別碼
LCD ID	識別標準普爾 LCD 資料
Issuer Name	借款人或發行人的名稱
Dealname	借款人的名稱。這通常與前面的儲存格相同，但可以包括交易的日期和類型
Facility Type	具體貸款類型；TLB、過橋貸款等
Industry	基於 SIC 代碼的產業分類
Initial Amount	授信金額（MM）
Final Maturity	最終到期日
Initial Spread	原始的 LIBOR 利差
Facility Status	有效／無效狀態（A 或 I）
Inactive Date	狀態更改日期，始終在過去
Inactive Reason	狀態改變的原因
Replacement LoanX ID	替換貸款的 LoanX ID
Replacement PMD ID	替換與特定發行人／付款組合相關聯的唯一識別碼。這可以是正數或負數
Replacement Issuer Name	替換借款人或發行人的名稱
Replacement Deal Name	替換借款人名稱；通常與前面的儲存格相同，但可以包含交易的日期和類型
Replacement Facility Type	替換特定貸款類型；TLB、過橋貸款等
Replacement Industry	基於 SIC 代碼的替代產業分類
Replacement Initial Amount	替換授信金額以 MM 計
Replacement Final Maturity	替換最終到期日
Replacement Initial Spread	替換原始 LIBOR 利差
Replacement Status	替換授信狀態

Recommended Update 資料集的第一組欄（LoanX ID 到 Facility Status）包含最初貸款在其變為不活躍狀態之前的詳細資訊。Inactive Date 和 Inactive Reason 記載原始貸款變為不活躍狀態的日期和原因。其餘欄目（以 "Replacement" 開頭）是取代原始貸款的貸款細節（如果適用）。例如，如果 LoanX ID 為 LX123456 的貸款是從另一筆貸款 LoanX ID LX98765 的收益再融資而來，LoanX ID 欄中將有一列為 LX123456，Replacement LoanX ID 欄中則為 LX98765。如果替換欄是空白的，則沒有相對應的新貸款。最初的 LoanX ID 和 Replacement LoanX ID 都將對應於 Facility Update 中的列。也可能發生替換貸款隨後被再融資，就可能出現在 Recommend Update 資料作為 LoanX ID 的其中一列裡。

儘管該表的目的是當發生再融資或到期時使用最新資訊去更新投資組合，但該資料還有許多其他用途。例如，你可以使用這些資料來追蹤再融資趨勢，例如按產業劃分的過去三個月內最初評等為 B+ 的貸款其利差收緊的百分比幅度和平均狀況。你也可以用它來計算典型的貸款在最終到期前發生再融資的平均月數。

Daily Ratings 管道提供穆迪和標準普爾對於每個活躍報價貸款的最新評等資訊。使用以下 URL 語法來請求最新的 Daily Ratings 資料（僅限 CSV）：

```
https://loans.markit.com/loanx/LoansDailyRatings.csv?LEGALENTITY=firmname
&USERNAME=user1&PASSWORD=pw239876
```

或者，提供可選的 DATE 參數以指定使用 MM-DD-YY 格式發送的評等日期。歷史評等資料適用於最近 10 個工作日和最近三個月末。例如，要請求 2016 年 5 月 14 日的每日評等，請使用以下內容：

```
https://loans.markit.com/loanx/LoansDailyRatings.csv?LEGALENTITY=firmname
&USERNAME=user1&PASSWORD=pw239876&DATE=05-14-16
```

表 4-3 包含 Daily Ratings 請求傳回的欄。

表 4-3：每日評等欄

欄	描述
As of Date	文件產生日期
LoanX ID	每筆貸款的唯一識別碼
Price Date	所提供的投標和提議的日期
Moody's Rating	由穆迪提供的評等
Moody's Rating Date	穆迪上次更新評等的日期
Moody's Watch	穆迪觀察列表的描述
Moody's Watch Date	穆迪觀察列表上次更新的日期
Moody's Outlook	由穆迪提供的展望
Moody's Outlook Date	穆迪上次更新展望的日期

欄	描述
S&P Rating	由標準普爾提供的評等
S&P Rating Date	標準普爾上次更新評等的日期
S&P Watch	標準普爾觀察列表的描述
S&P Watch Date	標準普爾觀察列表上次更新的日期
S&P Outlook	由標準普爾提供的展望
S&P Outlook Date	標準普爾上次更新展望的日期

由於 Markit 提供了評等更新的日期，因此你可以使用此資料為個別貸款構建歷史記錄，或者考慮範圍更大一些，追蹤整個產業、同業的評等變化，或計算貸款價格下跌和降評等之間的相關性。

LoanID Updates 管道提供 Markit 的 LoanX ID 與 CUSIP 或其他識別碼之間的對應關係。LoanID Updates 管道與 Facility Update 管道類似，只會在最新請求後才會傳回新記錄。使用以下 URL 語法來請求 LoanID 更新：

```
https://loans.markit.com/loanx/LoanIDUpdates.csv?LEGALENTITY=mylegalentity
&USERNAME=user1&PASSWORD=mypassword
```

表 4-4 包含從 LoanID Updates 請求傳回的欄。

表 *4-4：LoanID* 更新欄

欄	描述
Identifier	與特定發行人 / 付款組合相關聯的產業標準唯一識別碼（通常儲存 CUSIP）
Identifier Type	指定識別碼的來源（例如 "CUSIP"）
LoanX ID	每筆貸款的唯一識別碼
Valid From	識別碼被標示到 LoanX ID 的日期
Valid To	識別碼未被標示到 LoanX ID 的日期
Modified Time	標示識別碼標示被編輯的日期

當識別碼類型欄包含單詞 "CUSIP" 時，傳回資料集中的識別碼列將內含一個 CUSIP。LoanX ID 和 CUSIP 之間的對應非常重要，因為 LoanX ID 對於 Markit 是唯一的，而 CUSIP 被多個系統使用（包括彭博）。在此需要提醒讀者，CUSIP 是 CUSIP Global Services 的產品，在將資料庫中的 CUSIP 儲存和使用之前，你可能需要先取得授權。

貸款報價、金融和分析

你可以使用 *Marks* 管道取得數千美國和歐洲貸款的每日貸款價格。以下是基本的 URL 語法：

```
https://loans.markit.com/loanx/LoanXMarks.xml?LEGALENTITY=firmname
&USERNAME=user1&PASSWORD=password
```

該 URL 也可以處理兩個附加參數。你可以包含 RELATIVE VERSION 參數以在過去 10 個工作日內請求資料。例如，在今天之前的兩個工作日內提供 -1 的 RELATIVEVERSION 傳回標記（ "0" 是預設值，並且將傳回到前一工作日的標記）：

```
https://loans.markit.com/loanx/LoanXMarks.xml?LEGALENTITY=firmname
&USERNAME=user1&PASSWORD=password&RELATIVEVERSION=-1
```

北美買方客戶也可以在東部時間下午 4 點之後將 EOD 參數設為 Y，以請求今天的收盤價：

```
https://loans.markit.com/loanx/LoanXMarks.xml?LEGALENTITY=firmname
&USERNAME=user1&PASSWORD=password&EOD=Y
```

在下午 4 點之後，歐洲客戶請求歐洲證券的日間報價可以使用不同的網址：

```
https://loans.markit.com/loanx/LoanXMarksUK.csv?LEGALENTITY=firmname
&USERNAME=eurouser&PASSWORD=password&EOD=Y
```

表 4-5 包含 Marks 管道傳回的欄位描述。

表 *4-5*：標記欄說明

欄	描述
LoanXID	每筆貸款的唯一識別碼
Mark Date	價格的日期
Evaluated Price	收盤價 / 收盤價的中點
Bid	授信買價因日內交易波動以平均價為代表
Offer	授信賣價因日內交易波動以平均價為代表
Depth	深度通常是指提供參與經銷商的數量
Close Bid	買方收盤價為美國東部時間下午 4 點。這不會改變
Close Offer	賣方收盤價為美國東部時間下午 4 點。這不會改變
Close Date	買方和賣方收盤價日期
Contributed	如果貴公司對平均分做出貢獻，則傳回 "是"

華爾街的許多公司都使用 Markit 貸款價格在夜間盯住他們的持有部位，但還有很多地方你可以善加利用這些資料。你可以用它來回答問題，例如以下範例：

- 目前 90 美元以上的貸款有多少之前交易價格低於 70 美元？

- 我們出售的貸款是否有價格下跌超過 10%？

- 是否有任何產業或特定評等表現優於或遜於市場？

- 哪一筆貸款是今天、一週、一個月、一季度、一年最大的貸款？

- 評等下調與價格變化之間有很強的相關性嗎？

- 哪些貸款的交易價格高於平價並且目前可以贖回？

進一步說，Markit 使用其 *Loan Performance* 管道為每筆貸款提供了大量的日常分析。使用以下 URL 語法來請求貸款績效表現（僅限 CSV）：

```
https://loans.markit.com/loanx/LoanPricingAndAnalytics.csv?LEGALENTITY=firmname
&USERNAME=user1&PASSWORD=password
```

傳回的貸款績效表現資料集包含 200 多欄，其中包含大部分來自其他管道（授信、報價、評等）有用處的欄以及以下內容：

- 每日、每月和每年的回報

- 利差；存續期間；修正存續期間；PV01；剩餘的加權平均期間；到期收益率；一年、兩年、三年、四年和五年的贖回收益率

- 當前收益率

- 三十天、六十天和九十天的平均買入價

- 每日、每月和每年的價格變動百分比和點數

最後，Markit 還使用 *Financial Statement* 管道為 Capital IQ 客戶提供標準普爾 Capital IQ 財務資料。使用以下 URL 語法從 2007 年 1 月起請求所有財務報表資料（僅限 CSV）：

```
https://loans.markit.com/loanx/FinancialStatement.csv?LEGALENTITY=firmname
&USERNAME=user&PASSWORD=password
```

URL 語法還接受可選參數 TIMEFRAME，你可以將其設為 LatestAvailable 以僅傳回最新的可用財務報表資料：

```
https://loans.markit.com/loanx/FinancialStatement.csv?LEGALENTITY=firmname
&USERNAME=user&PASSWORD=password&TIMEFRAME=LatestAvailable
```

表 4-6 包含財務報表資料的欄說明。

表 4-6：財務報表欄

欄	描述
SP_COMPANY_ID	S&P Capital IQ 識別碼
Currency	財務數據的幣別
Year	財務報表的年份
Quarter	季度的財務報表
Is_Annual	年度數據指標
Is_Latest	可用的最新資訊指標
Total_Sr_Secured_EBITDA	主順位無擔保負債 / 稅前息前折舊攤銷前收益
Sr_Debt_EBITDA	主順位負債 / 稅前息前折舊攤銷前收益
Sr_Sub_Debt_EBITDA	高次順位負債 / 稅前息前折舊攤銷前收益
Jr_Sub_Debt_EBITDA	低次順位負債 / 稅前息前折舊攤銷前收益
Sub_Debt_EBITDA	次順位負債 / 稅前息前折舊攤銷前收益
Total_Debt_EBITDA	債務總額 / 稅前息前折舊攤銷前收益
Net_Debt_EBITDA	（債務總額 - 減去現金及短期投資等資產)/ 稅前息前折舊攤銷前收益
Total_Assets	資產總額
Revenue	收入
EBITDA	稅前息前折舊攤銷前收益
Retained_Earnings	保留盈餘
EBITDA_INT	稅前息前折舊攤銷前收益 / 利息費用
Quick_Ratio	（現金和短期投資總額 + 應收帳款）/ 流動負債總額
Current_Ratio	流動資產總額 / 流動負債總額
Total_Debt_Capital	負債總額 / 資本總額
Total_Debt_Equity	負債總額 / 權益總額

儘管第 3 章討論如何從彭博中取得大量資訊，但 Markit 中的這個功能可以為大量公司提供完整的歷史記錄。不巧的是，要將此資訊連接到 LoanX ID，你需要使用以下語法（僅限 CSV）向 *Financial Statement Map* 管道發出特定請求：

```
https://loans.markit.com/loanx/FinancialStatementMap.csv?LEGALENTITY=firmname
&USERNAME=user&PASSWORD=xxxxx
```

此 URL 請求將傳回包含 LXID（LoanX ID）欄以及可用於將其他 Markit 資料集與 S&P Capital IQ 財務報表資料連接起來的 SP_COMPANY_ID 欄之資料。

公司和主權債券

除了提供公司貸款報價之外，Markit 提供公司和主權債券其每日定價和分析 CSV 檔。與貸款報價不同，債券價格透過 SSH 檔案傳輸協議（SFTP）提供。針對 SFTP 伺服器的伺服器和認證是由 Markit 提供。為了對數千檔債券進行定價，Markit "使用多種經整理後和證實後的可觀察資料去建構發行者曲線"。沒有可觀察來源的債券報價方式則透過把可觀察資料進行內插法或有限外插法推估。

Markit 的債券報價資料裡有 90 多個欄位，包括以下內容：

- 靜態債券參照資料（CUSIP、到期日、貨幣等）
- 市場資料源為債券報價
- 乾淨和骯髒的買入價、賣出價和中間價格
- 買入價、賣出價和中間價格計算最低收益率（YTW）
- 使用買入價、賣出價和中間價格計算的資產交換價差
- 基於買入價、賣出價和中間價格計算的 Z- 價差
- 基於買入價、賣出價和中間價格計算的 G- 價差
- PV01
- 基於買入價、賣出價和中間價格計算的有效、修正和 Macaulay 存續期間
- 基於買入價、賣出價和中間價格計算的凸性
- 基於買入價、賣出價和中間價格計算的期權調整價差（OAS）
- 深度和流動性統計

途徑 1：儲存 Markit 資訊至 Excel

Excel 雖然可以開啟 Markit 提供的 CSV 檔，但是，Excel 對於處理非常龐大的資料集並不在行（儘管在新版本有進步一些）。此外，Excel 還需要進行刪除重複列的處理，稍後會說明要怎麼做。雖然你可以將 Markit 資料與彭博資料保存在同一個工作簿中，不過我建議你將 Markit 資料單獨儲存在一個工作簿中，因為大型資料集在 Excel 中處理起來很慢。

首先為每個所需的資料集（管道）建立一個新的工作表。對於 Facility Update 和 Loan ID Updates 工作表，請聯繫 *support@markit.com* 索取完整的 CSV 檔，其中包含每筆貸款的所有授信資訊以及從 LoanX ID 到 CUSIP 的整個對應。或者，請求其他管道的歷史資訊。對於其他表格，請使用本章前面提供的 URL 語法為每個管道下載 CSV 檔。

接下來，將 CSV 檔的內容複製並貼上到其相對應的工作表中（例如，將 CSV 資料標記為 Marks 工作表）。在標題為 "重複檢查" 的標題行第 1 列末中增加一行。如第 2 章所述，透過選擇所有儲存格（包括 "Duplicate Check" 標題）將每個工作表中的每個範圍轉換為 Excel 表格，並且在功能區的 "常用" 索引標籤上點擊 "格式化為表格" 按鈕（或按 Ctrl-T），然後選擇你喜歡的任何表格樣式。出現提示時，勾選 "有標題的表格" 的核取方塊。為每個 Excel 表格選擇一個名稱，例如 "LoanFacilities"、"LoanUpdates" 和 "LoanPrice"。

有些表（Facility Update、Recommended Update 和 LoanID Updates）可以使用 LoanX ID 作為主鍵，因為只有最新的資料非常重要，保留這些表的歷史記錄是沒有意義的。如果一列被增加到具有相同 LoanX ID 的這些表中，則應刪除現有列。要完成此操作，請在 Duplicate Check 表的欄中增加此公式，該欄可用來計算列數相同的 LoanX ID（或 LoanID Updates 的識別碼）和更新的修改時間（或 RecUpdates 的 Inactive Date）：

```
=SUMPRODUCT(N([LoanX ID]=[@[LoanX ID]]),N([Modified Time]>[@[Modified Time]]))
```

此公式示範如何使用同時結合 Excel 的 SUMPRODUCT 和 N 函數來傳回基於多欄的計數。條件語句參數為 true 時，N 函數（MATCH 函式在一個範圍內搜尋一個值並傳回它的位置，而 INDEX 函式傳回一個儲存格在特定位置的值）傳回 1（在 LoanX ID 欄中存在與此列的 LoanX ID 相同的 LoanX ID，並且同一列的 Modified Time 大於此列的 Modified Time），否則傳回零。SUMPRODUCT 傳回 N 函數（MATCH 函式在一個範圍內搜尋一個值並傳回它的位置，而 INDEX 函式傳回一個儲存格在特定位置的值）的乘積總和。該公式的工作原理是，當兩個 N 陳述式都為真時，它會將結果加 1（1 乘以 1 等於 1），但如果其中任何一個為假，則會將結果加 0（1 乘以 0 等於 0）。你可以安全地移除結果公式大於零的任何列，因為有另一列具有相同的 LoanX ID 和更新的 Modified Time。

接下來，在使用 URL 向 Markit 請求更新後的 CSV 檔後，要將資料增加到這些表中，請複製 CSV 中的所有行和列（排除標題），並在目標工作表中右鍵點擊任何列標題（最左邊的框包含列號）並選擇 "插入複製的儲存格" 以將 CSV 檔中的列插入到工作表中。然後，確保 Duplicate Check 欄中的公式被複製到這些新列中。刪除任何重複的條目。

對於可能包含歷史記錄的表格（如 Marks、Daily Ratings 和 Financial Statements），或者每次從 Markit 檢索資料時清除整個工作表（或者使用與其他表格相同的公式來保留最新資料只有一個 LoanX ID 存在）或在 Duplicate Check 欄中使用以下公式，該公式傳回具有相同 LoanX ID 和 Mark Date（或日期為）的列數：

```
=SUMPRODUCT(N([@[LoanX ID]]=[LoanX ID]),N([@[Mark Date]]=[Mark Date]))
```

途徑 2：將 Markit 資料匯入 Microsoft Access

本節介紹如何將 Markit CSV 檔匯入 Access 並接續維護資料。首先，請聯繫 *support@markit.com* 並要求提供完整的 Facility Update 和 LoanID 之 CSV 檔，其中包含每筆貸款的所有授信資訊以及從 LoanX ID 到 CUSIP 的全部對應。然後，執行以下步驟：

1. 於 Access 中，在功能區點擊"外部資料"，然後選擇"文字檔"。

2. 點擊瀏覽按鈕並選擇從 Markit 檢索到的一個 CSV 檔，例如 *LoanXFacilityUpdates.csv*。

3. 選擇"匯入來源資料至目前資料庫的新資料表"選項。

   這會使用 CSV 檔中的資料建立一個新表格。

4. 點擊確定。選擇"分隔符號"選項，然後點擊"下一步"。

5. 在下一個畫面上，選擇"逗號"分隔符，將文字辨識符號下拉選項設為雙引號符號（"），然後選取"第一列是欄位名稱"核取方塊。

6. 在下一個畫面中，只需點擊下一步。

   資料類型將在稍後更改。

7. 在下一個畫面中，選擇"不加入主鍵"。

   主鍵將在稍後設定。

8. 點擊完成按鈕完成匯入。

9. 重複步驟 1 到 8，匯入每個管道的所有 CSV 檔。

10. 用滑鼠右鍵點擊其中一個表，然後選擇設計視圖。

11. 選擇表 4-7 中指示的欄，然後點擊"主鍵"按鈕。

    此步驟將適當的欄設為表格的主鍵。

12. 將包含日期的欄之資料類型調整為日期／時間，然後將數字的資料型態設為"雙精準數"。

有關每個表的資料類型的完整列表，請閱讀 Markit 文件。

表 4-7：*Markit 表的主鍵*

表格名稱	主鍵
LoanIDUpdates	識別碼，修改時間
LoanPricingAndAnalytics	PricingAsOf、LoanX ID
LoansDailyRatings	日期、LoanX ID
LoanXFacilityUpdates	LoanX ID、修改時間
LoanXMarks	LoanX ID、標記日期
LoanXRecUpdates	LoanX ID、失效日期
FinancialStatement	SP_COMPANY_ID、年份、季度
FinancialStatementMap	LXID

日期欄被包含在表 4-7 的主鍵列表中，以防止 Access 未來匯入時排除已更新的列。要刪除具有相同 LoanX ID 但為更早的 Modified Date 的列，請使用以下查詢（根據需要調整表名和欄名）：

```
Delete
FROM LoanXFacilityUpdates r
where r.[Modified Time] < (select max(r2.[Modified Time])
from LoanXFacilityUpdates r2 where r2.[LoanX ID]=r.[LoanX ID])
```

接下來，要使用新的 CSV 檔更新這些表格，請在功能區的外部資料索引標籤上使用相同的文字檔按鈕，但選擇"新增記錄的複本至資料表"選項，接著選擇要填入資料的資料表。遵循第一次匯入時使用的相同方式。在最終畫面上，選擇"儲存匯入步驟"以建立快速重複這些步驟的方法。完成外部資料主頁上選擇儲存匯入步驟後，要重新執行匯入只需選擇儲存匯入規格的名稱並點擊執行。

途徑 3：使用 C# 匯入 Markit 資料

本節介紹如何使用 C# 將 Markit 中的資料匯入 Microsoft Access。首先，按照途徑 2 中介紹的步驟，透過從 CSV 檔匯入它們並設定適當的主鍵和資料類型來建立初始表。接下來，在 Visual Studio 中，建立一個新的控制台應用程式專案元件。透過右鍵點擊 References 並 在 Assemblies／Framework 下 選 擇 Mirosoft.VisualBasic 旁 邊 的 Add Reference 核取方塊來增加對 Micorosft.VisualBasic 的參照。

在 *Program.cs* 中，首先新增以下 using 指令：

```csharp
using System.Data;
using System.Data.OleDb;
using System.Net;
using Microsoft.VisualBasic.FileIO;
```

在 Program 類別的主體中，新增以下屬性、更改資料庫位置和 Markit 驗證：

```csharp
private string ConnStr =
"Provider=Microsoft.ACE.OLEDB.12.0;Data Source=..\\..\\Path 3.accdb";
private string FIRM = "MyCompanyName";
private string USERNAME = "MyMarkitUserName";
private string PASS = "MyMarkitPassword";
```

如前所述，為相應版本的 Microsoft Access 安裝和使用適當的 OleDB 驅動程序。接下來，在 Main 方法中，建立一個 Program 類別的實例並啟動下一個將要建立的 Run 方法：

```csharp
static void Main(string[] args)
{
    Program p = new Program();
    p.Run();
}
```

在 Run 方法中，將 Markit 查詢語法的 URL 透過 ProcessURL 方法把請求發出，而 Access 資料庫中的資料表及其主鍵名稱會被拿來更新搜尋到的資料而不是新增資料。對於建立歷史記錄的表，主鍵參數將傳遞 null：

```csharp
public void Run()
{

    ProcessURL(
        "https://loans.markit.com/loanx/LoanXFacilityUpdates.csv?LEGALENTITY="
        + FIRM + "&USERNAME=" + USERNAME + "&PASSWORD=" + PASS,
        "LoanXFacilityUpdates",
        "LoanX ID");

    ProcessURL(
        "https://loans.markit.com/loanx/LoanXRecUpdates.csv?LEGALENTITY="
        + FIRM + "&USERNAME=" + USERNAME + "&PASSWORD=" + PASS,
        "LoanXRecUpdates",
        "LoanX ID");

    ProcessURL(
        "https://loans.markit.com/loanx/LoanIDUpdates.csv?LEGALENTITY="
        + FIRM + "&USERNAME=" + USERNAME + "&PASSWORD=" + PASS,
        "LoanIDUpdates",
        "Identifier");
```

```
    ProcessURL(
        "https://loans.markit.com/loanx/LoanXMarks.csv?LEGALENTITY="
        + FIRM + "&USERNAME=" + USERNAME + "&PASSWORD=" + PASS,
        "LoanXMarks",
        null);
    ProcessURL(
        "https://loans.markit.com/loanx/LoansDailyRatings.csv?LEGALENTITY="
        + FIRM + "&USERNAME=" + USERNAME + "&PASSWORD=" + PASS,
        "LoansDailyRatings",
        null);

    ProcessURL(
        "https://loans.markit.com/loanx/LoanPricingAndAnalytics.csv?LEGALENTITY="
        + FIRM + "&USERNAME=" + USERNAME + "&PASSWORD=" + PASS,
        "LoanPricingAndAnalytics",
        null);
}
```

ProcessURL 方法透過 WebClient 使用 url 參數從 Markit 下載 CSV 檔。然後，當迴圈讀取 CSV 檔時，它會檢查是否應更新或基於主鍵插入新列。在欄名與 CSV 檔中的欄標題相符的位置更新或插入資料。

ProcessURL 方法首先使用資料庫中的當前列填入資料集（使用稍後定義的 FillDataSet 方法）。接下來，它使用 WebClient 類別將 Markit 中的 CSV 檔下載到暫存檔案位置。

接下來，該方法實例化 TextFieldParser 類別且設定解析 CSV 檔的屬性，並啟動一個 while 迴圈，直到檔案末端。在第一行中，它使用解析器中的欄陣列填入標題 List 實例。這將包含 CSV 檔中的欄名稱。在以下幾行中，它使用解析器中的欄數組填入 col 字串陣列；這將包含一列資料以填入資料庫。

然後該方法檢查是否傳遞了 primaryKey 參數；如果是這樣，它會在資料庫中找到關聯的列。如果 primaryKey 參數未傳遞或資料庫中相應的列不存在，則建立一個新的 DataRow。

接下來，如果 CSV 檔包含具有相同名稱的欄，且此資料可以被轉換為欄的資料類型，則資料庫表的欄就會被填入。

如果 DataRow 實例是建立而不是被找到的，則需要將其增加到 DataTable 中。然後，DataSet 就會被更新（使用稍後定義的 UpdateDataSet 方法）。

程式碼如下所示：

```csharp
private void ProcessURL(string url, string table, string primaryKey)
{
    DataSet ds = FillDataSet(table);
    WebClient client = new WebClient();

    string tmpfile =
    System.Environment.GetFolderPath(Environment.SpecialFolder.InternetCache) +
    "\\" + Guid.NewGuid().ToString() + ".csv";
    client.DownloadFile(url, tmpfile);

    using (TextFieldParser parser = new TextFieldParser(tmpfile))
    {
        parser.Delimiters = new string[] { "," };
        parser.TextFieldType = FieldType.Delimited;
        parser.SetDelimiters(",");
        parser.TrimWhiteSpace = true;

        List<string> header = null;
        while (!parser.EndOfData)
        {
            if (header == null)
            {
                header = new List<string>(parser.ReadFields());
                continue;
            }
            string[] col = parser.ReadFields();

            DataRow row = null;
            if (primaryKey != null)
            {
                var rows = ds.Tables[table].Select("[" + primaryKey + "]='"
                + col[header.IndexOf(primaryKey)] + "'");
                if (rows.Count() > 0)
                {
                    row = rows[0];
                }
            }
            if (row == null)
            {
                row = ds.Tables[table].NewRow();
            }
            foreach (DataColumn dc in ds.Tables[table].Columns)
            {
                if (header.Contains(dc.ColumnName))
                {
                    string val = col[header.IndexOf(dc.ColumnName)];
                    if (dc.DataType == typeof(string))
```

```
                    {
                        row[dc] = val;
                    }
                    else if (dc.DataType == typeof(DateTime))
                    {
                        DateTime foo;
                        if (DateTime.TryParse(val, out foo))
                            row[dc] = foo;
                    }
                    else if (dc.DataType == typeof(double))
                    {
                        double foo;
                        if (Double.TryParse(val, out foo))
                            row[dc] = foo;
                    }
                    else if (dc.DataType == typeof(Int32))
                    {
                        int foo;
                        if (Int32.TryParse(val, out foo))
                            row[dc] = foo;
                    }
                    else
                        Console.WriteLine("Unhandled Column Type");
                }
            }
            if (row.RowState == DataRowState.Detached)
                ds.Tables[table].Rows.Add(row);

        }
        parser.Close();
    }
    int rowc = UpdateDataSet(ds, table);
    Console.WriteLine("Updated " + rowc + " in table " + table);
}
```

最後的建立方法是使用 Access 資料庫檔案中的內容填入 DataSet 實例的 FillDataSet 方
法以及更新 Access 資料庫的 UpdateDataSet 方法：

```
private DataSet FillDataSet(string table)
{
    DataSet ds = new DataSet();
    using (OleDbConnection conn = new OleDbConnection(ConnStr))
    {
        string cmdStr = "SELECT * FROM " + table;

        OleDbCommand cmd = new OleDbCommand(cmdStr, conn);
        OleDbDataAdapter da = new OleDbDataAdapter(cmd);
        conn.Open();
        da.Fill(ds, table);
```

```
        conn.Close();
    }
    return ds;
}
private int UpdateDataSet(DataSet ds, string table)
{
    int rowc = 0;
    using (OleDbConnection conn = new OleDbConnection(ConnStr))
    {
        string cmdStr = "SELECT * FROM " + table;

        OleDbCommand cmd = new OleDbCommand(cmdStr, conn);
        OleDbDataAdapter da = new OleDbDataAdapter();
        da.SelectCommand = cmd;
        OleDbCommandBuilder cb = new OleDbCommandBuilder(da);
        cb.QuotePrefix = "[";
        cb.QuoteSuffix = "]";
        conn.Open();
        da.UpdateCommand = cb.GetUpdateCommand();
        da.InsertCommand = cb.GetInsertCommand();
        rowc = da.Update(ds, table);

        conn.Close();
    }
    return rowc;
}
```

小結

幾乎所有參與公司債市場的投資者或經紀商都需要像 Markit 這樣的報價服務系統。但是，這些資料經常只被後台系統使用並用於會計或風險目的，而且往往永遠不會落入那些也能從中受益的人：分析師。雖然 Markit 是眾多參照和報價資料提供商之一，但它的簡單 API 可以檢索到大量的資訊如同在本章中所示範，讓公司適合提供給技術資源有限的分析師。當然，簡單地取得這些資訊是有用的，但只有像這樣的大量金融數據才能達到在不同類型的分析中產生很多價值。第 8 章介紹了大型金融資料集的分析主題。

第五章

金融數據分析

在有數據之前進行理論分析是一個嚴重的錯誤。

　　－夏洛克·福爾摩斯

我們在前幾章中收集的資料可以幫助確定證券的內在價值或絕對價值，但它並不能說明整個投資意義；我們需要進行比較。例如，知道在過去六個月中一家公司的股價上漲5%，但這件事情未告知你這家公司是否優於或遜於整個市場或其同業。財務分析的目標和本節的目的是理解金融數據並將其列入比較，以支持投資決策。

以下章節將財務分析分為三類：

相對價值分析

第 6 章探討將個別證券與同業和市場進行比較的技術。相對價值不僅僅是比較兩檔證券的過去表現：它決定了一種證券相對於另一種證券是貴還是便宜的。

這說起來容易做起來難，因為量化每項投資的上漲和下跌是主觀的，並最終成為成功分析師的核心。

例如，如果兩檔債券按票面價值折價交易並具有類似的信用風險，但其中一檔債券比另一檔債券早一年到期，則較長期的那支債券的額外收益率應該等於多少才能讓兩檔為等價的投資？答案取決於許多不同的因素，包括你的對市場的展望。第 6 章將介紹如何權衡這些不同的因素，並透過定制的"分數"對證券進行排名。

風險分析

第 7 章探討了識別證券和投資組合層面潛在風險的技術。對於個別證券，可以使用度量（例如價格、信用違約互換“CDS”價差和評等）來識別離群值。例如，有風險的離群值可能是現值低於 70 美元的證券或上個月價格下跌 10% 的證券。在投資組合層面，證券度量標準（如到期日、評等、產業、國家等）進行彙總以識別風險，例如高度產業密集度。

市場分析

第 8 章著重從彙總和總結大量市場資料中獲得見解。例如，按產業、評等或其他屬性分解 Markit 的每日價格可以確定趨勢。這些趨勢可以用來對個別證券做出假設。例如，如果在過去兩個月內超過 450 個基點的利率超過平均水平交易的醫療保險貸款的 85% 已經再融資，那麼你的投資組合中具有類似特徵的貸款很可能會被再融資。市場分析對於理解更廣泛的故事很重要，實際驗證比單純的軼事證據更有優勢。

在我們開始進行財務分析之前，有些概念和事項是我們將會介紹到的。本章介紹如何確保你在後續章節中分析正確和充分的資料集。另外，本章還介紹如何設定後面章節中使用的投資組合工作表或資料庫表。最後，因為你可能想要隨時追蹤你的投資組合和其他資料，我們將研究保留歷史記錄的方法。

資料完整性

在任何財務分析中，第一步也是最重要的步驟之一是確保你使用的資料是準確的。但是，有很多情況下，你在分析中使用的資料並不完全。在那些時候，你必須了解，當你初始時採用不完全的資訊將會對你的結果產生怎樣程度的影響。

檢查資料

大部分金融資訊提供來源例如 Markit 或 Bloomberg 等都是正確的，但是我們可以確定一件事：可能會出現錯誤。在做出投資決策之前，重要的是對你所依據的資訊進行審查和驗證。而且，即使這些來源的資訊是正確的，也可能會引起誤解或誤用。以下是檢查事項的範例：

- 在對金融數據執行數學運算（加、減、乘等）時，請確保所有金額都是相同的貨幣。

- 一些金融數據可能以不同的單位（數千、數百萬、全部數量等）儲存，因此確保這些單位是一致的。

- 每個機構發表數據的頻率不盡相同。因此，在比較不同的財務資訊集，重要的是要考慮"截至"日期。

樣本大小

證券數量的多寡對於分析非常重要。包含太少證券可能會使你的分析不可靠，但包含太多可能會給你帶來誤導性的結果。不須進行太多數學計算，要決定最小樣本數量，請使用圖 5-1 中所示的公式。

$$n = \frac{N \times Z^2 \times p \times (1-p)}{(N-1) \times e^2 + Z^2 \times p \times (1-p)}$$

圖 5-1：樣本大小公式

以下是變數代表的內容：

n

　　最低要求樣本數量

N

　　資料範圍數量（總數）

Z

　　這是基於信心水準的 z 分數：90% = 1.65、95% = 1.96、99% = 2.58。例如，要說在 95% 的案例中結果是正確的，請使用 1.96 作為 Z 的值。信心水準的其他 z 分數很容易在網路上找到。

P

　　如果你希望獲得特定比例，則可以使用它來減少所需的樣本量。如果比例未知，則使用常態分佈（設定 p = 50%）。

e

　　最大邊際誤差。例如，如果你對減少 5% 的結果以減少所需樣本大小感到滿意，則設定 e = 5%。

舉一個例子，如果使用 Markit 資料庫中 4,226 個貸款的樣本，信心水準為 95%，誤差為 5%，則分析應該包含 352 個貸款。

離群值

檢驗是否為引起資料問題的離群值，有個不錯的方法是透過檢驗數值與中位數之間的標準差值。數值偏離中位數的標準差越大，它越可能是個離群值，因此是潛在的資料問題。要做到這一點，只需將整個序列的值與中位數（中間值）之間的絕對差值除以相同序列的標準差即可。在 Microsoft Excel 中，使用 MEDIAN 和 STDEV 函數。因此，顯示 "3M Px Chg" 數值偏離中位數的標準差之公式如下：

```
=ABS([@[3M Px Chg]]-MEDIAN([3M Px Chg]))/STDEV([3M Px Chg])
```

要根據另一欄中的值計算列的中位數，請使用 MEDIAN 函數中的 IF 函數。例如，以下陣列公式計算標準普爾評級為 BB+ 的中位數市值（需要 Ctrl-Shift-Enter）：

```
=MEDIAN(IF(Company[S&P Rating]="BB+",Company[Market Cap]))
```

正如你剛才看到的，Excel 函數有中位數和標準差。在 C# 中，你需要編寫這樣的函式：

```csharp
public static double GetMedian(List<double> list)
{
    double median = 0;
    if (list.Count != 0)
    {
        // 建立一個新的表單實例
        // 以便不會更改到表單來源
        // 將表單排序
        List<double> sortedList = list.OrderBy(x => x).ToList();
        int size = sortedList.Count;
        int mid = size / 2;
        if (size % 2 != 0)
            median = sortedList[mid];
        else
            median = (sortedList[mid] + sortedList[mid - 1]) / 2;
    }
    return median;
}
public static double GetStandardDev(List<double> list)
{
    double stdev = 0;
    if (list.Count != 0)
    {
        double average = list.Average();
        stdev =
        Math.Sqrt((list.Sum(x => Math.Pow(x - average, 2))) / (list.Count() - 1));
    }
    return stdev;
}
```

使用這種方法來比較那些證券之間並不相似的資料是沒有意義的（例如總債務或企業價值）。

此外，在計算大型資料集的平均值時，使用中位數而不是平均值可能有助於避免大離群值問題。例如，如果有一檔債券明天到期，那麼債券投資組合中到期日欄的平均值可能會引起誤解。

投資組合

在本書中，Bond、Loan、IDX 和 Company 工作表（或資料庫表）應該使用來自彭博的內容或手動輸入來填入。本節介紹如何建立 Portfolio 工作表（如果你遵循途徑 1）和 PortfoLio 資料庫表（如果你遵循途徑 2 和 3）。雖然投資組合表被設計為持有一組在某一日期以多少額度和價格購買的證券，但你可以將其用於任何證券子集。我們將在後面的章節中使用 PortfoLio 工作表／表格來比較其他證券和整個市場的持股情況。

Portfolio 工作表或表格中的每一列都將包含一個 PositionID 來標示唯一持有部位以及其他屬性：

PositionID

這是投資組合表的唯一識別碼（主鍵）。我們可以簡單地使用遞增的數字作為識別碼（1、2、3 等）。

Type

這是指投資類型（債券、貸款、股票等）。

SecurityID

這是可以指向投資主鍵的外來鍵。例如，這可以是 CompanyID、LoanID 或 BondID，取決於投資是股票、貸款還是債券。這是少數幾次之一外來鍵的欄名與主鍵不同。

Size

數量大小可以是股票的股票數量或證券的名目金額。請記住，你絕對不應該將股票數量增加到證券的名目金額。

PurchasePx

用於購買證券的美元金額。本書假設投資將以同一貨幣進行，但我們仍然可以擴展該表以處理多種貨幣。

PurchaseDate

購買證券的日期。

Position Comments

我們可以使用這個資料欄來儲存你對該持股部位的任何想法，例如你的投資論點或顧慮。

投資組合工作表

如果你使用 Excel，請使用前面描述的欄建立一個表格，並填入各欄所需資訊。在將資訊輸入 Portfolio 工作表後，它應該如圖 5-2 所示（我們將在本節後面討論 Price）。

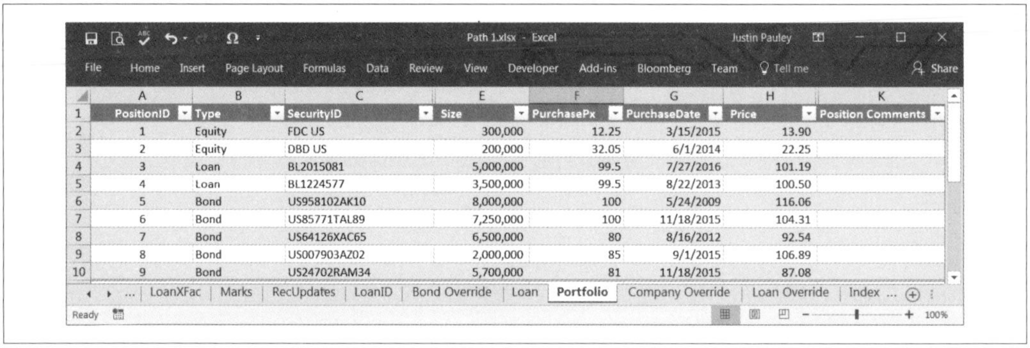

圖 5-2：Portfolio 工作表範例

為了要從其他工作表中提取資訊以增強 Portfolio 工作表，請使用 MATCH 和 INDEX 功能。這將根據類型和匹配的 SecurityID 去提取欄。例如，要根據 Type 和 SecurityID 欄提供公司名稱或證券描述，請使用以下內容：

```
=IF([@Type]="Equity",INDEX(Company[CompanyName],MATCH([@SecurityID],
Company[CompanyID],0)),IF([@Type]="Loan",INDEX(Loan[Security Description],
MATCH([@SecurityID],Loan[LoanID],0)),IF([@Type]="Bond",
INDEX(Bond[Security Description],MATCH([@SecurityID],Bond[BondID],0)))))
```

該公式首先檢查 Type 是否為 Equity；如果是，它將從 CompanyID 工作表的公司名稱欄中提取儲存格，其中 CompanyID 與 Portfolio 工作表的 SecurityID 欄匹配。如果不是，它會檢查 Type 是否為 Bond（以及隨後的 Loan）並提取相應的 Security Description 欄。你可以使用相同的技術來提取當前價格（將其儲存在命名為 Price 的新欄中）：

```
=IF([@Type]="Equity",INDEX(Company[Price],MATCH([@SecurityID],
Company[CompanyID],0)),IF([@Type]="Loan",INDEX(Loan[Price],MATCH([@SecurityID],
Loan[LoanID],0)),IF([@Type]="Bond",INDEX(Bond[Price],
MATCH([@SecurityID],Bond[BondID],0)))))
```

在增加這兩欄後，我們可以計算每個部位的市場價值。建立一個名為 "MarketValue" 的新欄並填入以下公式：

```
=IF([@Type]="equity",[@Price]*[@Size],[@Size]*[@Price]/100)
```

這個公式將債券和貸款價格除以 100，因為這些價格代表的是百分比，而股票價格不是。

增加另一個名為 "BBID" 的欄，其中包含每筆證券的 Bloomberg ID。在此欄中使用以下公式：

```
=IF([@Type]="Equity",INDEX(Company[BBID],MATCH([@SecurityID],
Company[CompanyID],0)),IF([@Type]="Loan",INDEX(Loan[BBID],MATCH([@SecurityID],
Loan[LoanID],0)),IF([@Type]="Bond",INDEX(Bond[BBID],
MATCH([@SecurityID],Bond[BondID],0)))))
```

最後，增加一個 "% of Portfolio" 欄，該欄將包含每個部位基於投資組合權重的市值。

在新欄中使用此公式：

```
=[@MarketValue]/SUM([MarketValue])
```

透過右鍵點擊該表增加一個合計列（在底部的一列以彙總每欄中的值），然後在打開的快捷選單上點擊表格，選擇合計列。

合計列允許你選擇應用於每列中值的合計函數（如總和、最小值、最大值，甚至標準差）。透過點擊 MarketValue 欄中合計列中的儲存格，然後從下拉式清單中選擇加總來加總 MarketValue 欄。對於 "% of Portfolio" 欄，請在合計列下拉式清單中選擇最大值顯示投資組合中最大的一次曝險。

投資組合資料庫表

使用表 5-1 中的模式建立一個 PositionID 作為主鍵的投資組合表。

表 5-1：投資組合表格設計

類別名稱	資料型態
PositionID*	數值
Type	短文本
SecurityID	短文本
Size	數值

類別名稱	資料型態
PurchasePx	數值
PurchaseDate	日期 / 時間
Position Comments	短文本

在將資料手動輸入到資料表中後，從其他表中提取其他欄以增強 Portfolio 觀點，方法是使用以下查詢：

```
SELECT
p.*,
a.Price,
a.SecurityDes,
iif(p.type='equity',Price,Price/100) * p.size as MarketValue,
iif(p.type='equity',Price,Price/100) * p.size/(
    select
    sum(iif(p2.type='equity',a2.Price,a2.Price/100) * p2.size)
    from portfolio p2
    inner join
    (
      select BondID as SecurityID,Price,SecurityDes from Bond
      UNION
      select LoanID as SecurityID,Price,SecurityDesc from Loan
      UNION
      select CompanyID as SecurityID,Price,CompanyName as SecurityDes from Company
    ) a2 on a2.SecurityID=p2.SecurityID;
) as PctOfPortfolio
FROM Portfolio p
inner join
(
    select BondID as SecurityID,Price,SecurityDes from Bond
    UNION
    select LoanID as SecurityID,Price,SecurityDesc from Loan
    UNION
    select CompanyID as SecurityID,Price,CompanyName as SecurityDes from Company
) a on a.SecurityID=p.SecurityID;
```

此查詢將 Portfolio 表與一個內部查詢結合起來，從而得到 Bond、Loan 和 Company 表中的相關欄。內部連接也在子查詢中複製，以將當前列的市場價值除以投資組合的總市場價值。如果是債券或貸款價格，因為是以百分比為表示單位，故先將價格欄除以 100後再套入 IIF 函式中。

將 Excel 工作表連接到 Microsoft Access

如果你遵循途徑 2，則必須將第 3 章中建立的 Excel 工作表連接到 Access。首先，對於第一列中包含 Bloomberg Fields 的每個工作表（Loan、Bond、IDX 和 Company），你需要建立一個命名範圍以正確地將資料連接到 Access。以下是如何去完成：

1. 在 Excel 工作簿中，在功能區上的公式索引標籤的已定義之名稱組合中點擊名稱管理員。

2. 在打開的對話框頂部，點擊新增按鈕，然後在名稱文本框中輸入 **BondTable**，將範圍選項設為工作簿，然後在參照到文本框中輸入 **= BondBond!$A$2:$AZ$9999** 點擊確定。

   這將建立一個名為 BondTable 的命名範圍，該範圍包括 Bloomberg Fields 列下面的 Bond 工作表中的所有儲存格。

3. 重複第 1 步和第 2 步建立 LoanTable、IDXTable 和 CompanyTable，分別增加 **=Loan!$A$2:$AZ$9999**、**=IDX!$A$2:$AZ$9999** 和 **='Company'!$A$3:$AZ$9999**。CompanyTable 從第三列開始，因為它有一個額外的貨幣資料欄。

   如果你沒有使用 "AZ" 欄，則可以指定更窄的範圍。由於 Portfolio 工作表從第一列開始，因此不需要命名範圍。

4. 保存 Excel 工作簿後，切換到 Access，然後在功能區的外部資料索引標籤上點擊匯入 Excel 試算表。

5. 在打開的對話框的第一頁上，使用瀏覽按鈕選擇你的 Excel 工作簿，選擇 "以建立連結資料表的方式，連結至資料來源"，然後點擊確定。

6. 在下一個畫面中，點擊顯示已命名範圍，選擇 BondTable，然後點擊下一步。

7. 在下一個畫面中，勾選第一列是欄名，然後點擊下一步。

8. 在下一個畫面中，將連結資料表名稱更改為 Bond，然後點擊完成。

   你應該可以打開 Bond 表並查看 Excel 中的所有資料。

9. 重複此過程以連接 Loan、IDX 和 Company 工作表。

10. 按照相同步驟連接 Portfolio 表，在第二個畫面中，不同於前面步驟的點選顯示已命名的範圍，本步驟請點選顯示工作表中的 Portfolio。

保存歷史

保持數值的歷史記錄，例如你的投資組合其規模大小或分析結果，可能會非常有用，如果從一開始就沒有進行維護，則難以或不可能重新建立。儘管它的有用性一開始可能並不明顯，但當你需要它時，你會很慶幸之前已經設好了。本節涵蓋依你所選擇的途徑進行維護資料歷史記錄時所使用的不同技術。

根據經驗，資料儲存（硬碟上的磁碟空間）非常便宜，所以最好是儲存太多資訊而不是太少。

途徑 1：Excel

不幸的是，Excel 並不是保存歷史的好工具，因為它處理大量資料的效率不佳。本節介紹如何透過在單個易於維護的工作表中維護特定數值的歷史記錄，並使用簡單批次處理文件將整個歷史記錄保存在單獨的工作簿中來彌補此問題。

歷史工作表

首先，在第 3 章中建立的工作簿中，透過使用位於左上角的名稱框確定要追蹤的儲存格並為其指定一個名稱。例如，要追蹤你的投資組合的市場價值，請選擇在 Portfolio 工作表中 MarketValue 欄下的合計列儲存格。然後，在名稱方塊中輸入 **PortfolioMV**，如圖 5-3 所示。

	F	G	H	I	J	K
	PurchasePx	PurchaseDate	Price	MarketValue	% Of Portfolio	Position Comments
2	12.25	3/15/2015	14.60	4,380,000	9.2%	
3	32.05	6/1/2014	24.00	4,800,000	10.1%	
4	99.5	7/27/2016	100.63	5,031,250	10.6%	
5	99.5	8/22/2013	100.44	3,515,313	7.4%	
6	100	5/24/2009	115.25	9,219,944	19.5%	
7	100	11/18/2015	103.73	7,520,063	15.9%	
8	80	8/16/2012	91.17	5,926,148	12.5%	
9	85	9/1/2015	106.93	2,138,598	4.5%	
10	81	11/18/2015	85.28	4,860,762	10.3%	
11				47,392,076	19.5%	

圖 5-3：在 Excel 中命名儲存格

對包含投資組合中最大一次曝險的儲存格（"% of Portfolio" 欄中的儲存格）重複此過程；給該儲存格命名為 **MaxPortfolioPct**。

接下來，建立一個名為 "Hist" 的新工作表，隨著時間的推移，你將使用它來追蹤這些儲存格。該工作表將包含一欄，該欄與第一步中的歷史資料的日期和每個命名儲存格的一欄相對應。在這張工作表之後完成後，只需增加欄標題並複製公式，即可追蹤其他命名儲存格。但是，由於這些儲存格將連接到你的其他工作表中的當前值，因此你需要每天手動複製和貼上希望將當前值保存在 Hist 工作表中的值。本節稍後會詳細介紹此步驟。

在 Hist 工作表中，首先在第一個儲存格（A1）中輸入 **Date**，然後在欄 B 和 C 中輸入剛剛建立的兩個命名儲存格，以便第一列應為 Date、PortfolioMV 和 MaxPortfolioPct。

將此公式放在 Date 欄中（從儲存格 A2 開始）：

```
=IF(ISFORMULA(A1),"-",TODAY())
```

拖動此公式時，將檢查它上面的儲存格是否包含公式；如果上面的儲存格不包含公式，則顯示今天的日期。因為在未來的步驟中，每個歷史列將包含值而不是公式，這將在最後一個歷史值（或第一天的情況下，標題）之後顯示今天的日期，並顯示一個破折號（"-"）在它下面的每一列。

在 PortfolioMV 欄（儲存格 B2）中，放置以下公式：

```
=IF(ISFORMULA(B1),"-",INDIRECT(B$1))
```

與 Date 欄公式一樣，如果上面的儲存格是歷史值（或者在第一次是欄標題儲存格的情況下），則此公式使用 INDIRECT 函數。否則，它顯示一個破折號。INDIRECT 函數取得一個已命名的儲存格並顯示其值。換句話說，該公式將傳回沒有歷史記錄的最後一列中的 PortfolioMV 的當前值；否則，它顯示一個破折號。將此公式複製到 MaxPortfolioPct 欄（儲存格 C1）中，使其如下所示：

```
=IF(ISFORMULA(C1),"-",INDIRECT(C$1))
```

然後，將第一列中的公式向下拖曳數列。第一列應包含今天的日期，PortfolioMV 的當前價值以及 MaxPort-folioPct 的當前價值。每隔一列應該包含一序列破折號。

要增加其他欄，只需命名該儲存格，將該名稱增加為欄標題，然後從其他已命名的儲存格欄中複製該公式。

最後，由於這些公式連接到其他儲存格，並且如果 PortfolioMV 或 MaxPortfolioPct 的值發生更改，我們必須將當天日期列中的公式轉換為值。為了要轉換公式，請右鍵點擊包含今天日期的儲存格旁邊的列號，然後在快捷選單上選擇複製。接下來，再次右鍵點擊包含今天日期的儲存格旁邊的列號，然後在貼上選項中選擇 "值"。這應該會導致該列中的公式轉換為值，因此，轉換列下方的列現在應該顯示今天的日期和當前資訊。

如果你明天打開此工作表，則破折號前的最後一列現在將包含該日期，如果更改了 PortfolioMV 或 MaxPortfolioPct 的值，則這些值僅在最後一列中更改。再次，並且在你想要記錄的每一天，你必須複製並貼上最後一列的值。結果工作表應該如圖 5-4 所示。

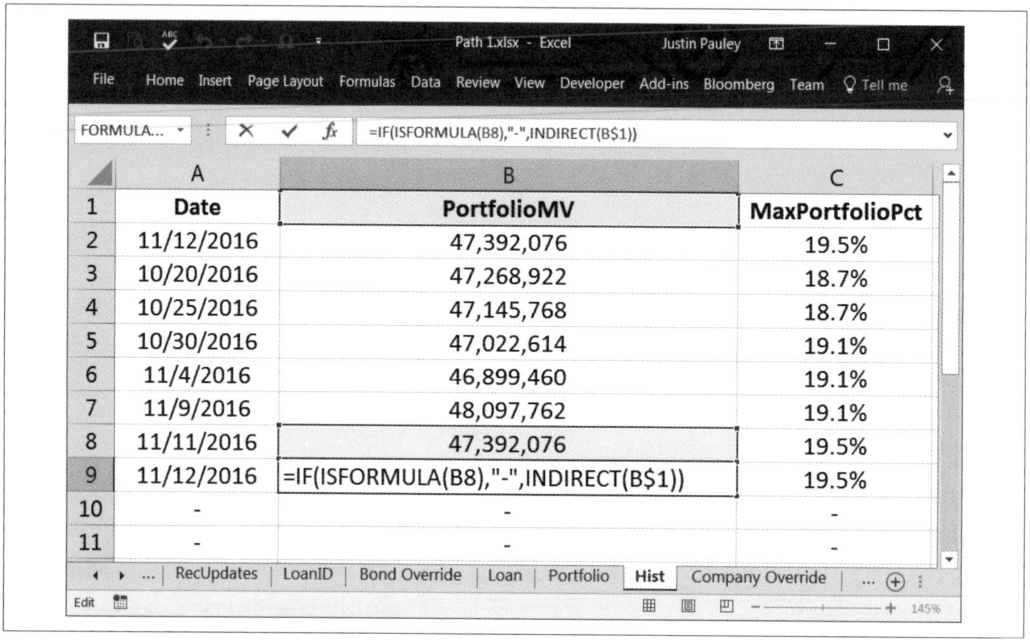

圖 5-4：顯示公式的 Hist 工作表

Backup.bat

本節介紹如何建立一個自動的底稿來每天自動備份你的工作簿。我們從執行記事本應用程序開始。在新的文本文檔中貼上以下內容（將 "C:\drive\Path 1.xlsx" 替換為兩個位置中的 Excel 工作簿的完整檔案路徑，並在此第二個範例期間前維持 "_%date..." 語法）：

```
copy "C:\drive\Path 1.xlsx"
"C:\drive\Path 1_%date:~10,4%%date:~4,2%%date:~7,2%.xlsx"
```

此命令會建立 Excel 檔的副本（在本例中為 *Path 1.xlsx*），並將當前日期（yyyyMMdd）增加到檔案名稱（*Path 1_20161112.xlsx*）。

存檔並將其命名為 **backup.bat**。以 ".bat" 結尾的文件是批次處理檔，這意味著如果執行這個檔案，Microsoft Windows 將執行其中的命令。

接下來，要每天自動運行此批次處理檔，請執行工作排程器應用程序並選擇建立基本工作。在打開的對話框的第一個畫面中，輸入命名 **Excel Analysis Backup**，然後點擊下一步。在下一個畫面上，選擇每日（或你喜歡的頻率），然後點擊下一步。在下一個畫面上，選擇要建立備份文件的時間，然後點擊下一步。在下一個畫面上，選擇 "啟動程序"，然後點擊下一步。在下一個畫面上，點擊瀏覽按鈕，選擇剛建立的 *backup.bat* 檔，然後點擊下一步。點擊完成以完成工作排程。

 要避免歷史工作表刷新彭博的資料或在打開其他儲存格時重新計算其它儲存格，首先請打開一個空白工作簿，然後在功能區的公式索引標籤上選擇計算選項，點選手動，然後打開歷史工作簿。

或者，要將歷史 Excel 文件中的值提取到一個工作表中，請建立一個新的工作簿文件並像文件中那樣參照儲存格（其中 PortfolioMVVal 是建立於 2016 年 12 月 11 日的檔案中的的命名儲存格）：

```
='C:\drive\Path 1_20161112.xlsx'!PortfolioMVVal
```

除非該工作簿已打開，否則不能直接屬於參照 Excel 表格的儲存格。要參照 PortfolioMV 儲存格，你必須在 Excel 表格外部建立一個儲存格（將其命名為 **Port folioMVVal**），只需使用以下內容即可參照表格中的 PortfolioMV 儲存格：

```
=PortfolioMV
```

你也不能使用 INDIRECT 函數參照外部儲存格：每個參照必須在公式編輯欄上進行拼寫。

途徑 2：Microsoft Access

要在 Access 中保留歷史記錄，首先建立一個表，透過複製現有表來儲存歷史資訊。以下是如何做到這一點：

1. 要維護 Portfolio 表的歷史記錄，請在 Access 中右鍵點擊該表格，然後在快捷選單上選擇複製，再次右鍵點擊，然後選擇貼上。

2. 將該新表命名為 **PortfolioHist**，然後在貼上選項下選擇僅格式（本機表）。

3. 重複步驟 1 和 2 為其他表建立歷史記錄表。

4. 右鍵單擊 PortfoloHist 表並選擇設計檢視。

5. 在 PortfolioHist 表的設計檢視中，在表架構頂部增加一列並調用新資料欄 **HistDate**，將資料類型設為日期／時間，然後點擊儲存。

6. 對其他表重複步驟 4 和 5。

7. 建立以下查詢，這些查詢將從連結表插入 HistDate 欄為今日日期的新列至歷史紀錄表中：

BondHistQuery

```
INSERT INTO BondHist
SELECT now() AS HistDate, *
FROM Bond
WHERE BondID is not null;
```

PortfolioHistQuery

```
INSERT INTO PortfolioHist
SELECT now() AS HistDate, *
FROM Portfolio
WHERE SecurityID is not null;
```

CompanyHistQuery

```
INSERT INTO CompanyHist
SELECT now() AS HistDate, *
FROM Company
WHERE CompanyID is not null;
```

LoanHistQuery

```
INSERT INTO LoanHist
SELECT now() AS HistDate, *
FROM Loan
WHERE LoanID is not null;
```

IndexHistQuery

```
INSERT INTO IndexHist
SELECT now() AS HistDate, *
FROM Index
WHERE IndexID is not null;
```

如果基礎表（Index、Loan、Company、Portfolio、Bond）架構更改以及歷史記錄表（IndexHist、LoanHist 等）架構未更改為匹配，則這些查詢將無法運行。

8. 在建立索引標籤上，點擊巨集。

9. 在巨集增加巨集指令操作並將警告設為否。

10. 對於你建立的每個查詢（PortfolioHistQuery、CompanyHistQuery、Loan HistQuery、BondHistQuery 和 IndexHistQuery），將 OpenQuery 操作增加至巨集並選擇適當的查詢。

11. 將新巨集儲存為 **HistMacro**。

    這個新巨集將執行所有查詢並複製每個表的所有資料至適當的歷史資料庫表。

    為了自動執行這個巨集。

12. 在 HistMacro 的末端增加 QuitAccess 操作。

    這指示 Access 在巨集完成時關閉。

13. 執行工作排程器應用程序，然後選擇建立基本工作。

14. 為工作排程指定一個名稱，然後點擊下一步。

15. 選擇你偏好的頻率，然後點擊下一步。

16. 指定巨集應運行的時間，然後點擊下一步。

17. 選擇 "啟動程序"，然後點擊下一步。瀏覽你的 *msaccess.exe*，

    通常是 *C:\Program Files (x86)\Microsoft Office\root\Office16\MSACCESS.EXE*。

18. 增加可選參數：`"c:\path\to\access.accdb" /x HistMacro`，然後點擊下一步並完成。

    /x 參數指示 Access 在啟動時啟動巨集。

途徑 3：C#

編寫程式碼來填入歷史記錄表是可行的，為途徑 2 提供的巨集解決方案將起作用。但是，如果你希望將所有內容都保存在程式碼中，請使用以下解決方案。

如同途徑 2 一樣，首先在 Access 中建立一個表格，透過複製現有表格中的架構來儲存歷史資訊。例如，要維護 Portfolio 表的歷史記錄，請在 Access 中右鍵點擊該表，選擇複製，然後再次右鍵點擊並選擇貼上。將新表命名為 **PortfolioHist**，然後在貼上選項下選擇格式。將 "HistDate" 日期 / 時間欄增加到 PortfolioHist 表中並將其包括在主鍵中（例如，將 PortfolioHist 表的主鍵設為 PortfolioID 和 HistDate 的組合鍵）。對其他表重複此步驟。

接下來，在 Visual Studio 中建立一個新的 C# 控制台應用程序。在 *Program.cs* 檔中，包含以下 using 指令：

```
using System.Data;
using System.Data.OleDb;
```

然後，增加以下連接字串屬性（將路徑調整為 Access 資料庫檔）：

```
private string ConnStr =
"Provider=Microsoft.ACE.OLEDB.12.0;Data Source=..\\..\\Path 3.accdb";
```

像本書中前面所提的程式碼一樣，實例化一個 Program 物件並啟動我們即將建立的 Run 方法：

```
static void Main(string[] args)
{
    Program p = new Program();
    p.Run();
}
```

Run 方法使用原始資料表及其對應的歷史資料表實例化 Dictionary 物件。對於 Dictionary 中的每個主體，Run 方法將從 Access 資料庫中填入資料（使用 FillDataSet 方法），將資料複製到歷史資料表（使用 CopyData 方法），最後使用新的資料填入 Access 資料庫歷史記錄列（使用 UpdateDataSet 方法）：

```
public void Run()
{
    DataSet ds = null;
    Dictionary<string, string> histTables = new Dictionary<string, string>()
    {
        {"Bond","BondHist"},
        {"Loan","LoanHist"},
        {"Company","CompanyHist"},
        {"Portfolio","PortfolioHist"},
        {"Index","IndexHist"}
    };

    int rowsUpdated = 0;
    foreach(string origtable in histTables.Keys)
```

```
        {
            ds = FillDataSet(origtable,histTables[origtable]);
            CopyData(ds, origtable, histTables[origtable]);
            rowsUpdated+= UpdateDataSet(ds, histTables[origtable]);
        }
        Console.WriteLine(rowsUpdated + " rows updated");

    }
```

FillDataSet 方法填入原始表的資料,然後檢索歷史表的模式。因為我們只將資料插入到歷史表中,所以我們只需要模式。該模式在 CopyTable 方法中用於確保歷史記錄表包含與原始表相同的欄:

```
    private DataSet FillDataSet(string table, string histTable)
    {
        DataSet ds = new DataSet();
        using (OleDbConnection conn = new OleDbConnection(ConnStr))
        {
            string cmdStr = "SELECT * FROM [" + table+"]";

            OleDbCommand cmd = new OleDbCommand(cmdStr, conn);
            OleDbDataAdapter da = new OleDbDataAdapter(cmd);
            conn.Open();
            da.Fill(ds, table);

            cmdStr = "SELECT * FROM " + histTable;
            cmd = new OleDbCommand(cmdStr, conn);
            da = new OleDbDataAdapter(cmd);
            da.FillSchema(ds, SchemaType.Source, histTable);

            conn.Close();
        }
        return ds;
    }
```

CopyData 方法迭代原始表中的所有列,在歷史記錄表中建立一個新的對應列,將 HistDate 欄設為今天的日期,並複製所有對應的欄:

```
    private void CopyData(DataSet ds, string origtable, string histTable)
    {
        foreach(DataRow row in ds.Tables[origtable].Rows)
        {
            DataRow newrow = ds.Tables[histTable].NewRow();
            newrow["HistDate"] = DateTime.Now;
            foreach(DataColumn dc in ds.Tables[origtable].Columns)
            {
                if(row.IsNull(dc) == false &&
                    ds.Tables[histTable].Columns.Contains(dc.ColumnName))
```

```
            {
                newrow[dc.ColumnName] = row[dc];
            }
        }
        ds.Tables[histTable].Rows.Add(newrow);
    }
}
```

最後，UpdateDataSet 方法更新 Access 資料庫中的歷史記錄表並傳回增加的列數：

```
private int UpdateDataSet(DataSet ds, string table)
{
    int rowc = 0;
    using (OleDbConnection conn = new OleDbConnection(ConnStr))
    {
        string cmdStr = "SELECT * FROM " + table;

        OleDbCommand cmd = new OleDbCommand(cmdStr, conn);
        OleDbDataAdapter da = new OleDbDataAdapter();
        da.SelectCommand = cmd;
        OleDbCommandBuilder cb = new OleDbCommandBuilder(da);
        cb.QuotePrefix = "[";
        cb.QuoteSuffix = "]";
        conn.Open();
        da.UpdateCommand = cb.GetUpdateCommand();
        da.InsertCommand = cb.GetInsertCommand();
        rowc = da.Update(ds, table);

        conn.Close();
    }
    return rowc;
}
```

小結

本章介紹了後續章節所需的一些基本概念。此外，我們填入了 Portfolio 工作表 / 表格，
然後示範如何將資訊從一個核心工作表 / 表格連接到你在第 3 章中建立的其他工作表和
表格。最後，我們介紹了維護維護歷史記錄資料的技術以及本書中建立的分析。接下來
的三章將介紹相對價值、風險和市場金融數據分析。

相對價值分析

有兩種基本方法可以看待投資的價值或評價。第一種方法是決定投資的內在價值。基本上，內在價值是你認為投資個別評價程度；它可能與市場價值不同。例如，即使債券的市場價格可能為 40 美元，根據你的基本情況假設，預期現金流的淨現值（NPV）至少評價是 50 美元。財務分析的重點是全面了解投資的基本面、量化風險並設想不同的假設（情境）及其可能性。另一方面，相對價值將投資的風險調整回報與其他潛在投資進行比較，以決定投資是否昂貴、廉價或公平。換句話說，在所有條件相同，且預期回報皆為 15% 的情況下，風險較高的投資是比風險較低的投資昂貴的。同樣地，雖然債券看似便宜，因為它的市場價值為 40 美元，內在價值為 50 美元，也許也存在有著相同風險的債券還更便宜，其市場價值為 40 美元，內在價值為 60 美元。

決定相對價值的關鍵是個別和量化投資之間的差異。例如，將同一間公司發行的兩個幾乎相同的債券與不同的票面利率和到期日進行比較，可以歸結為量化額外持續時間的價值。此外，量化差異可能非常主觀。例如，如果同一社區的兩棟房屋非常相似，但其中一棟有一個游泳池，有些人認為這是正面的，而另一些則認為是負面的。不幸的是，難以量化的投資之間通常存在很多差異。本書不能教你如何進行基礎研究或決定投資的內在價值，但它確實涵蓋了幾種技術，透過個別和量化類似投資之間的差異來決定相對價值。

相對價值是用於決定證券的市場價值其中一種常見方法。在許多情況下，評估證券的唯一方法是將其與市場已經決定價值的最近報價（或交易）證券進行比較。該過程首先找到最新且相關的公開市場交易，並將其用作未報價證券的基準。例如，如果一檔證券最近以 9% 的收益率發行，然後類似的證券即將上市，如果存在因素讓新發行證券具較高風險則新發行證券應該報價高出 9% 的收益率或者如果該證券被認為風險較小則會低於 9%。

本章介紹使用 Microsoft Excel、Access 或 C# 將債券、貸款和股票與同業和大盤進行比較的方法。與前面的章節一樣，本章分為三個途徑。但是，建議你閱讀途徑 1（Excel）中的說明，有助於你理解 Access 和 C# 的實作。

途徑 1：Excel

以下內容將指導你完成 Excel 中的相對價值技術。

Excel 中的相關性和迴歸

將證券與指數或其他證券進行比較時，了解它們的相關性會很有幫助。相關性告訴我們兩種投資（正向，負向或無關係）與其關係強度之間的關係。正相關意味著兩種證券的價值將朝同一方向移動。例如，生產汽車的公司和生產用於汽車生產的原材料公司可能是正相關的。負相關意味著兩個證券的價值向相反方向移動。例如，隨著石油價格的變動，石油生產商的價值可能與航空公司和貨運公司等石油需求端公司產生負相關關係。他們的關係強度，透過相關係數來衡量，告訴我們兩個投資在相同（正相關）或相反（負相關）方向上的接近程度。

由於一些原因，決定投資之間的相關性很重要。首先，雖然你的投資組合可能包含多個不同的投資，但如果它們都是高度相關的，那麼你將失去多角化投資的所有好處。其次，衡量投資之間的相關性可用於透過尋找負相關的投資來決定適當的對沖。最後，本章的重點：它將有助於找到合適的指標證券。例如，衡量微軟股票相對羅素 3000 餐廳指數的表現是沒有意義的。

迴歸就像是相關性，除了迴歸給出了一個方程式，可用於根據另一個投資的價值對一個投資的價值進行預測。例如，如果羅素 3000 技術指數下跌 10%，迴歸方程式可以預測微軟股票的變動。顯然，相關性不是完美的，因此預測也不會。然而，有一些方法可以衡量迴歸方程式與歷史資料的配適程度。

本節將引導你在 Excel 中完成兩筆投資之間的相關性和迴歸方程式的過程。此外，它還示範如何建構相關性矩陣，如圖 3-9 所示的彭博同業相關性的畫面。

1. 新增一個名為 "Regression" 的新 Excel 工作表。

   （你將在後面的圖 6-2 中看到此表。）

   在此工作表中，A 到 C 欄將包含微軟（MSFT）股票的每日價格和價格變動，E 到 G 欄將包含羅素 3000 技術指數（RGUST）的每日價格和價格變動。欄 J 將包含輸出的標籤（開始日期、相關性等），欄 K 將包含與這些標籤對應的值。

2. 在儲存格 A1 中，輸入指數或股票代碼的名稱。

   對於此範例，請使用 "MSFT Equity" 表示微軟公司。

3. 在 E 欄（儲存格 E1）的第一欄中，輸入指數的名稱或其他投資的股票代碼。

   對於此範例，請使用 "RGUST Index" 作為羅素 3000 技術指數。

4. 在儲存格 J1 中的幾欄，使用以下公式來標記輸出表（將標示 "MSFT Equity 對 RGUST Index 的迴歸"）：

   `="Regression of " &A1&" to " &E1`

5. 在儲存格 J2 中，輸入標籤 "開始日期"，然後在其旁邊的儲存格（K2）中輸入以下公式，以取得今天之前 12 個月的日期：

   `=EDATE(TODAY(),-12)`

6. 在儲存格 A2 中輸入以下公式：

   `=BDH(A1,"PX_LAST",$K$2,"","sort=D")`

   此公式按資料區間從 Start Date 至今日，取出 MSFT Equity 的歷史價格並從最新排序至最舊。

7. 同樣地，在儲存格 E2 中，輸入以下公式，取出 RGUST 指數的歷史價格：

   `=BDH(E1,"PX_LAST",$K$2,"","sort=D")`

8. 在儲存格 C2 中輸入以下公式：

   `=(B2-B3)/B3`

   此公式用於計算 MSFT Equity 股票價格的每日變動百分比。

9. 將步驟 8 中的公式複製下來（不包括最後一列，因為公式會使用到當前儲存格之下一個儲存格的值）。

10. 同樣地，對於 RGUST Index，請在儲存格 G2 中使用以下公式計算其每日價格變動百分比並將其複製下來：

    =(F2-F3)/F3

下一組公式用於填入輸出表的 J 和 K 欄中。每個公式的標籤應放在 J 欄中，公式本身應放在 K 欄中。

11. 標籤儲存格 J3 "相關性"。

12. 在儲存格 K3 中輸入以下公式（調整包含值的列）：

    =CORREL(C2:C253,G2:G253)

該公式用於使用 CORREL 函數計算 MSFT Equity 和 RGUST Index 的每日價格變動之間的相關係數。

CORREL 函數傳回相關係數，它是介於 –1 和 1 之間的數字，表示 MSFT Equity 和 RGUST Index 之間線性關係的強度。傳回值 1 表示兩個證券完全正相關，傳回值 –1 表示兩個證券完全負相關。雖然沒有絕對標準來區分弱、中等或強相關係數值，但通常需要介於 0.7 和 1 之間或介於 –0.7 和 –1 之間的值才能代表強相關。在本範例中，得到的相關性為 0.83（可能會根據使用的日期而有所不同）。

了解兩種證券之間的相關性是有價值的，線性迴歸模擬了兩檔證券之間的關係，我們可以用它來預測一檔證券在另一檔證券發生變動時的相對變動。為了幫助可視化此關係，請使用 X 序列變數在 G 欄中的值和 Y 序列變數在 C 欄中的值製成散佈圖後插入到工作表中。接下來，右鍵點擊圖表上的序列數據，然後按照打開的快捷選單，選擇加上趨勢線。在顯示的 "趨勢線格式" 對話框中，選擇 "線性" 並勾選 "在圖表上顯示公式" 和 "在圖表上顯示 R 平方值" 框。結果應如圖 6-1 所示。

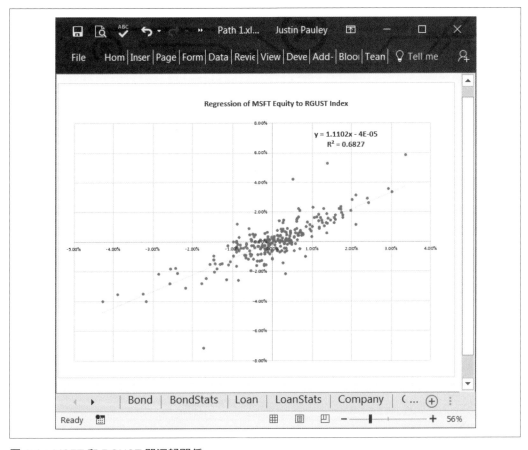

圖 6-1：MSFT 和 RGUST 間迴歸關係

此回歸公式，標註為 "y = 1.1102x—4E-05" 並顯示為一條通過資料的線，表示對於 *x*（羅素 3000 技術指數）的每 1% 移動，*y*（微軟股票）將移動大約 1.11%（4E-05 是 4×10^{-5} 的科學記數，基本上接近零）。1.11x 是迴歸線的斜率，它也是相對於指數的證券貝它值（*Beta*）。貝它值也可以透過 Excel 中的 SLOPE 函數計算，方法是將證券和指數的每日價格變動做為參數。

下一個輸出（儲存格 J4 中的標籤，儲存格 K4 中的公式）是 *R* 平方值，一個介於 0 和 1 之間的數字，表示迴歸方程式與歷史資料的配適程度。R 平方為 1 表示回歸方程式完全配適此資料。使用以下公式計算儲存格 K4 中的 R 平方值（調整具有值的儲存格）：

```
=RSQ(C2:C253,G2:G253)
```

RSQ 公式的結果應與圖表中的數字匹配，在我的範例中為 0.6827。理想情況下，R 平方值應該更接近 1，但是，如圖 6-1 所示，迴歸線無法完全地配適其資料。

我們輸出中的下一個公式（儲存格 J5 和 K5）是**顯著性 F 值**（*Significance F*），它為你提供了迴歸方程式配適資料變動的機率。例如，顯著性 F 值為 15% 意味著有 15% 機率會發生迴歸方程式配適只是因為偶然性。顯著性 F 值超過 10% 意味著你可能不應該使用此迴歸方程式。在這種情況下，顯著性 F 值是 3.36×10^{-64}，基本上為零。這是計算顯著性 F 值的公式：

```
=FDIST(INDEX(LINEST(C2:C253,G2:G253,1,1),4,1),1,
INDEX(LINEST(C2:C253,G2:G253,1,1),4,2))
```

同樣地，我們需要計算 P 值（*P-value*），它告訴我們羅素 3000 技術指數的價值是否會對微軟股價產生重大影響。與顯著性 F 值一樣，較低的 P 值更好，應小於 5%。在這種情況下，P 值為 3.4×10^{-64}，基本為零。不幸的是，在 Excel 中沒有一種簡單的方法來計算它。相反，我們將其分解為三個計算。第一個計算放在儲存格 J6 和 K6 中，只是相關和迴歸分析中使用的觀察數量：

```
=COUNT(C2:C253)
```

第二個計算 *T 統計量*（*t Stat*）放在儲存格 J7 和 K7 中：

```
=(K3*SQRT(K6-2))/(SQRT(1-K3^2))
```

最後，第三個計算放在儲存格 J8 和 K8 中，為你提供 P 值：

```
=TDIST(K7,K6-2,2)
```

你可以使用生成的工作表（參見圖 6-2）顯示任意兩個投資之間的相關性和迴歸。例如，將 RGUST 指數更改為 S5INFT 指數（標準普爾 500 指數資訊技術產業指數 GICS 一級），顯示具更高的相關性（0.84），更高的 R 平方值（0.71）以及顯著性接近零的顯著性 F 值和 P 值。

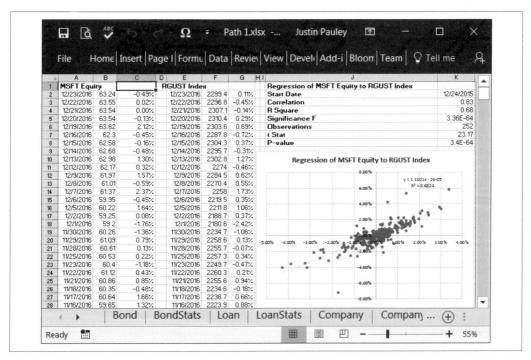

圖 6-2：迴歸工作表

我們可以建立一個可以同時比較多檔證券的矩陣，而不是反覆變更證券以比較相關性。
從儲存格 M 3 開始，依序向下列出多檔證券，然後同樣從儲存格 N 2 開始，跨欄依序列
出多檔證券或指數。同一檔證券可以同時存在列組和行組中。在儲存格 M2 中，輸入歷
史資料的開始日期，或使用之前的公式取出今天起算一年內的資料：

```
=EDATE(TODAY(),-12)
```

最後，在儲存格 N3 中使用以下陣列公式來計算在該儲存格處相交的證券之間的相關性
（N2 和 M3）；因為這是一個陣列公式，所以在輸入後，必須在公式欄中按 Ctrl-Shift-
Enter：

```
=CORREL(
BDH($M3,"chg_pct_1d",$M$2,"","dates=hide","array=true","PER=CD","FILL=PNA",
"CDR=US"),
BDH(N$2,"chg_pct_1d",$M$2,"","dates=hide","array=true","PER=CD","FILL=PNA",
"CDR=US"))
```

先前的陣列公式使用彭博 BDH 函數（MATCH 函式在一個範圍內搜尋一個值並傳回它的位置，而 INDEX 函式傳回一個儲存格在特定位置的值）將兩檔證券的歷史每日價格變動作為陣列取出，並將它們作為參數傳遞給 CORREL 函數。PER、FILL 和 CDR 參數（詳見第 3 章）用以確保日期排列。將此公式複製到矩陣中的所有儲存格中。最後，選擇具有 CORREL 公式的儲存格，然後在功能區的"常用"選項上點擊"設定格式化的條件"，並選擇"色階格式"下的第一個選項，為矩陣提供熱圖效果，凸顯當綠色越深色調表示越高度相關性而紅色越深色調表示越低度相關性。正如預期的那樣，圖 6-3 顯示了當相同名稱交叉時相關性為 1（儲存格 N3 中的 MSFT 證券和 MSFT 證券）。

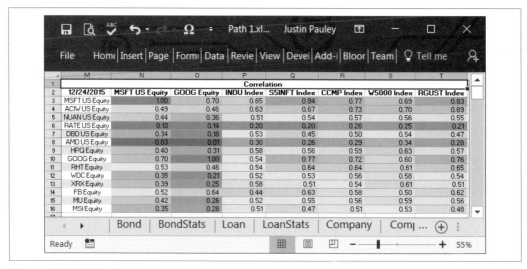

圖 6-3：相關係數矩陣

使用 RSQ 公式以替代 CORREL 公式，你可以採相同的方式為 R 平方值建立矩陣。

同業組合

我們下一步比較投資是將 Loan、Bond 和 Company 工作表中的證券根據其相似性分成同業組別。為證券分配適當的組是主觀的，並總是不容易的。例如，你可以按產業、評等、距到期日前的剩餘月數或某些屬性組合對債券進行分組。目標是提出一個應該具有類似風險和回報特徵之共同點，這些特徵在直覺上有意義地用作成員之間的比較。這將取決於你如果你想要具體化，例如"金融軟體開發公司"或"到期前五年或更長時間的高收益科技債券"，或更廣泛的，例如"短期投資級公司債"。這些分組總是可以在以後加以完善。

首先，查看本書前面討論的 Company 工作表中的 Category 欄。此欄應包含對你最有意義的分類。花時間閱讀每家公司的描述並且至少有一點關於它存在的原因是一個非常重要的步驟，它將幫助你提出一個比彭博傳回的產業欄更有意義的類別。確保使用第 3 章中第 47 頁的 "參照和覆蓋" 中的技術，將 Company 工作表中的 Category 欄的參照增加至 Bond 和 Loan 工作表中。

接下來，在 Bond 工作表中，增加一個名為 "Months Until Maturity" 的欄，我們將使用該欄來幫助對投資進行長期或短期分類。在該欄填入以下公式，該公式傳回距到期日前的剩餘月數：

```
=DATEDIF(TODAY(),[@Maturity],"m")
```

接下來，同樣在 Bond 工作表中，增加一個名為 "Peer Groups" 的欄，每檔債券都有其對應的組別。正如我所提到的，決定適當的同業群體是主觀的，但我建議首先按照新的 Months Until Maturity 欄進行排序，然後明確劃分及識別 "短天期" 債券。由於短天期的債券往往具有相似的表現特徵，我將所有在四年（48 個月）內到期的債券分類為 "短天期高收益"，如果它們未評等為 "CCC +" 或更低或 "短天期 CCC"（如果它們是）。此外，我將所有其他 "CCC +" 或評等較低的債券歸為 "CCC 級公司"，其餘部分則使用公司類別的縮寫，例如金融科技公司的 "FinTech"。我建議你提出自己的分類，並使用公司的類別和債券的收益率作為分類類似債券的指南。對 Loan 工作表重複此步驟。

評等

諸如利差、收益率、票面利率等數字欄很容易彙總和比較，但你無法對評等取平均值。此外，評等不能簡單地轉換為線性數字（AAA = 1、AA + = 2 等），因為它們代表了非線性的預設機率。幸運的是，穆迪提供了一種稱為 "評等因子"（RF）的解決方案。穆迪的 RF 是穆迪公司理想化的 10 年累計違約率的近似數值表示。如表 6-1 所示，將評等因子除以 10,000，可以得出理想化的 10 年累計違約率。例如，債券評等為 Baa1（RF 為 260），10 年的違約機率為 2.6%（260 除以 10,000）。

表 6-1：穆迪評等因子（來源：穆迪投資者服務公司）

評等	評等因子
Aaa	1
Aa1	10
Aa2	20
Aa3	40
A1	70
A2	120
A3	180

評等	評等因子
Baa1	260
Baa2	360
Baa3	610
Ba1	940
Ba2	1,350
Ba3	1,766
B1	2,220
B2	2,720
B3	3,490
Caa1	4,770
Caa2	6,500
Caa3	8,070
Ca	10,000
C	10,000

要將其合併到我們的工作簿中,請建立一個名為"RF"的新工作表,並將表 6-1 的內容新增至 A 欄和 B 欄中。接下來,在 Company、Loan 和 Bond 工作表中,新增一個名為"RF"的欄,填入以下公式:

```
=IFERROR(VLOOKUP(IF(ISERR(FIND(" ",[@[Moody''s Rating]])),[@[Moody''s Rating]],
LEFT([@[Moody''s Rating]],FIND(" ",[@[Moody''s Rating]])-1)),RF!A:B,2,FALSE),"")
```

此公式檢查評等欄中是否有空格(彭博可能已將評等觀察資訊與評等一起傳回,我們希望將其排除在外)。如果它有空格,請在空格之前抓取內容;否則抓住整個儲存格並使用它從 RF 工作表利用 VLOOKUP 取出評等因子。如果 RF 工作表上不存在 RF(因為評等已被撤銷"WR"或未填入),公式將傳回空字串。

統計工作表

在本節中,我們將建立新的工作表,其中包含由 Peer Group 細分出多個屬性的中位數和標準差值。此工作表將有助於將資料列入比較,並決定趨勢和潛在問題。首先,建立一個名為"BondStats"的新工作表。在 BondStats 工作表上,從儲存格 A1 開始,建立一個名為"MedianBondStats"的 Excel 表,其中包含以下欄標題:

- Peer Group
- Count
- YTD Px Chg

- 3M Px Chg

- YAS Spread

- YAS Yield

- Fixed Coupon

- Months Until Maturity

- RF

在 Peer Group 欄中，列出 Bond 工作表中 Peer Group 欄中列出的所有不同組。（提示，你可以貼上整個 Peer Group 列並使用資料索引標籤上的移除重複項目按鈕。）在 Count 欄中，使用以下公式計算每個組中的債券數量：

```
=COUNTIF(Bond[Peer Group],[@[Peer Group]])
```

在 YTD Px Chg 欄中，使用以下陣列公式計算每個組的年初至今價格變動的中位數。因為它是一個陣列公式，所以在鍵入公式後必須按 Ctrl-Shift-Enter。

```
=MEDIAN(IF(Bond[Peer Group]=[@[Peer Group]],Bond[YTD Px Chg]))
```

與其他欄重複此過程。例如，3M Px Chg 欄應具有以下陣列公式：

```
=MEDIAN(IF(Bond[Peer Group]=[@[Peer Group]],Bond[3M Px Chg]))
```

完成後，你的 BondStats 工作表應類似於圖 6-4。

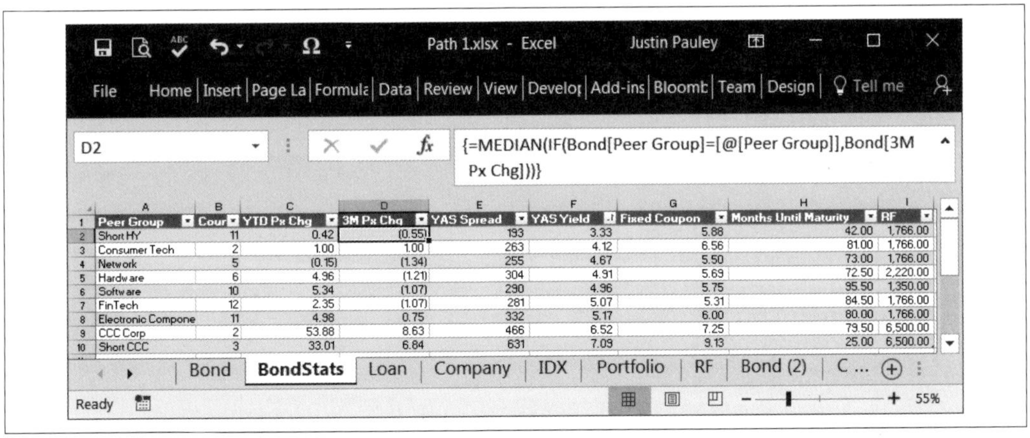

圖 6-4：BondStats 工作表

在繼續前進之前，請花時間考慮這些資料顯示的內容，並確保它是有意義的。例如，正如預期的那樣，Short HY 組的收益率最低，因為在所有條件相同的情況下，較短天期的債券風險較小且收益率較低。同樣地，CCC 組應具有最高風險，並且具有最高收益率（和最高評等因子）。CCC 公司組今年迄今為止 53% 的價格變動看起來非常高，但是對該組中兩個債券的快速檢查顯示，自今年年初以來，兩者都幾乎變成兩倍。當你納入資料中的債券越多，此工作表將變得越有意義。

接下來，在 MedianBondStats Excel 表的右側，建立另一個名為 "StdDevBondStats" 的表，它將讓你了解資料的分散程度。此表應與 MedianBondStats 表相同，除了 MEDIAN 函數，你使用 STDEV 陣列函數：

```
=STDEV(IF(Bond[Peer Group]=[@[Peer Group]],Bond[YAS Spread]))
```

接下來，在 StdDevBondStats Excel 表的右側，建立另一個名為 "AvgBondStats" 的相似表，它將計算平均值而不是中位數或標準差。除了使用 AVERAGE 陣列函數而不是 MEDIAN 或 STDEV 之外，該表應該與其他兩個表相同：

```
=AVERAGE(IF(Bond[Peer Group]=[@[Peer Group]],Bond[YAS Spread]))
```

接下來，重複步驟以建立 LoanStats 工作表，但使用以下欄標題：

- Peer Group

- Count

- YTD Px Chg

- 3M Px Chg

- DM

- Yield

- Margin

- Months Until Maturity

- RF

最後，再次重複這些步驟，使用以下列標題建立 "CompanyStats" 工作表。請注意，在 CompanyStats 工作表中，你應該使用 Category，而不是使用 Peer Group。

- Category

- Count

- Market Cap

- Total Debt

- Total Debt/EBITDA

- Net Debt/EBITDA

- FCF/Total Debt

- 52 Week High Chg

- 52 Week Low Chg

- YTD Px Chg

- 3M Px Chg

- 12M Total Return

從建立這些工作表中退一步來了解資料要告訴你的資訊非常重要。嘗試按每欄排序,看看是否有任何較特別的地方。是否有任何組別表現優異 / 表現不佳?年初至今的統計資料與過去三個月的統計資料之間的差異是否顯示出任何趨勢?在許多有用方法中,首先使用中位數統計來整理我們收集的資料。

並排比較

在下一步中,我們將 BondStats、LoanStats 和 CompanyStats 工作表中計算出的中位數統計資料傳回我們的 Bond、Loan 和 Company 工作表。這使我們可以將各檔證券與中位數進行比較。我們使用 MEDIAN 函數而不是 AVERAGE 來避免大量離群值的問題。

首先在 Bond 表中的 RF 欄右側插入一欄:右鍵點擊 RF 欄右側的欄,然後在插入索引標籤上選擇 "左方表格欄"。標記此欄 "Median RF" 並填入以下公式:

```
=INDEX(MedianBondStats[RF],MATCH([@[Peer Group]],MedianBondStats[Peer Group],0))
```

此公式類似於用於從 Company 工作表中取出欄的公式,除了在這種情況下,它從 MedianBondStats 表中提取 RF 欄,其中當前列的 Peer Group 儲存格與 MedianBondStats 表中的 Peer Group 匹配。建議你特別顯示此欄,以將其區分為包含 Peer Group 的中位數資訊的欄,而不是有關當前債券的資料。結果應如圖 6-5 所示。

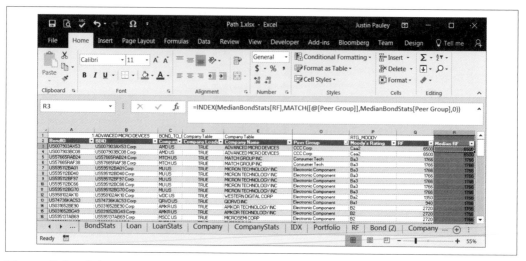

圖 6-5：債券工作表含中位數相對價值

重複該步驟，將 MedianBondStats 表中的其他欄增加到 Bond 表中。例如，這是增加 Median Fixed Coupon 欄的公式：

```
=INDEX(MedianBondStats[Fixed Coupon],MATCH([@[Peer Group]],
MedianBondStats[Peer Group],0))
```

完成在 MedianBondStats 增加其他欄位後，請花點時間查看 Bond 表。在排序或篩選資料時，可以使用中位數資料將每檔證券並排比較。例如，你可能已經注意到，之前一檔債券的年初至今價格變化高於平均值，但現在你可能會意識到它其實與同業一致。或者，如果它勝過同業，你可以量化金額。

重複此過程，使用以下公式將 MedianLoanStats 中的欄增加到 Loan 表中：

```
=INDEX(MedianLoanStats[Margin],MATCH([@[Peer Group]],
MedianLoanStats[Peer Group],0))
```

然後，重複該過程並利用 Category 而不是 Peer Group 將 MedianCompanyStats 中的欄增加到 Company 表中

```
=INDEX(MedianCompanyStats[12M Total Return],MATCH([@Category],
MedianCompanyStats[Category],0))
```

完成此過程後，透過 Peer Group（或 Company 表中的 Category）進行排序並將每檔證券與其同類組進行比較，檢查每個表。將每個績效指標納入背景是決定相對價值的重要部分。你可能會注意到，例如一檔證券具有強大的基本面和轉佳的技術面但卻有較低的價格，只因為其評等被一家信評公司評等為 CCC。或者，也許其他證券已先價格反彈，但仍有一檔證券價格落後反應。在進行這種比較時，你可以進行大量有價值的觀察。隨著基礎資料更改或 Peer Group 的更改，中位數統計將自動更新。

指數

除了將證券與其同業進行比較之外，將它們與指數進行比較以衡量績效與更為成熟的基準相比也是有價值的。根據你的分析，每檔證券可以根據一個指數或多個指數進行衡量。在本節中，我們將示範如何將 Company 工作表中的股票與指數進行比較。你可以複製此技術以將證券與多個指數進行比較，或將其擴展到 Loan 和 Bond 工作表。

首先，在 Company 表中新增一欄並命名為 "IndexID"。針對您想要列入比較的證券，從 IDX 工作表中匯入相對應的 IndexID。接下來，另外新增三個欄為："Index YTD Px Change"、"Index 3M Px Change" 和 "Index 12M Total Return"。接下來，在 Index YTD Px Change 欄中，使用 INDEX 函數取出 YTD Px Change 欄來自給定 IndexID 的 IDX 工作表：

```
=INDEX(IDX[YTD Px Change],MATCH([@IndexID],IDX[IndexID],0))
```

重複此步驟，將 IDX 工作表中的 3M Px Change 和 12M Total Return 欄匯入 Company 工作表。或者，你可以增加一個欄 "Index Correlation"，該欄使用上一個日曆年的資料和以下陣列公式傳回公司和指數之間的相關性（需要按 Ctrl- Shift-Enter）：

```
=CORREL(BDH([@BBID],"chg_pct_1d","-1CY","","dates=hide","array=true"),
BDH(INDEX(IDX[BBID],MATCH([@IndexID],IDX[IndexID],0)),
"chg_pct_1d","-1CY","","dates=hide","array=true"))
```

指數資訊位於 Company 工作表中後，你可以組織公司欄旁邊的指數欄且並排比較績效。

加權 z 分數

由於投資之間存在如此多的不同指標和無數差異，因此難以將證券分類從最佳至最差。例如，一個債券可能具有更高的票息，但更差的評等。此外，其中一些值是百分比，而其他值，如評等因子，是完全不同的單位。將這些不同指標簡化為一個分數的一種技術是使用 z 分數（也稱為標準分數）。Z 分數衡量數據點與平均數（平均值）之間的標準差的數量。換句話說，為了規範化這些不同的指標，z 分數衡量各個數據點與平均值的差異程度。Z 分數是計算數值與平均值間的差值，再除以標準差後得出，如下：

- Z =（Value—Average of all values）/ Standard Deviation of all values

例如，如果債券的票面利率為 8%，且所有債券的平均票面利率為 5.63%，所有債券的票息標準差為 1.13%，債券票息的 z 值為 2.09——z =（8%-5.63%）/ 1.13%。該 z 分數意味著票面利率是高於平均值的兩個標準差。Z 分數也可以是負數；z 分數為 –1 表示該值低於平均值一個標準差。

除了計算一個數值距離平均值間的標準差倍數是有用的，z 分數還可以透過計算 z 分數的加權平均來幫助將多個屬性的值合併為一個分數，其中權重的決定是基於一個指標相對於其他指標有多重要。例如，如果我們計算債券的票面利率、評等和距到期日剩餘月數的 z 分數，我們可以針對這些 z 分數進行加權平均，並透過提高票面利率 z 分數的權重以偏好具更高票面利率的債券。

不巧的是，在 Bond、Loan 和 Company 工作表中新增 z 分數需要幾個步驟：

1. 在 BondStats 工作表中，在 AvgBondStats 表的右側，新增四個標記為 Field、Mean、StdDev 和 Weight 的新欄標題。

2. 在資料欄欄位標題下，列出要比較的所有資料欄，例如 YTD Px Chg、3M Px Chg、YAS Spread、YAS Yield、Fixed Coupon、Months Until Maturity 和 RF。

3. 在 Mean 欄標題下，使用 AVERAGE 函數計算 Bond 表中每欄的平均值。例如，在 "YTD Px Chg" 旁邊，使用以下公式：

    ```
    =AVERAGE(Bond[YTD Px Chg])
    ```

4. 同樣地，在 StdDev 欄中，使用 STDEV 函數計算每個欄的標準差。例如，在 StdDev 欄中的 YAS Yield 旁邊，使用以下公式：

    ```
    =STDEV(Bond[YAS Yield])
    ```

5. 在 Weight 欄下，輸入百分比權重，使所有權重的總和加起來為 100%。

你可以稍後更改這些權重，並且也可以在一開始就設定每個資料欄權重皆相等會比較簡單些。

結果表應與圖 6-6 類似。

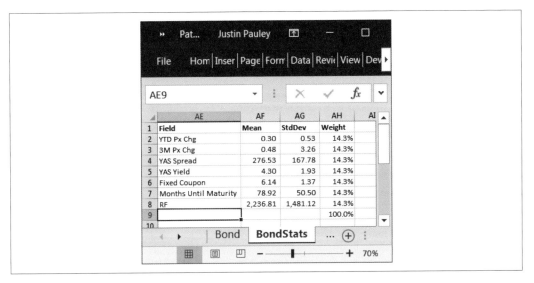

圖 6-6：加權 z 分數表

6. 使用左上角的名稱方塊，為 Mean、StdDev 和 Weight 欄中的每個儲存格定義名稱。

每個定義的名稱應以債券開頭，後跟資料欄名稱，並以欄標題結束。例如，將包含 YTDPxChg 欄平均值的儲存格命名為 BondYTDPxChgMean，並將包含 Fixed Coupon 欄權重的儲存格命名為 "BondFixedCouponWeight"。

雖然為表格中的儲存格一一命名有點麻煩，但它可以讓在 Bond 工作表中建構複雜的 z 分數計算變得更加容易。

7. 在命名新表中的每個儲存格後，在 Bond 工作表中新增一個標記為 "z-score" 的新欄。

8. 在此欄中，加總對債券評價為正貢獻欄的 z 分數，減去對債券評價為負貢獻欄的 z 分數。

例如，公式應該從 YTD Px Change 的 z 分數計算開始，乘以指定的權重：

```
=((([@[YTD Px Chg]]-BondYTDPxChgMean)/BondYTDPxChgStdev*BondYTDPxChgWeight)
```

9. 將下一個資料欄 3M Px Chg 增加到公式中，使其變為：

```
=((([@[YTD Px Chg]]-BondYTDPxChgMean)/BondYTDPxChgStdev*BondYTDPxChgWeight)+
(([@[3M Px Chg]]-Bond3MPxChgMean)/Bond3MPxChgStdev*Bond3MPxChgWeight)
```

增加其餘欄後，最終公式應如下所示：

```
=(([@[YTD Px Chg]]-BondYTDPxChgMean)/BondYTDPxChgStdev*BondYTDPxChgWeight)
+(([@[3M Px Chg]]-Bond3MPxChgMean)/Bond3MPxChgStdev*Bond3MPxChgWeight)
+(([@[YAS Spread]]-BondYASSpreadMean)/BondYASSpreadStdev*BondYASSpreadWeight)
+(([@[YAS Yield]]-BondYASYieldMean)/BondYASYieldStdev*BondYASYieldWeight)
+(([@[Fixed Coupon]]-BondFixedCouponMean)/
BondFixedCouponStdev*BondFixedCouponWeight)
-(([@[Months Until Maturity]]-BondMonthsUntilMatMean)/
BondMonthsUntilMatStdev*BondMonthsUntilMatWeight)
-(([@RF]-BondRFMean)/BondRFStdev*BondRFWeight)
```

請注意，減去 Months Until Maturity 和 RF 的加權 z 分數而不是加總，因為如果它們較低則這些值會更好。

現在，你可以將 z-score 欄從最高值到最低值（"最佳" 到 "最差"）進行排序。花些時間調整權重並注意對 z-score 欄的影響。例如，如果將所有權重都更改為零，則 Months Until Maturity 設為 100%，最高 z 分數將會是最短的債券。嘗試將所有分數調整為零，將 Fixed Coupon 和 RF 均設為 50%，然後再次對 z 分數欄進行排序。欄表的頂部應該有高的票面利率，但評等較低的票面利率應該在列表中較低。你可以同樣對 Loan 和 Company 工作表進行 z 分數分析。

 如同與本書中的其他分析一樣，投資決策不應僅基於 z 分數進行。它是一種聚焦的投資理念工具，可為大量資料提供背景資訊。

途徑 2：Access

因為 Access 資料庫中的表連接到 Excel 工作簿，請按照上一節（途徑 1）中的步驟更新 Excel 工作簿和 Access 資料庫表。在 EXCEL 中已經計算過的相關性、迴歸和中位數，不需要在 Access 中再複製一次，但了解如何執行此操作會很有幫助。本節介紹在 Microsoft Access 實現之前 Excel 中使用過的技術（途徑 1）。

正如前一部分向多個工作表（Bond、Loan、Company）增加了欄一樣，連接的 Access 表也將包含這些新欄。因此，用於維護歷史記錄（BondHistQuery、CompanyHistQuery 等）的查詢將失敗，除非相對應的歷史記錄表（BondHist、CompanyHist 等）也被修改為匹配相同的欄（模式）。

Access 中的相關性和迴歸

出於本節的目的，我們將建立一個名為 "Comp" 的簡化表，其中包含兩檔證券的歷史每日價格變動。按照表 6-2 中的模式建立 Comp 表（透過選擇 Microsoft Access 中 "建立" 選單下的 "表格"）。此表僅用作此部分的範例，稍後將不再參照。

表 6-2：Comp 表架構

類別名稱	資料型態
HistDate	日期 / 時間（設為主鍵）
X	數值（將資料欄大小轉換成 Double）
Y	數值（將資料欄大小轉換成 Double）

打開新建立的 Comp 表並用值填入它。使用不同證券的每日價格變動值（百分比）填入 X 和 Y 欄；從 Regression 工作表中選擇性地複製並貼上 A 欄（歷史日期欄）、G 欄（X 欄）和 C 欄（Y 欄）中的值（使用 Access 中的貼上新增）以匹配 Excel 結果。

要計算 X 和 Y 欄之間的相關性，請使用以下查詢：

```
SELECT (Avg(X * Y) - Avg(X) * Avg(Y)) / (StDevP(X) * StDevP(Y)) AS Correlation
FROM Comp;
```

要計算迴歸方程式，請使用以下查詢計算迴歸係數：

```
select (Avg(X * Y) - Avg(X) * Avg(Y)) / VarP(X) AS RegressCoeff from Comp;
```

然後，使用以下方法計算截距：

```
select Avg(Y) - ((Avg(X * Y) - Avg(X) * Avg(Y)) / VarP(X))
* Avg(X) AS Intercept from Comp;
```

使用這兩個結果建立迴歸方程式：Y = RegressCoeff * X + Interption。以迴歸工作表中的資料為例，根據羅素 3000 技術指數的值預測微軟股票的價值，用迴歸係數乘以羅素 3000 技術指數的值，並加上截距。

要決定迴歸方程式與歷史資料的配適程度，請使用以下查詢計算 R 平方值：

```
select (Avg(X * Y) - Avg(X) * Avg(Y)) ^ 2 / (VarP(X) * VarP(Y)) as RSquare
from Comp;
```

Access 中的中位數

不巧的是，因為中位數不是 Access 中包含的標準彙總函數，所以它需要一些 Visual Basic for Applications（VBA）程式碼來計算。幸運的是，Microsoft 確實提供了必要的程式碼（*https://msdn.microsoft.com/en-us/library/dd789431(v=office.12).aspx*）。

首先，在 Access 中的建立索引標籤上，點擊模組。然後，在程式碼窗口中，從 Microsoft 插入以下程式碼函數，然後關閉 Visual Basic 視窗：

```
Public Function DMedian( _
  ByVal strField As String, ByVal strDomain As String, _
  Optional ByVal strCriteria As String) As Variant

      ' 目的：
      '     利用表或查詢中的資料欄
      '     計算中位數。
      ' 輸入：
      '     strField：資料欄。
      '     strDomain：表或查詢。
      '     strCriteria：對於表或查詢使用一個
      '                  可選擇性的 WHERE 子句。
      ' 輸出：
      '     傳回值：如果成功，中位數；
      '              否則，為 Error 值。

      Dim db As DAO.Database
      Dim rstDomain As DAO.Recordset
      Dim strSQL As String
      Dim varMedian As Variant
      Dim intFieldType As Integer
      Dim intRecords As Integer

      Const errAppTypeError = 3169

      On Error GoTo HandleErr

      Set db = CurrentDb()

      ' 初始化傳回值。
      varMedian = Null

      ' 為資料錄集建立 SQL 字串。
```

```
strSQL = "SELECT " & strField & " FROM " & strDomain

' 只有當參數傳入時，才會使用 WHERE 子句。
If Len(strCriteria) > 0 Then
    strSQL = strSQL & " WHERE " & strCriteria
End If

strSQL = strSQL & " ORDER BY " & strField

Set rstDomain = db.OpenRecordset(strSQL, dbOpenSnapshot)

' 檢查中位數資料欄的資料類型。
intFieldType = rstDomain.Fields(strField).Type
Select Case intFieldType
Case dbByte, dbInteger, dbLong, _
  dbCurrency, dbSingle, dbDouble, dbDate
    ' 數值型資料欄
   If Not rstDomain.EOF Then
       rstDomain.MoveLast
       intRecords = rstDomain.RecordCount
       ' 從第一個紀錄開始
       rstDomain.MoveFirst

       If (intRecords Mod 2) = 0 Then
           ' 如果記錄是偶數。
           ' 因為沒有中間的記錄當作中位數，
           ' 所以選擇紀錄右邊的值（為中間的左邊）。
           rstDomain.Move ((intRecords \ 2) - 1)
           varMedian = rstDomain.Fields(strField)
           ' 然後再選擇中間的右邊。
           rstDomain.MoveNext
           ' 將兩者平均取均值。
           varMedian = _
             (varMedian + rstDomain.Fields(strField)) / 2
           ' 請確認有傳回一個日期，
           ' 甚至是傳回平均後的日期。
           If intFieldType = dbDate And Not IsNull(varMedian) Then
               varMedian = CDate(varMedian)
           End If
       Else
           ' 紀錄是偶數。
           ' 選擇並傳回紀錄的中間值。
           rstDomain.Move ((intRecords \ 2))
           varMedian = rstDomain.Fields(strField)
       End If
   Else
       ' 如果沒有紀錄，則傳回空值。
       varMedian = Null
   End If
```

```
        Case Else
            ' 非數值型資料欄，所以出現警示訊息。
            Err.Raise errAppTypeError
    End Select

    DMedian = varMedian

ExitHere:
    On Error Resume Next
    rstDomain.Close
    Set rstDomain = Nothing
    Exit Function

HandleErr:
    ' 傳回錯誤值。
    DMedian = CVErr(Err.Number)
    Resume ExitHere
End Function
```

DMedian 函數有三個參數：欄的名稱、表的名稱，以及 where 子句條件。請注意，每個參數都是 "使用引號的"，欄名應在括號內（[和]）。例如，想要計算 Bond 表中 YAS Spread 利差拓寬超過 250 bps 的 RF 中位數，請使用以下查詢：

```
select dMedian("rf","Bond","[YAS Spread] > 250")
```

途徑 3：C#

本節介紹利用 C# 實現 Excel 中提及過的技術（途徑 1）。如果你還沒有這樣做，我建議你閱讀 Excel 部分，以便更深入地解釋這些計算及其用途。

相關性和迴歸

本節建立了一個應用程序，可以從 Bloomberg 中取得兩檔證券的歷史每日價格變動，並計算它們的相關性、迴歸方程式和 R 平方值。此程式碼需要使用流行的數學函式庫 MathNet。啟動一個新的控制台應用程式，並透過右鍵點擊新專案中的參照並選擇 Manage NuGet Packages 來增加對 MathNet 的參照。搜尋 MathNet.Numerics，然後點擊安裝。此外，新增參照第 3 章曾使用過的彭博函式庫。

在 *Program.cs* 中，首先增加以下 using 指令：

```
using Element = Bloomberglp.Blpapi.Element;
using Message = Bloomberglp.Blpapi.Message;
using Name = Bloomberglp.Blpapi.Name;
using Request = Bloomberglp.Blpapi.Request;
```

```csharp
using Service = Bloomberglp.Blpapi.Service;
using Session = Bloomberglp.Blpapi.Session;
using DataType = Bloomberglp.Blpapi.Schema.Datatype;
using SessionOptions = Bloomberglp.Blpapi.SessionOptions;
using InvalidRequestException =
        Bloomberglp.Blpapi.InvalidRequestException;
using Datetime = Bloomberglp.Blpapi.Datetime;
using System.Collections;
using MathNet.Numerics.Statistics;
using MathNet.Numerics;
```

接下來,在 Program 類別中,增加前面範例中使用的典型彭博陳述式:

```csharp
private static readonly Name SECURITY_DATA = new Name("securityData");
private static readonly Name SECURITY = new Name("security");
private static readonly Name FIELD_DATA = new Name("fieldData");
private static readonly Name RESPONSE_ERROR = new Name("responseError");
private static readonly Name SECURITY_ERROR = new Name("securityError");
private static readonly Name FIELD_EXCEPTIONS = new Name("fieldExceptions");
private static readonly Name FIELD_ID = new Name("fieldId");
private static readonly Name ERROR_INFO = new Name("errorInfo");
private static readonly Name CATEGORY = new Name("category");
private static readonly Name MESSAGE = new Name("message");
private static readonly Name DATE = new Name("date");
```

增加實例化 Program 類別的 Main 函式的主體並啟動 Run 方法。

```csharp
static void Main(string[] args)
{
    Program p = new Program();
    p.Run();
}
```

Run 方法從彭博檢索歷史數據點,然後使用 MatNet 計算相關性、截距、斜率和 R 平方值。Run 方法從 GetHistory 方法(稍後定義)中取得歷史彭博資料,該方法將針對特定證券、資料欄和開始日期傳回 Dictionary 包含日期和值。結束日期將永遠是今天。從 GetHistory 傳回數據點後,MathNet 的函式庫用於計算必要的統計:

```csharp
public void Run()
{

    // 宣告兩檔要比較的證券為變數 X,Y
    string secY = "/ticker/MSFT US Equity";
    string secX = "/ticker/S5INFT Index";
    // 宣告要比較的資料欄
    string field = "chg_pct_1d"; // 每日價格變動
```

```
// 宣告開始日期，以及結束日期是今日。
DateTime startDate = new DateTime(2015, 12, 24);

// 取得彭博歷史資料點。
Dictionary<DateTime, double> resultY = GetHistory(secY, field, startDate);
Dictionary<DateTime, double> resultX = GetHistory(secX, field, startDate);

// 使用 MathNet 計算相關性。
double correlation = Correlation.Pearson(resultY.Values, resultX.Values);

// 使用 MathNet 計算截距和斜率。
Tuple<double, double> p = Fit.Line(resultX.Values.ToArray(),
resultY.Values.ToArray());
double intercept = p.Item1;
double slope = p.Item2;

// 使用 MathNet 計算 R 平方。
double rsqr =
GoodnessOfFit.RSquared(resultX.Values.Select(x => intercept + slope * x),
resultY.Values);

Console.WriteLine("Correlation is " + correlation.ToString());
Console.WriteLine("Regression equation is y="
+ slope.ToString() + "x+" + intercept.ToString());
Console.WriteLine("R Square is " + rsqr.ToString());
Console.ReadLine();

    }
```

GetHistory 方法看起來像之前的彭博範例，不同點是它將 Dictionary 物件傳遞給 Process HistoryResponse 以儲存請求的結果：

```
private Dictionary<DateTime, double> GetHistory
    (string security, string field, DateTime startDate)
{

    Dictionary<DateTime, double> date2value = new Dictionary<DateTime, double>();
    SessionOptions sessionOptions = new SessionOptions();
    Session session = new Session();
    bool sessionStarted = session.Start();
    if (!sessionStarted)
    {
        System.Console.Error.WriteLine("Failed to start session.");
        return null;
    }
    if (!session.OpenService("//blp/refdata"))
    {
        System.Console.Error.WriteLine("Failed to open //blp/refdata");
        return null;
```

```
}

Service refDataService = session.GetService("//blp/refdata");
Request request = refDataService.CreateRequest("HistoricalDataRequest");

Element securities = request.GetElement("securities");
securities.AppendValue(security);
Element fields = request.GetElement("fields");
fields.AppendValue(field);

request.Set("startDate", startDate.ToString("yyyyMMdd"));

try
{
    session.SendRequest(request, null);
}
catch (InvalidRequestException e)
{
    System.Console.WriteLine(e.ToString());
}

bool done = false;
while (!done)
{
    Event eventObj = session.NextEvent();
    if (eventObj.Type == Event.EventType.PARTIAL_RESPONSE)
    {
        ProcessHistoryResponse(eventObj, date2value);
    }
    else if (eventObj.Type == Event.EventType.RESPONSE)
    {
        ProcessHistoryResponse(eventObj, date2value);
        done = true;
    }
    else
    {
        foreach (Message msg in eventObj)
        {
            System.Console.WriteLine(msg.AsElement);
            if (eventObj.Type == Event.EventType.SESSION_STATUS)
            {
                if (msg.MessageType.Equals("SessionTerminated"))
                {
                    done = true;
                }
            }
        }
    }
}
```

```
        session.Stop();
        return date2value;
    }
```

相似地，ProcessHistoryResponse 方法與第 3 章中使用的方法類似，不同之處在於它使用彭博請求中的日期和值填入 Dictionary 物件參數：

```
private void ProcessHistoryResponse(Event eventObj, Dictionary<DateTime, double>
date2value)
{
    foreach (Message msg in eventObj)
    {
        if (msg.HasElement(RESPONSE_ERROR))
        {
            Element error = msg.GetElement(RESPONSE_ERROR);
            Console.WriteLine("Request failed: "
            + error.GetElementAsString(CATEGORY) +
            " (" + error.GetElementAsString(MESSAGE) + ")");
            continue;
        }


        Element securityData = msg.GetElement(SECURITY_DATA);
        string security = securityData.GetElement(SECURITY).GetValueAsString();
        Console.WriteLine(security);

        Element fieldData = securityData.GetElement(FIELD_DATA);

        for (int i = 0; i < fieldData.NumValues; i++)
        {
            Element element = fieldData.GetValueAsElement(i);
            DateTime date = element.GetElementAsDatetime(DATE).ToSystemDateTime();
            double? value = null;
            for (int f = 0; f < element.NumElements; f++)
            {
                Element field = element.GetElement(f);
                if (!field.Name.Equals(DATE))
                {
                    if (field.Datatype == DataType.FLOAT32)
                        value = Convert.ToDouble(field.GetValueAsFloat32());
                    else if (field.Datatype == DataType.FLOAT64)
                        value = field.GetValueAsFloat64();
                }
            }
            if (value != null)
                date2value.Add(date, value.Value);
        }
```

```
        }
    }
```

同業組合

正如我們在途徑 1 中所做的那樣，本節將向你介紹如何在 Bond 和 Loan 表中增加 "Peer Groups" 欄、建立和填入新表以保存有關 Bond、Loan 和 Company 表的摘要統計資訊，以及查詢與相對證券比較後的摘要統計資料。

第一步是在 Access 中的 Bond 和 Loan 表中增加 "PeerGroup" 欄，類型為 "短文本"。然後，如途徑 1 中所述，為每檔證券選擇適當的同業組別並填入新的 PeerGroup 欄。

評等

接下來，我們需要結合本章先前已討論過的穆迪 RF。首先使用表 6-3 中描述的模式建立一個名為 "RF" 的新表。建立完成後，將表 6-1 中的內容填入 RF 表。

表 6-3：RF 表架構

類別名稱	資料型態
Rating（主鍵）	短文本
Factor	數值

你可以使用如同以下查詢將 RF 表加入你的 Bond 或 Loan 表：

```
Select SecurityDes,MoodyRating,Factor
from Bond b
left outer join RF on RF.Rating=
iif(instr(b.MoodyRating," ")>0,left(b.MoodyRating,instr(b.MoodyRating," ")-1),
b.MoodyRating)
```

此查詢選擇 Bond 表中每檔債券的描述，穆迪評等和穆迪評等因子。iif 函式在 join 參數中用於從 MoodyRating 欄中刪除任何評等觀察資訊。

統計表

本節介紹如何將有關每個同業組別的彙總統計用以建立並填入表。首先，我們需要建立表來儲存不同的彙總統計資料，例如中位數、平均值和標準差。首先使用表 6-4 中的模式建立一個名為 "MedianBondStats" 的新表。你可以在本表新增更多的欄位來放入你想要彙總的資料，但它們應具有與 Bond 表中的欄完全相同的名稱和大小寫。

表 6-4：*MedianBondStats* 表模式

類別名稱	資料型態
PeerGroup（主鍵）	短文本
Count	數值
PxChgYTD	數值（資料欄大小為 Double）
PxChg3M	數值（資料欄大小為 Double）
YASSpread	數值（資料欄大小為 Double）
YASYield	數值（資料欄大小為 Double）
FixedCpn	數值（資料欄大小為 Double）
MonthsUntilMaturity	數值（資料欄大小為 Double）
RF	數值

接下來，複製並貼上此表兩次，建立名為 "MeanBondStats" 和 "StdevBondStats" 的相同表。

重複這些步驟，使用表 6-5 中的模式建立 MedianLoanStats、MeanLoanStats 和 StdevLoanStats 表。

表 6-5：*MedianLoanStats* 表架構

類別名稱	資料型態
PeerGroup（主鍵）	短文本
Count	數值
PxChgYTD	數值（資料欄大小為 Double）
PxChg3M	數值（資料欄大小為 Double）
DM	數值（資料欄大小為 Double）
Yield	數值（資料欄大小為 Double）
Margin	數值（資料欄大小為 Double）
MonthsUntilMaturity	數值（資料欄大小為 Double）
RF	數值

再次重複這些步驟，使用表 6-6 中的模式建立 MedianCompanyStats、MeanCompanyStats 和 StdevCompanyStats。

表 6-6：*MedianCompanyStats* 表模式

類別名稱	資料型態
Category（主鍵）	短文本
Count	數值
MarketCap	數值（資料欄大小為 Double）

類別名稱	資料型態
TotalDebt	數值（資料欄大小為 Double）
TotalDebtToEBITDA	數值（資料欄大小為 Double）
NetDebtToEBITDA	數值（資料欄大小為 Double）
FCFToTotalDebt	數值（資料欄大小為 Double）
YrHi	數值（資料欄大小為 Double）
YrLow	數值（資料欄大小為 Double）
PxChgYTD	數值（資料欄大小為 Double）
PxChg3M	數值（資料欄大小為 Double）
TotalReturn12M	數值（資料欄大小為 Double）

接下來，建立一個可以填入這些表的新 C# 控制台應用程序。這段程式碼對 Bond、Loan 和 Company 表執行迴圈將資料根據 Peer Group（或 Company 表中的 Category）和欄位名稱分類列表。然後，它按中位數、平均數（平均值）和標準差彙總列表。最後，它利用彙總後的統計資料插入或更新中位數、平均值和標準差表。

像先前連接到 Access 資料庫的程式碼集一樣，在程式的起始處宣告連結字串，並且在 Main 函式中執行 Program 類別的 Run 方法：

```
private string ConnStr =
"Provider=Microsoft.ACE.OLEDB.12.0;Data Source=..\\..\\Path 3.accdb";
static void Main(string[] args)
{
    Program p = new Program();
    p.Run();
}
```

接下來，定義 Run 方法並啟動 ProcessTable 方法，將表的名稱和要分組的欄作為參數傳遞。ProcessTable 方法傳回中位數、平均值和標準差表中更新的列數。

```
public void Run()
{
    int rowc = 0;
    rowc += ProcessTable("Bond", "PeerGroup");
    rowc += ProcessTable("Loan", "PeerGroup");
    rowc += ProcessTable("Company", "Category");

    Console.WriteLine(rowc + " rows updated");
}
```

ProcessTable 方法取得表中的所有資料（表參數），依照 PeerGroup 欄（或 Company 表中的 Category 欄）將資料分組在一起，計算值的中位數、平均值和標準差，並儲存這些統計資料在 MedianStats、MeanStats 和 StdevStats 表（例如 Median-BondStats）。

ProcessTable 方法首先定義彙總表的名稱，然後透過啟動 FillDataSet 從資料庫中填入它們。稍後定義的 FillDataSet 方法使用作為參數傳遞的每個表的內容填入 DataSet 物件。此外，它會排除缺少 Peer Group 或 Category 的列，並在適當時使用 SQL 增加 RF 和 MonthsUntilMaturity 欄。

接下來，ProcessTable 方法將資料集、表的名稱和欄分組到 CategorizeData 方法（稍後定義），該方法將傳回多維陣列，按 Peer Group（或 Company 表中的 Category）和欄位名稱去拆解表的資料。

變數 peergroup2column2values 有一個複雜的類型聲明，所以讓我們拆解它。此物件包含 Peer Groups 列表，對於每個 Peer Groups，它包含欄位名稱的列表，對於 Peer Groups 和欄位名稱的每個組合，該物件包含資料庫中的一序列值。換句話說，它允許你透過迭代 peergroup2column2values ["Short CCC"]["YAS Spread"] 來取得 Peer Groups "Short CCC" 中所有的 YASSpread double 值。

接下來，ProcessTable 方法迭代 Peer Groups 列表，參照該 Peer Groups 的中位數、平均值和標準差表中的現有列，如果該列不存在，則建立它。

然後，該方法迭代與 Peer Groups 相關欄的列表，併計算 Dictionary 物件中值的中位數、標準差、平均值和計數。最後，該方法在適當的列中設定相應的值，並使用 UpdateDataSet 方法（稍後定義）更新資料集。

讓我們看看透過程式碼呈現看起來會如何：

```
public int ProcessTable(string table, string groupBy)
{
    string mediantable = "Median" + table + "Stats";
    string meantable = "Mean" + table + "Stats";
    string stdevtable = "Stdev" + table + "Stats";

    // 從 Access 資料庫取得表的資料，
    // 中位數、平均值和 stddev 表。
    DataSet ds = FillDataSet(table, mediantable, meantable, stdevtable);

    // 此資料結構將包含一個 Dictionary
    // 同業組 - > 欄 - > 列
    // 例如，獲取 Tech 同業組的所有 Price 值
    // 你會迭代 Double 列表
    // peergroup2column2values["Tech"]["Price"]
    Dictionary<string, Dictionary<string, List<double>>> peergroup2column2values =
    CategorizeData(ds, table, mediantable, groupBy);

    foreach (string peergroup in peergroup2column2values.Keys)
    {
```

```
DataRow medianRow = null;
DataRow meanRow = null;
DataRow stdDevRow = null;

// 在 median、mean 和 stdDev 表中尋找此 Peer Group 的資料
medianRow =
ds.Tables[mediantable].AsEnumerable().
SingleOrDefault(x => x.Field<string>(groupBy) == peergroup);
meanRow =
ds.Tables[meantable].AsEnumerable().
SingleOrDefault(x => x.Field<string>(groupBy) == peergroup);
stdDevRow =
ds.Tables[stdevtable].AsEnumerable().
SingleOrDefault(x => x.Field<string>(groupBy) == peergroup);

// 如果找不到，就新增它們。
if (medianRow == null)
{
    medianRow = ds.Tables[mediantable].NewRow();
    medianRow[groupBy] = peergroup;
    ds.Tables[mediantable].Rows.Add(medianRow);
}

if (meanRow == null)
{
    meanRow = ds.Tables[meantable].NewRow();
    meanRow[groupBy] = peergroup;
    ds.Tables[meantable].Rows.Add(meanRow);
}

if (stdDevRow == null)
{
    stdDevRow = ds.Tables[stdevtable].NewRow();
    stdDevRow[groupBy] = peergroup;
    ds.Tables[stdevtable].Rows.Add(stdDevRow);
}

foreach (string column in peergroup2column2values[peergroup].Keys)
{
    // 對於每個同業中的每一欄，分別計算
    // 中位數、標準差、平均值和計數。
    double median = GetMedian(peergroup2column2values[peergroup][column]);
    double stddev =
    GetStandardDev(peergroup2column2values[peergroup][column]);
    double mean = peergroup2column2values[peergroup][column].Average();
    int count = peergroup2column2values[peergroup][column].Count;

    // 把統計資料放在它們相對應的表中。
    meanRow[column] = mean;
```

```
            medianRow[column] = median;
            if (Double.IsNaN(stddev))
                stdDevRow[column] = DBNull.Value;
            else
                stdDevRow[column] = stddev;

            meanRow["Count"] = count;
            medianRow["Count"] = count;
            stdDevRow["Count"] = count;
        }

    }

    int rowc = UpdateDataSet(ds, mediantable, meantable, stdevtable);
    return rowc;

}
```

CategorizeData 方法按其 Peer Groups 和欄位名稱的資料進行分組,並將資料傳回到 ProcessTable 方法。它僅包含相對應 MedianStats 表中也存在的欄。

CategorizeData 方法還向 Dictonary 物件增加 Peer Groups 的 "Total",該物件將彙總每組 Peer Groups 的所有值。這使你可以查看所有 Peer Groups 中所有值的中位數、平均值和標準差:

```
private Dictionary<string, Dictionary<string,
List<double>>> CategorizeData(
DataSet ds, string table, string mediantable, string groupBy)
{
    // 建立資料結構的實例
    Dictionary<string, Dictionary<string, List<double>>> peergroup2column2values
    = new Dictionary<string, Dictionary<string, List<double>>>();
    // 增加一個 Total peer group
    peergroup2column2values.Add("Total", new Dictionary<string, List<double>>());

    foreach (DataRow row in ds.Tables[table].Rows)
    {
        // 從每一列取得 PeerGroup 值
        // (或 Company 表的類別)
        string peergroup = (string)row[groupBy];
        foreach (DataColumn dc in ds.Tables[table].Columns)
        {
            // 執行迴圈每一欄,
            // 如果該欄也存在於 MedianTable 中,
            // 將其增加到 peergroup2column2values 字典中
            string columnName = dc.ColumnName;
            if (
                ds.Tables[mediantable].Columns.Contains(columnName)
```

```
                        && row.IsNull(dc) == false
                        && columnName != groupBy
                        )
                    {
                        if (peergroup2column2values.ContainsKey(peergroup) == false)
                            peergroup2column2values.Add(peergroup,
                                new Dictionary<string, List<double>>());

                        if (peergroup2column2values[peergroup].
                        ContainsKey(columnName) == false)
                            peergroup2column2values[peergroup].
                                Add(columnName, new List<double>());

                        if (peergroup2column2values["Total"].
                        ContainsKey(columnName) == false)
                            peergroup2column2values["Total"].
                                Add(columnName, new List<double>());

                        peergroup2column2values[peergroup][columnName].
                        Add(Convert.ToDouble(row[dc]));
                        peergroup2column2values["Total"][columnName].
                        Add(Convert.ToDouble(row[dc]));

                    }
                }
            }
        return peergroup2column2values;
    }
```

下一個方法是 FillDataSet，它將 Access 資料庫中的內容填入 DataSet 物件。你使用哪個查詢取決於正在填入的表。Loan 和 Bond 表的查詢是相同的；選擇 Bond 或 Loan 表中的每一欄，包括 RF 表中的穆迪評等因子，並包含使用 DATEDIFF 函式的到期日前剩餘月數。除了沒有到期日外，Company 表的查詢是類似的。其他表（中位數、平均值和標準差表）只需選擇每欄：

```
    private DataSet FillDataSet(params string[] tables)
    {
        DataSet ds = new DataSet();
        using (OleDbConnection conn = new OleDbConnection(ConnStr))
        {
            conn.Open();
            foreach (string table in tables)
            {
                string cmdStr = null;

                switch (table.ToUpper())
                {
```

```
                    case "LOAN":
                    case "BOND":
                        cmdStr= "Select b.*,Factor as RF,
                        DATEDIFF(\"m\",now(),b.Maturity) as MonthsUntilMaturity";
                        cmdStr += " from " + table+ " b";
                        cmdStr += " left outer join RF on RF.Rating =
                        iif(instr(b.MoodyRating, \" \") > 0,
                        left(b.MoodyRating,
                        instr(b.MoodyRating, \" \") - 1), b.MoodyRating)";
                        cmdStr += " where b.PeerGroup is not null";
                        break;
                    case "COMPANY":
                        cmdStr = "Select b.*,Factor as RF";
                        cmdStr += " from " + table + " b";
                        cmdStr += " left outer join RF on RF.Rating =
                        iif(instr(b.MoodyRating, \" \") > 0,
                        left(b.MoodyRating,
                        instr(b.MoodyRating, \" \") - 1), b.MoodyRating)";
                        cmdStr += " where b.Category is not null";
                        break;
                    default:
                        cmdStr = "SELECT * FROM [" + table + "]";
                        break;
                }

                OleDbCommand cmd = new OleDbCommand(cmdStr, conn);
                OleDbDataAdapter da = new OleDbDataAdapter(cmd);
                da.Fill(ds, table);
            }
            conn.Close();
        }
        return ds;
    }
```

最後三個方法與先前的程式碼範例相同：

```
    private int UpdateDataSet(DataSet ds,params string[] tables)
    {
        int rowc = 0;
        using (OleDbConnection conn = new OleDbConnection(ConnStr))
        {
            conn.Open();
            foreach (string table in tables)
            {
                string cmdStr = "SELECT * FROM " + table;

                OleDbCommand cmd = new OleDbCommand(cmdStr, conn);
                OleDbDataAdapter da = new OleDbDataAdapter();
                da.SelectCommand = cmd;
```

```csharp
            OleDbCommandBuilder cb = new OleDbCommandBuilder(da);
            cb.QuotePrefix = "[";
            cb.QuoteSuffix = "]";
            da.UpdateCommand = cb.GetUpdateCommand();
            da.InsertCommand = cb.GetInsertCommand();
            da.DeleteCommand = cb.GetDeleteCommand();
            rowc += da.Update(ds, table);
        }
        conn.Close();
    }
    return rowc;
}


public static double GetMedian(List<double> list)
{
    double median = 0;
    if (list.Count != 0)
    {
        // 建立列表的新實例
        // 所以資料來源列表未被修改
        // 列表應該被排序。
        List<double> sortedList = list.OrderBy(x => x).ToList();
        int size = sortedList.Count;
        int mid = size / 2;
        if (size % 2 != 0)
            median = sortedList[mid];
        else
            median = (sortedList[mid] + sortedList[mid - 1]) / 2;
    }
    return median;
}
public static double GetStandardDev(List<double> list)
{
    double stdev = 0;
    if (list.Count != 0)
    {
        double average = list.Average();
        stdev =
        Math.Sqrt((list.Sum(x => Math.Pow(x - average, 2))) / (list.Count() - 1));
    }
    return stdev;
}
```

圖 6-7 展示了 MedianBondStats 表的結果。正如預期的那樣，CCC 級的 RF 中位數為 6,500，具更高價差，收益率更高，年初至今的價格變動顯示這些 CCC 級在 2016 年表現 優異。

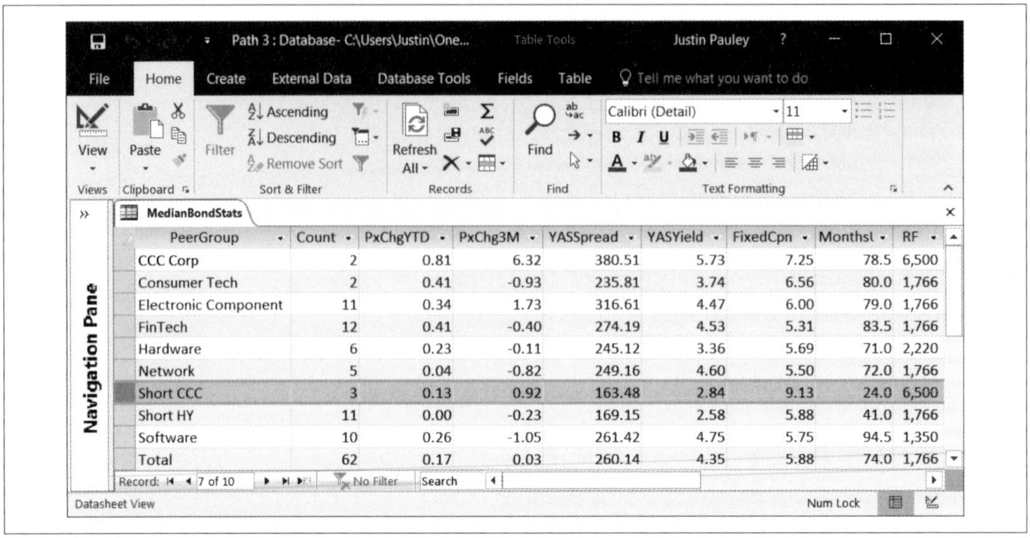

圖 6-7：MedianBondStats 表

並排比較

現在資料庫中有了彙總統計資料，我們可以將它們按個別證券依序列出，以便將每檔證券與其同業進行比較。以下查詢將 Bond 表聯結到 MedianBondStats 表，替代 Bond 表和 MedianBondStats 表之間的欄。依照 PeerGroup 進行排序，更容易查看同一組內的不同證券：

```
SELECT Bond.BondID, Bond.SecurityDes, Bond.PeerGroup, Bond.PxChgYTD,
MedianBondStats.PxChgYTD, Bond.PxChg3M,
MedianBondStats.PxChg3M, MedianBondStats.YASSpread, Bond.YASYield,
MedianBondStats.YASYield
FROM Bond INNER JOIN MedianBondStats
ON Bond.PeerGroup = MedianBondStats.PeerGroup
ORDER BY Bond.PeerGroup;
```

同樣地，將名為 "IndexID" 的欄位新增至 Company 表中，依各公司相對應的相關指數，按照 Index 表中的 IndexID 填入該欄。以下查詢將依照所選擇的項目傳回公司的績效指標與其對應的指數績效指標：

```
SELECT Company.CompanyName, Index.IndexName, Company.Price, Index.Price,
Company.YrHi, Index.YrHi, Company.YrLow, Index.YrLow, Company.PxChgYTD,
Index.PxChgYTD, Company.PxChg3M, Index.PxChg3M, Company.TotalReturn12M,
Index.TotalReturn12M
FROM Company INNER JOIN [Index] ON Company.IndexID = Index.IndexID;
```

加權 z 分數

要在你的分析中新增加權 z 分數，首先請建立一個表來儲存不同的權重。例如，表 6-7 包含 BondZWeights 的模式，其中包含 Bond 表的 z 分數權重。該表只包含一列，不需要主鍵。

表 6-7：*BondZWeights* 模式

類別名稱	資料型態
PxChgYTD	數值（資料欄大小為 Double）
PxChg3M	數值（資料欄大小為 Double）
YASSpread	數值（資料欄大小為 Double）
YASYield	數值（資料欄大小為 Double）
FixedCpn	數值（資料欄大小為 Double）
MonthsUntilMaturity	數值（資料欄大小為 Double）
RF	數值（資料欄大小為 Double）

使用百分比權重填入此表，最多可達 100%。值越高，該資料欄對 z 分數的影響程度就越大。當權重已儲存在資料庫後，透過查詢，你可以使用所有必要的數字來計算 z 分數：

```
SELECT
b.BBID,
b.SecurityDes,
b.PxChgYTD,
b.PxChg3M,
b.YASSpread,
b.YASYield,
b.FixedCpn,
(select Factor from RF where RF.Rating=
iif(instr(b.MoodyRating, " ") > 0,
left(b.MoodyRating, instr(b.MoodyRating, " ") - 1),
b.MoodyRating))  as RatingFactor,
DATEDIFF("m",now(),b.Maturity) as MonthsTilMaturity,

  ((b.PxChgYTD-mean.PxChgYTD)/sd.PxChgYTD*z.PxChgYTD)
+((b.PxChg3M-mean.PxChg3M)/sd.PxChg3M*z.PxChg3M)
+((b.YASSpread-mean.YASSpread)/sd.YASSpread*z.YASSpread)
+((b.YASYield-mean.YASYield)/sd.YASYield*z.YASYield)
+((b.FixedCpn-mean.FixedCpn)/sd.FixedCpn*z.FixedCpn)
-(((select Factor from RF where RF.Rating=
iif(instr(b.MoodyRating, " ") > 0,
left(b.MoodyRating, instr(b.MoodyRating, " ") - 1),
b.MoodyRating))-mean.RF)/sd.RF*z.RF)
-((DATEDIFF("m",now(),b.Maturity)-mean.MonthsUntilMaturity)/
```

```
sd.MonthsUntilMaturity*z.MonthsUntilMaturity) AS WeightedZScore

FROM Bond AS b, MeanBondStats AS mean, StdevBondStats AS sd, BondZWeights AS z
WHERE mean.PeerGroup='Total' and sd.PeerGroup='Total';
```

此查詢傳回每檔債券的資料,其包含 z 分數的指標,以及限定 PeerGroup 等於 Total
時,利用 BondZWeights 表中權重來進行加權 StdevBondStats 和 MeanBondStats 來計算
z 分數。

小結

本章介紹了取得有關證券之金融數據的工具和技術,並將其與同業和大盤進行比較,以
決定其相對價值。利用你的見解分配適當的 Peer Groups 和 z 分數權重,可以將你的分
析從只是簡單的資料轉換為有價值的工具,並用於尋找新投資標的和評估現有投資。此
外,注意證券之間的相關性有助於投資組合建構和對沖。第 7 章將討論風險分析,並包
含針對投資組合中的證券進行比較而不是其他潛在投資。

投資組合風險分析

事前再怎麼計畫也很難預測對手的攻擊。

　　－麥克‧泰森

本章將介紹衡量投資組合風險和回報的三種不同技術。首先,透過計算投資組合的變異數和標準差來檢驗風險。雖然這種計算可能很複雜,並且需要相關係數的矩陣乘法,但它是衡量風險和多角化效益的有用方法。此外,你可以使用投資組合標準差與預期回報相結合來計算投資組合的**夏普比率**。夏普比率是衡量投資組合風險調整回報的傳統方法。

衡量風險的第二種也是更容易的技術是將各個部位分解成不同的"級距"。這種技術可用於突顯看不見的集中度和趨勢。例如,以到期為分類標準將部位依級距分組,你可以快速確定具有近期即將到期的投資組合百分比。某些特徵,例如評等,可能不是你投資決策的重點,但可能會影響流動性和價格波動。

最後的技術是為不同的指標建立閾值,以便輕鬆監控違規行為。例如,這種方法示範如何突出顯示價格顯著上漲或目前處於 52 週範圍末尾的部位。它還可以突出顯示貸款買權保護即將結束或債券到期日臨近且其市場價格表明潛在違約的部位。

與第 6 章中相對價值的討論一樣,這些技術的解釋及其目的將在 Microsoft Excel 部分(途徑 1)中詳細說明,而 Microsoft Access 和 C# 部分(途徑 2 和 3)將僅包含實作細節。我建議你閱讀 Excel 的第一部分。

途徑 1：Excel

本節介紹 Excel 實作，如果你遵循途徑 2，則所有技術都應該在 Excel 中先實作，如本節所示，並且可以透過連接表存取 Access。

變異數、波動率和標準差

在深入研究複雜的計算之前，了解一些術語非常重要。在金融世界中，**變異數**和**標準差**兩者都是可以用來衡量**波動率**和風險。標準差和方差是相關術語；實際上，標準差只是變異數的平方根。

投資組合變異數函數採用個別投資部位相對於投資組合規模（或 "權重"）當作比例，結合投資部位歷史回報的標準差（波動性）以及投資組合中每個部位之間相關性（或共變異數）。納入部位之間的相關性非常重要，因為它衡量的是多角化的好處。在不進行太多數學計算的情況下，我們將透過計算標準差來衡量我們的投資組合風險。

 當大多數人談論投資組合的標準差時，他們通常指的是歷史回報的標準差。計算歷史投資組合回報的標準差衡量這些歷史回報的波動性。本章的重點是透過計算當期的標準差來了解當期投資組合的風險。使事情複雜化，當期標準差的計算使用每個基礎部位的歷史標準差。

不巧的是，計算投資組合的標準差並不簡單，需要幾個步驟。第一組步驟建立一個表，彙總彭博傳回的資料：

1. 建立一個名為 **PortfolioStats** 的新工作表。

   此工作表將使用彭博 BDH 函式以取得每個部位的每月歷史價格、計算年化回報和標準差，並產生包含投資組合的預期回報、標準差和夏普比率的彙總表。

2. 在 PortfolioStats 工作表上，在儲存格 A1 和 A2 中輸入 **Start Date** 和 **End Date**。在儲存格 B1 和 B2 中，輸入歷史價格的開始及結束日期。例如，將 B1 設為 **1/31/1990**，將 B2 設為 **1/16/2017**。

3. 在第 6 列，從儲存格 A6 開始到儲存格 H6 結束，輸入標籤 **PositionID**、**BBID**、**Historical Return**、**StdDev**、**Weight**、**WtdStd**、**Forecasted Return** 和 **Return**。

4. 從儲存格 A7 開始，在上一步驟中建立的 PositionID 標題下，輸入數字，從 **1** 開始，直到以 Positions 工作表中最高的 PositionID 結束，向下連續的列。例如，儲存格 A7 應包含 **1**、儲存格 A8 應包含 **2**，依此類推。

5. 在儲存格 B7 中（在 BBID 欄標題下），輸入以下公式並將其複製到步驟 4 中使用的最後一列等齊：

```
=IFERROR(INDEX(Portfolio[BBID],MATCH(A7,Portfolio[PositionID],0)),"")
```

此公式從 Portfolio 工作表中取出 Bloomberg ID（BBID），其中 PositionID（在 A 欄中）與 Position Excel 表中的 PositionID 匹配。

圖 7-5 顯示了最終版本，它可能有助於理解步驟 1 到 5 中顯示的公式。接下來的步驟從彭博中取得必要資訊，用於填入前三個步驟中建立的彙總表。

6. 在儲存格 J2 中，輸入以下公式：

```
=VLOOKUP(ROUNDDOWN(COLUMN()/6,0),$A:$B,2,FALSE)
```

此公式使用欄號從欄 B 中取出 BBID。例如，因為欄 J 是第 10 欄，10 除以 6，小數點以下無條件捨去後等於 1，它將取出第一個部位。同樣地，下一個部位歷史記錄將在欄 P 中，即第 16 欄，這將取得第二個部位（16 除以 6，小數點以下無條件捨去後等於 2）。

7. 將以下公式放在儲存格 J3 中：

```
=BDH(J2,"px_last",$B$1,$B$2,"PER=CM")
```

此公式將使用步驟 2 中的開始日期和結束日期，按照步驟 6 檢索到的 BBID 相對應歷史價格填入欄 J 和欄 K。

8. 在儲存格 L4 中，輸入以下公式並將其複製到 L500：

```
=IF(K4>0,(K4-K3)/K3,"")
```

此公式只是計算每月的價格變動。如果歷史價格不在欄 K 中，它將顯示一個空儲存格。重要的是將其複製 500 列或更多（如果你使用較早的開始日期），即使此證券的歷史記錄不會回溯到那麼遠，因為此公式將被複製並用於可能有更長歷史的其他證券。

9. 在連續列中、從儲存格 M4 開始到儲存格 M10 結束、輸入以下標籤：**Starting Price**、**Ending Price**、**Day Count**、**Return**、**Annualized Return**、**Standard Deviation** 和 **Annualized Standard Deviation**。

10. 在儲存格 N4 中，輸入以下公式：

```
=VLOOKUP(MIN(J:J),J:K,2,FALSE)
```

此公式透過使用 VLOOKUP 傳回最小日期的起始價格。J 欄中的資料為歷史日期。

11. 在儲存格 N5 中，輸入以下公式：

    =VLOOKUP(MAX(J:J),J:K,2,FALSE)

    同樣地，這將透過使用 VLOOKUP 傳回最大日期的結束價格。

12. 在儲存格 N6 中，輸入以下公式：

    =MAX(J:J)-MIN(J:J)

    此公式計算開始日期和結束日期之間的天數（可能與步驟 2 中輸入的開始日期和結束日期不同，因為並非每檔證券都能追溯至 1990 年或你使用的開始日期）。

13. 在儲存格 N7 中，輸入以下公式：

    =(N5-N4)/N4

    此公式計算起始價格和結束價格之間的回報。

14. 在儲存格 N8 中，輸入以下公式：

    =(1+N7)^(365/N6)-1

    這是年化回報數字的公式。

15. 在儲存格 N9 中，輸入以下公式：

    =STDEV(L:L)

    此公式傳回每月價格變動的標準差。

16. 在儲存格 N10 中，輸入以下公式：

    =N9*SQRT(12)

    這使得步驟 15 的標準差年化。

17. 將欄 J 到 N 複製並貼上到儲存格 P1 中。重複此步驟，複製所有五欄，並在跳過欄後將它們貼到右側。應將此五個欄（J 到 N）貼至 P、V、AB、AH 等欄中，直到顯示每個部位。

    由於儲存格 J2 中的公式使用欄號傳回相應的 BBID，因此你可以複製並貼上五欄，它們應會自動顯示下一個相對應的 BBID。

    完成步驟 6 到 17 後，你的工作表應如圖 7-1 所示。

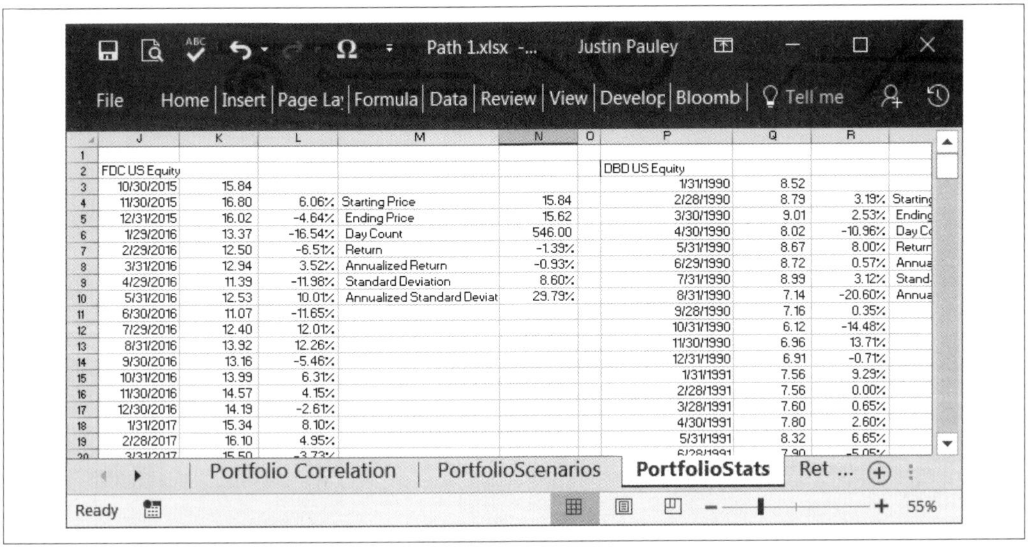

圖 7-1：PortfolioStats 工作表

既然彭博歷史資料已檢索完成，及每個部位的年化後回報和標準差也計算完畢，請按照接下來的步驟將它們放入摘要表中。

18. 在儲存格 C7 中，輸入以下公式並將其複製至與欄 A 中的最後一列等齊：

    =IF(B7="","",OFFSET($N$8,0,(A7-1)*6))

與 J2 中的公式一樣，此公式使用 Position ID 來確定每個部位的年化回報數字位置。OFFSET 函數在步驟 28 中更詳細地定義。

19. 在儲存格 D7 中，輸入以下公式並複製直至與欄 A 中的最後一列等齊：

    =IF(B7="","",OFFSET($N$10,0,(A7-1)*6))

同樣地，此公式用於使用其 Position ID 檢索每個部位的年度標準差，以參照相應的欄。例如，當 A 欄中的 Position ID 為 2（在儲存格 A8 中）時，(A8-1)*6 將等於 6，OFFSET 函數將查看 N 欄加右側的 6 欄，這是該部位的第二個部位的計算結果。

20. 在儲存格 E7 中，輸入以下公式並複製直至與欄 A 中的最後一列等齊：

    =IFERROR(INDEX(Portfolio[% Of Portfolio],
    MATCH(A7,Portfolio[PositionID],0)),"")

與用於檢索 BBID 的公式一樣，此公式傳回此部位從 Excel Position 表中表示整個投資組合的權重（或總市值的百分比）。

21. 在儲存格 F7 中，輸入以下公式並複製直至與欄 A 中的最後一列等齊：

    =IF(E7<>"",E7*D7,"")

這只是透過部位的市場價值對標準差進行加權。

現在我們有一個表（從儲存格 C6 開始），其中包含投資組合中每個部位的歷史回報標準差，我們需要計算每個部位之間的相關性。如果我們在另一個工作表中建立相關性矩陣，如此一來就更清晰了。

22. 建立名為 **Portfolio Correlation** 的工作表

23. 在 A 欄中，從第 3 列（儲存格 A3）開始輸入數字，從 1 開始，直到以 Positions 工作表中最高的 PositionID 結束，向下連續列。例如，儲存格 A4 應填入數字 2，儲存格 A5 應填入數字 3，依此類推。

24. 與步驟 23 類似，在欄中輸入 PositionID 編號，首先將數字 1 放在儲存格 C1 中，將數字 2 放在儲存格 D1 中，依此類推。

25. 在儲存格 B3 中，輸入以下公式並將其複製到與有 PositionID 的最後一列等齊：

    =IFERROR(VLOOKUP(A3,PortfolioStats!A:B,2,FALSE),"")

此公式將按照欄 A 中 PositionID 從 PortfolioStats 工作表中提取 BBID。

26. 在儲存格 C2 中，輸入以下公式並將其跨欄複製到具有 PositionID 的最後一欄：

    =IFERROR(VLOOKUP(C1,PortfolioStats!$A:$B,2,FALSE),"")

與步驟 25 類似，此公式按照第 1 列中 PositionID 從 PortfolioStats 工作表中提取 BBID。步驟 25 和 26 的結果應該是投資組合中的部位矩陣，其頂部和左側皆為 Bloomberg ID（BBID）。

27. 在儲存格 B2 中輸入一個日期，該日期將用作計算矩陣中每個儲存格相交部位之間相關性的起始日期。

矩陣中的每個儲存格將代表在該儲存格處相交的兩個證券（BBID）之間的相關性。例如，儲存格 D4 將代表儲存格 D2 中列出的證券與 B4 中列出的證券之間的相關性。在步驟 28 中，相關性計算將利用 PortfolioStats 工作表中此兩檔證券的歷史回報資料。因此，投資組合中每檔證券需同時皆具備儲存格 B2 中日期的歷史回報是很重要地。

28. 在儲存格 C3 中，輸入以下公式並將其跨欄和跨列進行複製，使第 2 列和第 B 欄之 BBID 相對應的每個儲存格中皆有公式：

```
=IF(AND($B3<>"",C$2<>""),
CORREL(OFFSET(PortfolioStats!$A:$A,
MATCH($B$2,OFFSET(PortfolioStats!$A:$A,0,(6*C$1)+3),0)-1,(6*C$1)+5,10,1),
OFFSET(PortfolioStats!$A:$A,MATCH($B$2,
OFFSET(PortfolioStats!$A:$A,0,(6*$A3)+3),0)-1,(6*$A3)+5,10,1)),"")
```

這是一個複雜的公式，所以讓我們拆解它。

(1) 如果列標題和行標題中不存在 BBID，則顯示空白儲存格。

(2) CORREL 是相關性函數。它是兩個歷史價格變動率的陣列。該函數使用 OFFSET 和 MATCH 函數為欄和列標題中的 PositionID 找到正確的陣列。

(3) CORREL 函數的第一個參數是：

```
OFFSET(PortfolioStats!$A:$A,
MATCH($B$2,OFFSET(PortfolioStats!$A:$A,0,(6*C$1)+3),0)-1,(6*C$1)+5,10,1)
```

(4) OFFSET 函數有三個參數：第一個是起始點（在本例中是 PortfolioStats 工作表的整個第一欄），第二個參數是要向下移動的列數，最後一個是要移動的欄數。最後一個參數使用與 PortfolioStats 中的相同技術計算，以基於 PositionID 確定固定位置的值。

(5) 為了確定要向下移動的列數（OFFSET 函數的第二個參數），我們使用 MATCH 函數：

```
MATCH($B$2,OFFSET(PortfolioStats!$A:$A,0,(6*C$1)+3),0)
```

(6) MATCH 函數用於告訴外部 OFFSET 函數向下移動的列數以找到起始相關日期（在儲存格 B2 中的輸入值，步驟 27）。MATCH 函數有三個參數：要查找的日期（儲存格 B2）、要查看的陣列和類型（為零）。

(7) 為了找出要查看日期的陣列，該公式使用另一個 OFFSET 函數傳回給定 PositionID 的日期欄。

(8) CORREL 函數的第二個函數與第一個函數相同，只是內部函數參照為給定列而不是給定欄的 PositionID。

包含每檔證券之間相關性的矩陣結果應該如圖 7-2 所示（這裡，我們增加了條件格式）。

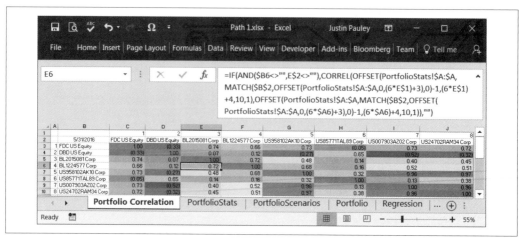

圖 7-2：投資組合相關性矩陣

隨著投資組合相關性矩陣的完成，下一步是計算投資組合的標準差。請記住，投資組合的標準差是其變異數的平方根，變異數計算採用每個部位權重，歷史回報的標準差以及與其他部位間相關性的函數。變異數的實際公式如圖 7-3 所示。在沒有太深入數學的情況下，我們將使用 MMULT 函數在 PortfolioStats 工作表上的 WtdStd 欄與 Portfolio Correlation 工作表上的相關性矩陣之間進行矩陣乘法。

$$Variance = \begin{bmatrix} w_1\sigma_1 & \cdots & w_n\sigma_n \end{bmatrix} x \begin{bmatrix} 1 & \rho_{12} & \cdots & \rho_{1n} \\ \rho_{21} & 1 & \cdots & \rho_{2n} \\ \vdots & \vdots & \ddots & \vdots \\ \rho_{n1} & \cdots & \cdots & 1 \end{bmatrix} x \begin{bmatrix} w_1\sigma_1 \\ \vdots \\ w_n\sigma_n \end{bmatrix}$$

$$w_n\sigma_n = position\ weight\ x\ position\ standard\ deviation$$
$$\rho_{12} = correlation\ between\ position\ one\ and\ two$$

圖 7-3：變異數公式

29. 在 PortfolioStats 工作表的儲存格 D1 中，增加標籤 StdDev。

30. 在儲存格 E1 中，輸入以下公式：

```
=SQRT(MMULT(MMULT(TRANSPOSE(F7:F14),'Portfolio Correlation'!C3:J10),
PortfolioStats!F7:F14))
```

該公式使用矩陣乘法來計算變異數，方法是將 WtdStd 欄（轉置）中的加權標準差乘以相關性矩陣，然後再乘以加權標準差（未轉置）。公式採用運算後變異數的平方根來傳回標準差。

由此產生的標準差可用於決定隨著部位的增加或減少會使你的投資組合風險增加或減少的程度（更高的標準差意味著更高的風險），以及比較投資組合隨時間經過或相對於其他投資組合其風險狀況。

夏普比率與歷史或預估回報

諾貝爾獎得主 William F. Sharpe 所開發的夏普比率可衡量投資組合的風險調整收益回報，從本質上來說，夏普比率可以用來判斷投資組合的回報是來自額外風險還是更好的投資。較高的夏普比率意味著投資組合以較低的風險獲得更高的回報。雖然標準差計算（來自上一節）有助於了解投資組合的波動度和風險，但你可以使用夏普比率來衡量相對於潛在回報的波動率。公式（如圖 7-4 所示）只是將平均投資組合回報與無風險利率之間的差值除以投資組合的標準差；然而，有一些細微差別仍值得討論。

$$Sharpe\ Ratio = \frac{\bar{R}_p - R_f}{\sigma_p}$$

$$\bar{R}_p = Portfolio\ Return$$
$$R_f = Risk\ Free\ Rate$$
$$\sigma_p = Portfolio\ Standard\ Deviation$$

圖 7-4：計算夏普比率的公式

與關於標準差的說明一樣，夏普比率的更常見和簡化的使用是採用歷史投資組合回報（以及這些回報的標準差）而不是預期的投資組合回報和當期標準差來計算的。由於重點是當期風險調整後的回報，我們需要使用當期投資組合的回報和標準差。幸運的是，我們已經計算了本章前一節中的標準差。無風險利率通常是美國國債的收益率，應與投資組合的存續時間相匹配（股票投資組合應考慮最長的國庫券）。在實作中，許多參與者使用較短的利率，例如三個月的倫敦銀行同業拆借利率（LIBOR）。

不幸的是，決定未來回報比使用投資組合歷史回報更難。很少有合理估計未來投資組合回報的方法，並且可以直接適用於夏普比率。首先，特別是對於股票而言，歷史年化回報（在最後一部分，在 PortfolioStats 工作表的 C 欄中計算得出）可能是未來回報的唯一代理（儘管，但絕大多數都不是保證）。其次，對於固定收益，使用多種收益率計算中的一種可能是有意義的，例如到期收益率或最低收益率。最後，也是最優化的，開發不同的情景並分配機率來計算加權機率回報。

接下來步驟，建立一個工作表，進行計算加權機率回報及使用歷史或機率加權回報計算夏普比率。

31. 建立一個名為 **PortfolioScenarios** 的新工作表。

32. 在儲存格 A1 標籤 **PositionID** 並在欄 A 按順序向下列出 PositionID。

    （儲存格 A2 應填入 1、儲存格 A3 應填入 2，依此類推）。

33. 將 Excel 範圍轉換為 Excel 表並將其命名為 **PortfolioScenario**。

34. 在儲存格 B1 標籤 **Description** 並將以下公式放在儲存格 B2 中，並將其複製到與 A 欄中的 PositionID 最後一列等齊：

    =IFERROR(INDEX(Portfolio[Description],MATCH(A2,Portfolio[PositionID],0)),"")

    此公式透過將 A 欄中的 PositionID 與 Portfoio 表中的 PositionID 欄相匹配，從 Portfolio 工作表中取出 Description 欄。

35. 在儲存格 C1 標籤 **SecurityID**，然後在儲存格 C2 中放置以下公式並將其複製到與 A 欄中的 PositionID 最後一列等齊：

    =IFERROR(INDEX(Portfolio[SecurityID],MATCH(A2,Portfolio[PositionID],0)),"")

    此公式從 Portfolio 工作表中取出 SecurityID。

36. 在儲存格 D1 標籤 **Type** 並填入以下公式：

    =IFERROR(INDEX(Portfolio[Type],MATCH(A2,Portfolio[PositionID],0)),"")

37. 儲存格 E1 標籤 **Coupon/Margin**，並填入以下公式：

    =IF([@Type]="Loan",INDEX(Loan[Margin],MATCH([@SecurityID],
    Loan[LoanID],0)),IF([@Type]="Bond",INDEX(Bond[Fixed Coupon],
    MATCH([@SecurityID],Bond[BondID],0)),""))

    如果證券是貸款，此公式從 Loan 工作表中取出 Margin 欄，或者，如果證券是債券，則它將取出 Coupon 欄。如果證券既不是貸款也不是債券，它將傳回一個空儲存格。

38. 在儲存格 F1 標籤 **Yield** 並在該欄使用以下公式填入欄：

```
=IF([@Type]="Loan",INDEX(Loan[Yield],MATCH([@SecurityID],
Loan[LoanID],0)),IF([@Type]="Bond",INDEX(Bond[YAS Yield],
MATCH([@SecurityID],Bond[BondID],0)),""))
```

與 Coupon/Margin 欄一樣，此公式將取出債券或貸款的 Yield 欄。

39. 在儲存格 G1 標籤 **12M Equity Total Return** 並在該欄使用以下公式填入欄：

```
=IF([@Type]="Equity",INDEX(Company[12M Total Return],
MATCH([@SecurityID],Company[CompanyID],0)),"")
```

此公式取出股票的 12M Total Return 欄。

40. 在儲存格 H1、I1 和 J1 標籤：分別為 **Best Return**、**Average Return** 和 **Worst Return**。

41. 把 E 至 G 欄中的值當作參考，針對最佳、平均和最低情況結果的機率，採用你分析後的預測並手動填入 H、I 和 J 欄。

例如，在最佳情況下，股票部位的回報可能達到 30%，而在沒有買權保護的情況下以平價交易的貸款可能只有很小的上升空間。

42. 將儲存格 K、L 和 M 分別標籤為 **Best Probability**、**Average Probability** 和 **Worst Probability**。

43. 針對最佳、平均和最差情況結果的機率，採用你分析後的預測並手動填入 K、L 和 M 欄。欄 K、L 和 M 的總和應該等於 100%。

44. 在儲存格 N1 標籤 **Forecasted Return** 並填入以下公式：

```
=[@[Best Return]]*[@[Best Probability]]+
[@[Average Return]]*[@[Average Probability]]+
[@[Worst Return]]*[@[Worst Probability]]
```

該公式基於 H 至 M 欄中提供的潛在結果和機率傳回加權機率收益。

涵蓋預測回報的 PortfolioScenarios 工作表應如圖 7-5 所示。

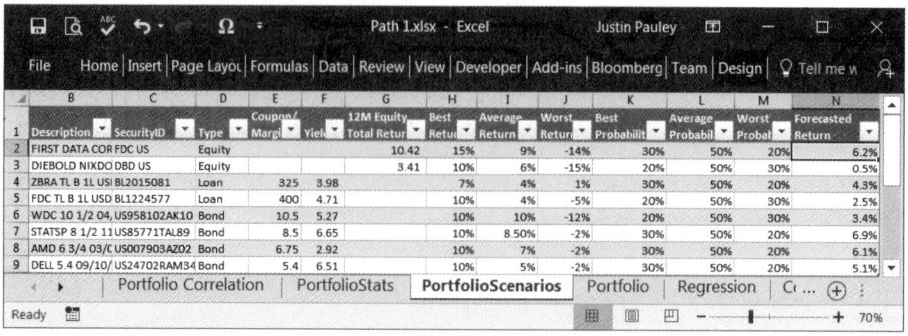

圖 7-5：PortfolioScenarios 工作表

現在我們已經計算了預測回報，我們可以將它們合併到 PortfolioStats 工作表中並計算夏普比率。

45. 在 PortfolioStats 工作表的儲存格 A3 中，輸入標籤 **Risk Free Rate** 並將以下公式放在儲存格 B3 中：

    =BDP("CT10 Govt","ASK_YIELD")/100

該公式檢索當期 10 年期美國國債的當期收益率。你可以將此公式替換為你要用作投資組合的無風險利率的任何值。它應該與你的部位有相似的存續時間。

46. 標籤儲存格 A4 **Use Forecasted** 並在儲存格 B4 中輸入 **TRUE**。

此儲存格將可以選擇切換使用歷史或預測回報以計算夏普比率。

47. 在 PortfolioStats 工作表的儲存格 G7 中，在標題 Forecasted Return 下放置以下公式並拉動向下複製：

    =IFERROR(INDEX(PortfolioScenario[Forecasted Return],
    MATCH(A7,PortfolioScenario[PositionID],0)),"")

此公式透過 PositionID 從 PortfolioScenarios 工作表中檢索 Forecasted Return。

48. 在 Return 標題下，在儲存格 H7 中，輸入以下公式並拉動向下複製：

    =IF($B$4=TRUE,G7,C7)

此欄將可以選擇取出 Historical Return 欄或 Forecasted Return 欄中的值，具體取決於儲存格 B4 中的值。

49. 在儲存格 D2 標籤 **Return** 並在儲存格 E2 中輸入以下公式：

    =SUMPRODUCT(H7:H45,E7:E45) （如果你的資料超過 45 列，請調整公式）

    該公式基於儲存格 B4 中的選擇，可能是歷史或預測回報，計算後會傳回投資組合的加權平均回報。

50. 在儲存格 D3 標籤 **Sharpe Ratio** 並在儲存格 E3 中輸入以下公式以計算夏普比率：

    =(E2-B3)/E1

根據經驗，夏普比率為 1 是好的，2 是非常好的，3 是優秀的。然而，當比較不同的投資組合或改變單一投資組合中的部位時，夏普比率在相對方面更有意義。因此，它可以成為測試模擬交易的強大工具。夏普比率不應該是用於確定一項投資是否優於另一項投資的唯一技術；它只是整體投資分析中的一個數據點。此外，夏普比率對於常態分佈的收益最有效，但會受到其計算中各種輸入而影響結果，例如現有部位計算回報的期間。圖 7-6 顯示了 PortfolioStats 工作表上的結果表。

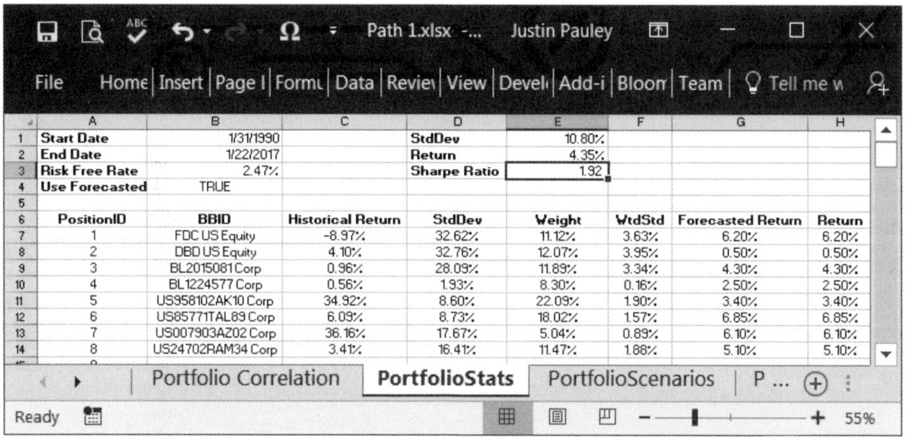

圖 7-6：PortfolioStats 工作表

投資組合明細

本節介紹將投資組合中的部位分項為多個類別或 "級距" 的技術。解構投資組合可以突顯透過單獨查看各個部位難以看到的風險。例如，如果沒有彙總投資組合，你可能不會注意到持股比例過高的產業、在未來六個月內失去其買權保護的投資組合百分比、CCC 評等部位的數量等等。本節還討論了將金融數據分類到範圍內，例如價格、市值和距到期剩餘月數。雖然本節提供了許多例子，但是很重要藉由財務分析可以發展你自己對財務資訊的看法，特定是針對風險指標的看法。

以下步驟透過從相關的 Bond、Loan 和 Company 工作表中取出其他詳細資訊來補強 Portfolio 工作表。相較從一個表彙總資料而不是從多個工作表中取出資料要容易得多。記下已建立的模式，即將所有證券級別資訊匯入每個 Bond、Loan 和 Company 工作表中，對這些相應的工作表執行所有計算，然後將計算後的欄位匯入 Portfolio 工作表。該模式的下一部分將總結 Portfoio 工作表中的資料。

第一組欄位更多地適用於固定收益（債券和貸款）證券；股票欄將在下一組步驟中出現。

1. 在 Portfolio 工作表上的 Portfolio 表中增加一個名為 "Months Until Maturity" 的欄，並填入以下公式：

```
=IF([@Type]="Loan",INDEX(Loan[Months Until Maturity],
MATCH([@SecurityID],Loan[LoanID],0)),
IF([@Type]="Bond",INDEX(Bond[Months Until Maturity],
MATCH([@SecurityID],Bond[BondID],0)),""))
```

此公式從 Loan 或 Bond 工作表中取出 Months Until Maturity 欄中的資料，具體取決於 Portfolio 工作表中的 Type 欄。股票證券沒有到期日，並將顯示空白儲存格。

2. 增加另一個名為 **Coupon Type** 的欄，然後輸入以下公式：

```
=IF([@Type]="Loan",INDEX(Loan[Coupon Type],
MATCH([@SecurityID],Loan[LoanID],0)),IF([@Type]="Bond",
INDEX(Bond[Coupon Type],MATCH([@SecurityID],Bond[BondID],0)),""))
```

此公式從 Bond 和 Loan 表中取出 Coupon Type（固定或浮動）。股票證券沒有息票，將顯示空白儲存格。

3. 增加另一個名為 **Coupon/Margin** 的欄，然後輸入以下公式：

```
=IF([@Type]="Loan",INDEX(Loan[Margin],MATCH([@SecurityID],
Loan[LoanID],0)),IF([@Type]="Bond",INDEX(Bond[Fixed Coupon],
MATCH([@SecurityID],Bond[BondID],0)),""))
```

此公式從 Loan 工作表中取出 Margin 欄，或從 Bond 工作表中取出 Coupon。

4. 增加另一個名為 **Yield** 的欄，然後輸入以下公式：

```
=IF([@Type]="Loan",INDEX(Loan[Yield],MATCH([@SecurityID],Loan[LoanID],0)),
IF([@Type]="Bond",INDEX(Bond[YAS Yield],MATCH([@SecurityID],
Bond[BondID],0)),""))
```

如果是貸款，公式將取出 Yield 欄，若是債券，將取出 YAS Yield，否則若是股票，將取出空的儲存格。

5. 增加另一個名為 **Callable Ever** 的欄，然後輸入以下公式：

```
=IF([@Type]="Loan",INDEX(Loan[Callable?],MATCH([@SecurityID],
Loan[LoanID],0)),
IF([@Type]="Bond",INDEX(Bond[Callable?],MATCH([@SecurityID],
Bond[BondID],0)),""))
```

此公式從 Bond 和 Loan 表中的 "Callable?" 欄傳回 "Y" 或 "N"，表示在到期日之前是否可以選擇提前贖回。

6. 增加另一個名為 **Callable Now** 的欄，然後輸入以下公式：

```
=IF([@Type]="Loan",IFERROR(INDEX(Loan[Next Call Date],MATCH([@SecurityID],
Loan[LoanID],0))<= TODAY(),FALSE),IF([@Type]="Bond",
IFERROR(INDEX(Bond[Next Call Date],MATCH([@SecurityID],
Bond[BondID],0))<= TODAY(),FALSE),""))
```

此公式增加了一些複雜性，藉由檢查 Bond 和 Loan 工作表中 "Next Call Date" 的值來查看它是否小於或等於今天的日期（從 Excel TODAY() 函數傳回）。如果證券目前可以選擇性地贖回，則該公式的結果為 TRUE。

7. 增加另一個名為 **Callable Next 6 Months** 的欄，然後輸入以下公式：

```
=IF([@Type]="Loan",IFERROR(EDATE(INDEX(Loan[Next Call Date],
MATCH([@SecurityID],Loan[LoanID],0)),-6)<= TODAY(),FALSE),
IF([@Type]="Bond",IFERROR(EDATE(INDEX(Bond[Next Call Date],
MATCH([@SecurityID],Bond[BondID],0)),-6)<= TODAY(),FALSE),""))
```

與步驟 6 一樣，此公式使用 Excel EDATE 函數從 Next Call Date 中減去六個月，並將生成的日期與今天的日期進行比較。如果證券從今天算起六個月內可以贖回，則結果為 TRUE。

8. 增加名為 **Facility Rating** 的欄，然後輸入以下公式：

```
=IF([@Type]="Loan",INDEX(Loan[Moody''s Rating],MATCH([@SecurityID],
Loan[LoanID],0)),IF([@Type]="Bond",INDEX(Bond[Moody''s Rating],
MATCH([@SecurityID],Bond[BondID],0)),""))
```

這個公式從 Bond 或 Loan 工作表中取出了穆迪的評等。雖然公司有公司家庭評等，但此評等特定於貸款工具或債券。由於破產時貸款通常優先於其他債務，因此它們的評等可能高於公司。

9. 增加名為 **Facility RF** 的欄，然後輸入以下公式：

```
=IF([@Type]="Loan",INDEX(Loan[RF],MATCH([@SecurityID],Loan[LoanID],0)),
IF([@Type]="Bond",INDEX(Bond[RF],MATCH([@SecurityID],
Bond[BondID],0)),""))
```

此公式傳回穆迪評等因子，該評等因子可用於對投資組合的評等進行分類。穆迪評等因子在第 6 章中有相關描述。

下一組欄從 Company 工作表中取出資料；對於債券和貸款，這些專欄指的是證券的發行人。例如，Company Rating 傳回 AMD 的公司評等，這可能與 AMD 的債券或貸款評等不同。

10. 增加名為 **CompanyID** 的欄，然後輸入以下公式：

```
=IF([@Type]="Loan",
INDEX(Loan[CompanyID],MATCH([@SecurityID],Loan[LoanID],0)),
IF([@Type]="Bond",INDEX(Bond[CompanyID],MATCH([@SecurityID],
Bond[BondID],0)),[@SecurityID]))
```

對於債券和貸款，此公式從 Bond 和 Loan 工作表中傳回 CompanyID 欄。股票顯示 SecurityID 欄，該欄等同於其 CompanyID。以下步驟使用此資料欄從 Company 工作表中取出資料欄以標示正確的公司。

11. 增加名為 **Category** 的欄，然後輸入以下公式：

```
=INDEX(Company[Category],MATCH([@CompanyID],Company[CompanyID],0))
```

此公式根據 CompanyID 從 Company 工作表中取出 Category 欄（從步驟 10 開始）。

12. 增加名為 **Company Rating** 的欄，然後輸入以下公式：

```
=INDEX(Company[Moody''s Rating],MATCH([@CompanyID],Company[CompanyID],0))
```

該公式傳回公司的穆迪評等（公司家族評等）。

13. 增加名為 **Company RF** 的欄，然後輸入以下公式：

```
=INDEX(Company[RF],MATCH([@CompanyID],Company[CompanyID],0))
```

該公式傳回穆迪對公司家族評等的評等（該公式傳回穆迪評等係數，該評等係數可用於對投資組合的評等進行分類。穆迪評等係數在第 6 章中描述。）（從步驟 12 開始）。

14. 增加名為 **Company Market Cap** 的欄，然後輸入以下公式：

```
=INDEX(Company[Market Cap],MATCH([@CompanyID],Company[CompanyID],0))
```

此公式傳回每個公司的 Market Cap。

15. 增加名為 **Total Debt/EBITDA** 的欄，然後輸入以下公式：

    ```
    =INDEX(Company[Total Debt/EBITDA],MATCH([@CompanyID],Company[CompanyID],0))
    ```

    該公式傳回每家公司的 Total Debt/EBITDA。

    既然 Portfolio 工作表有更多細節，我們可以拆解資料以突顯潛在風險。下一組步驟建立一個名為 PortfolioBreakdown 的獨立工作表，該工作表將包含幾個 Excel 表格，這些表格將對 Portfolio 表中的資訊進行分割和剔除。在每種情況下，部位的市場價值（MV）用於衡量部位的實際風險。這些表位於另一個工作表上，免得在 Portfolio 表的資料增加時還要搬動這些資料。

16. 建立一個名為 **PortfolioBreakdown** 的新工作表

17. 在儲存格 A1 中進行切換，建立一個包含以下欄標題的 Excel 表格（儲存格 A1、B1 和 C1）：**Type**、**MV**、**% of Portfolio**，以及以下列標題（儲存格 A2、A3 和 A4）：**Bond**、**Loan** 和 **Equity**。

    該表按類型對部位進行分組，將各自的市場價值相加，並將其風險曝險表示為整個投資組合的百分比。確保你在 Excel 功能區上點選插入索引標籤裡的表格選項將此範圍轉換為 Excel 表，或選擇範圍並按 Ctrl-T。

18. 在 MV 欄中，輸入以下公式：

    ```
    =SUMIF(Portfolio[Type],[@Type],Portfolio[MarketValue])
    ```

    此公式彙總了 Portfolio 工作表中的市場價值欄，其中類型（在 PortfolioBreakdown 工作表的儲存格 A2、A3 和 A4 中）與 Portfolio 工作表中的類型相匹配。

19. 在設計索引標籤上，點擊表格樣式選項，然後選擇合計列以將合計列增加到 Excel 表格中。在 MV 欄的合計列中，點擊以打開下拉式選單，然後選擇加總以顯示 MV 欄的總和。

    此步驟將合計列增加至 MV 欄，結果數字應與 ortfolio 表中所有部位的總市值相匹配。重要的是，這些數字交叉比對以確保你準確地包括所有部位。

20. 在 “% of Portfolio” 欄中，將每列的 MV 儲存格除以合計列中的總數（從步驟 19，圖 7-7 中的儲存格 B5）。

    此步驟顯示每種證券類型占總投資組合的百分比。“% of Portfolio” 中的合計百分比應為 100%。

    前四個步驟（步驟 17 到 20）是本節中將重複多次的重要步驟。你的 Excel 表格應如圖 7-7 所示。為簡潔起見，未來的一些步驟將把這些先前的四個步驟組合成 “使用以下欄和列標題建立 Excel 表” 的單一個步驟。

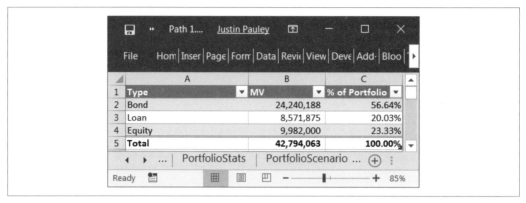

圖 7-7：投資組合證券類型

接下來的步驟按息票類型（固定或浮動）而不是證券類型去分項投資組合的債券和貸款部分。此外，它還包括一個顯示證券加權平均息票或保證金的欄。

21. 使用以下欄標題（跨欄）將 Excel 表格（包含合計列）增加到 PortfolioBreakdown：**Coupon Type**、**Market Value**、**% of Fixed Income**、**Weighted Avg Cpn/Margin**，以及列標題（向下列）：**Fixed** 和 **Floating**。

22. 在 Market Value 欄中，輸入以下公式：

```
=SUMPRODUCT(N(Portfolio[Type]<>"Equity"),
N(Portfolio[Coupon Type]=[@[Coupon Type]]),Portfolio[MarketValue])
```

該公式透過其息票類型合計了非股票部位的市場價值。

> Market Value 欄的合計（在合計列中）應與前面步驟中建立的 Excel 表中的 Bond 和 Loan 市場價值的合計相匹配。

23. % of Fixed Income 欄應將 Fixed 和 Float 的 Market Value 欄除以合計列中的合計數。

由於此表中包含的唯一部位是固定收益（債券和貸款），因此百分比並不完全代表整個投資組合。

24. Weighted Avg Cpn/Margin 欄應包含以下公式：

```
=SUMPRODUCT(N(Portfolio[Type]<>"Equity"),
N(Portfolio[Coupon Type]=[@[Coupon Type]]),Portfolio[Coupon/Margin],
Portfolio[MarketValue])/[@[Market Value]]
```

此公式按照息票類型分項的 Portfolio 工作表中的 Coupon/Margin 對每個部位的市場價值進行加權。在合計列中合計此行是沒有意義的。

接下來的步驟總結了固定收益部位的買權保護。此外，我們計算每個類別的平均價格。一般而言，可贖回的證券可以由發行人以面值（100）的價格贖回，因此，高於平價之交易的溢價證券有被贖回的風險。

Market Value 欄中的公式並不都是相同的，以避免重複計算證券。步驟 26 顯示依照不同買權保護類別放置不同公式以計算 Market Value 欄的市場價值。

25. 增加包含欄標題的 Excel 表格：Call Protection、Market Value、% of Fixed Income 和 Average Price，以及以下列標題：Callable Now、Callable in 6MO、Callable Later、Not Callable。

26. 在 Market Value 欄（應與固定收益部位合計額度相加）中，對不同的買權保護類別使用以下公式：

- Callable Now 應該將 Callable Ever 和 Now 欄為真的市場價值相加：

```
=SUMPRODUCT(N(Portfolio[Type]<>"Equity"),
N(Portfolio[Callable Ever]="Y"),N(Portfolio[Callable Now]=TRUE),
Portfolio[MarketValue])
```

- 因為我們不想重複計算當期可贖回的證券，所以 6MO 中的 Callable 只應包括現在不可贖回但可在六個月內贖回的證券：

```
=SUMPRODUCT(N(Portfolio[Type]<>"Equity"),
N(Portfolio[Callable Ever]="Y"),N(Portfolio[Callable Now]=FALSE),
N(Portfolio[Callable Next 6 Months]=TRUE),Portfolio[MarketValue])
```

- Callable Later 為可贖回證券但無法現在或六個月內贖回：

```
=SUMPRODUCT(N(Portfolio[Type]<>"Equity"),
N(Portfolio[Callable Ever]="Y"),N(Portfolio[Callable Now]=FALSE),
N(Portfolio[Callable Next 6 Months]=FALSE),Portfolio[MarketValue])
```

- Not Callable 證券在 Callable Ever 欄標記錯誤：

```
=SUMPRODUCT(N(Portfolio[Type]<>"Equity"),
N(Portfolio[Callable Ever]="N"),Portfolio[MarketValue])
```

27. "% of Fixed Income" 欄直接將 Market Value 中的每個儲存格除以合計列中的總 Market Value。

28. Average Price 欄將模擬 Market Value 欄中使用的 SUMPRODUCT 公式，但不包括 Price 欄並除以 Market Value 欄以產生加權平均價格。例如，對於 6MO 中的 Callable，請使用：

```
=SUMPRODUCT(N(Portfolio[Type]<>"Equity"),N(Portfolio[Callable Ever]="Y"),
N(Portfolio[Callable Now]=FALSE),
N(Portfolio[Callable Next 6 Months]=TRUE),Portfolio[MarketValue],
Portfolio[Price])/[@[Market Value]]
```

下一個 Excel 表格按 Category 和證券類型拆解投資組合，示範如何按多個資料欄分項投資組合。

29. 增 加 包 含 欄 標 題 的 Excel 表 格：**Category**、**Bond**、**Loan**、**Equity**、**Total** 和 **% of Portfolio**。列標題應包含 Portfolio 工作表的 Category 欄中的不同值列表。

30. 在 Bond 欄中，輸入以下公式：

```
=SUMPRODUCT(N(Portfolio[Type]="Bond"),N(Portfolio[Category]=[@Category]),
Portfolio[MarketValue])
```

此公式將與交叉類別匹配的 Bond 部位其市場價值曝險相加。

31. 在 Loan 欄中，輸入以下公式：

```
=SUMPRODUCT(N(Portfolio[Type]="Loan"),N(Portfolio[Category]=[@Category]),
Portfolio[MarketValue])
```

這與步驟 30 相同，但針對 Loans 合計曝險。

32. 在 Equity 欄中，輸入以下公式：

```
=SUMPRODUCT(N(Portfolio[Type]="Equity"),
N(Portfolio[Category]=[@Category]),Portfolio[MarketValue])
```

33. 在 Total 欄中，增加 Bond、Loan 和 Equity 欄。

此欄的合計應等於投資組合總市值。

34. 在 "% of Portfolio" 欄中，將 Total 欄中的值除以 Total 欄的總和（在合計列中）。

產生的三個 Excel 表應如圖 7-8 所示。請注意，前兩個表僅涉及投資組合的固定收益（債券和貸款）部分，而最後一個表分解整個投資組合。因此，前兩個中的總餘額應匹配並匹配儲存格 B25 和 C25 的總和。

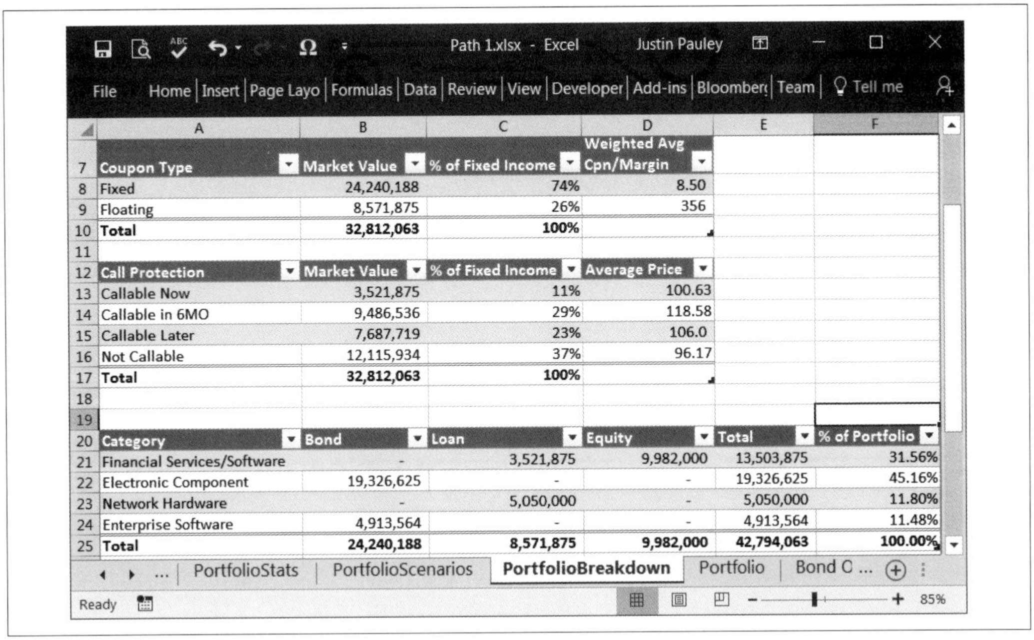

圖 7-8：其他 PortfolioBreakdown 表

接下來的三個 Excel 表格按照穆迪的評等分項投資組合。在以下範例中，評等（該公式傳回穆迪評等係數，該評等係數可用於對投資組合的評等進行分類。穆迪評等係數在第 6 章中描述。）用於將多個評等一起分成更重要的類別（AAA-A、CCC 和 Lower 等）。請注意，雖然我們參照了穆迪的評等，但我們使用的評等類別通常與其他評等機構（標準普爾、惠譽等）相關，因為它更常用。將重複建立第一個表格的步驟，該表格分解固定收益部位的授信評等，以打破股票公司家族發行人評等和所有部位的公司家族評等。

35. 增加包含欄標題的 Excel 表格：**Fixed Income Facility**、**Max RF**、**Bonds**、**Loans**、**Total** 和 **% of Fixed Income**，以及列標題：**AAA-A**、**BBB**、**B**、**CCC and Lower**、**Not Rated**。

36. 使用連續列中的以下評等因子填入 Max RF 欄：**180、610、1766、3490、10000**。Not Rated 列應為空。

將投資組合按評等分項最簡單的方法是依類別分組，將個別評等依這些類別分組，最簡單的方法是按照評等因子分類。Max RF 欄將取出組別中最大評等因子。例如，表 6-1 顯示 AAA-A 的最大評等因子是 180，並且從 180 到 610 是所有 BBB 評等（Baa1 到 Baa3）。但是對於第二列，將 I1 替換為 I2、將 I1 替換為第三列中的 I3，依此類推。

37. 在 Bonds 欄中，輸入以下公式：

```
=SUMPRODUCT(N(Portfolio[Type]="Bond"),
N(Portfolio[Facility RF]<=[@[Max RF]]),
N(Portfolio[Facility RF]>I1),Portfolio[MarketValue])
```

上述公式篩選部位評等因子在本組 Max RF 和前一組 Max RF 區間的 Bond 部位，然後加總部位相對應的市場價值。例如，BBB 列即是篩選出評等因子小於或等於 610 但大於 180 的 Bonds，加總區間內 Bonds 部位相對應的市場價值。請注意，你必須將公式中的 I1 更改為欄標題 Max RF 的位置，當你向下拖動公式時，它將參照其上方列的 Max RF。對於第一列（AAA-A），公式參照標題列，這不影響結果，因為沒有高於 AAA 的評等因子。

38. 重複步驟 37 以填入 Loans 欄，但使用 "Loans" 而不是 "Bond"，例如：

```
=SUMPRODUCT(N(Portfolio[Type]="Loan"),
N(Portfolio[Facility RF]<=[@[Max RF]]),
N(Portfolio[Facility RF]>I1),Portfolio[MarketValue])
```

與 Bond 欄一樣，這可以將評等類別中 Loan 部位的市場價值相加。

39. 在 Total 欄中，增加 Bonds 和 Loans 欄的市場價值：

```
=[@Loans]+[@Bonds]
```

該合計額應與 Loans 和 Bonds 的市場價值總和相匹配。

40. 在 "% of Fixed Income" 欄中，將每個 Total 欄條目除以 Total 欄的合計（在合計列中）。這些應該加起來 100%。

接下來的步驟將針對股票部位建立一個表格以統整公司家族評等。

41. 與上一個表格一樣，建立一個包含以下欄標題的 Excel 表格：**Equity Corp Rating**、**Max RF**、**Market Value** 和 **% of Equity**，列標題：**AAA-A**、**BBB**、**B**、**CCC and Lower** 和 **Not Rated**。

42. 按列依序將評等因子填入 Max RF 欄：**180**、**610**、**1766**、**3490**、**10000**。Not Rated 列應為空。

43. Market Value 欄將填入以下公式：

```
=SUMPRODUCT(N(Portfolio[Type]="Equity"),
N(Portfolio[Company RF]<=[@[Max RF]]),
N(Portfolio[Company RF]>I10),Portfolio[MarketValue])
```

這與前一個 Excel 表格的公式相同，只是它過濾了股票部位並參照 Company RF，而不是 Facility RF。

44. "% of Equity" 欄應將 Market Value 欄除以 Market Value 欄的合計（在合計列中）。這應該加起來 100%。

分拆全部投資部位的公司家族評等而建立這個最終評等表格。即使債券或貸款的授信評等與發行人不同，發行人的評等（公司家庭評等）對於確定證券的風險和潛在流動性仍然很重要。

45. 與上一個表格一樣，建立一個包含以下欄標題的 Excel 表格：**Portfolio Corp Ratio**、**Max RF**、**Market Value** 和 **% of Portfolio**，以及列標題：**AAA-A**、**BBB**、**B**、**CCC and Lower** 和 **Not Rated**。

46. 按列依序將評等因子填入 Max RF 欄：**180**、**610**、**1766**、**3490**、**10000**。Not Rated 列應為空。

47. 與步驟 43 一樣，使用以下內容填入 Market Value 欄：

```
=SUMPRODUCT(N(Portfolio[Company RF]<=[@[Max RF]]),
N(Portfolio[Company RF]>I19),Portfolio[MarketValue])
```

48. 重複步驟 44 以填入 "% of Portfolio"。

得到的評等分級表應如圖 7-9 所示。

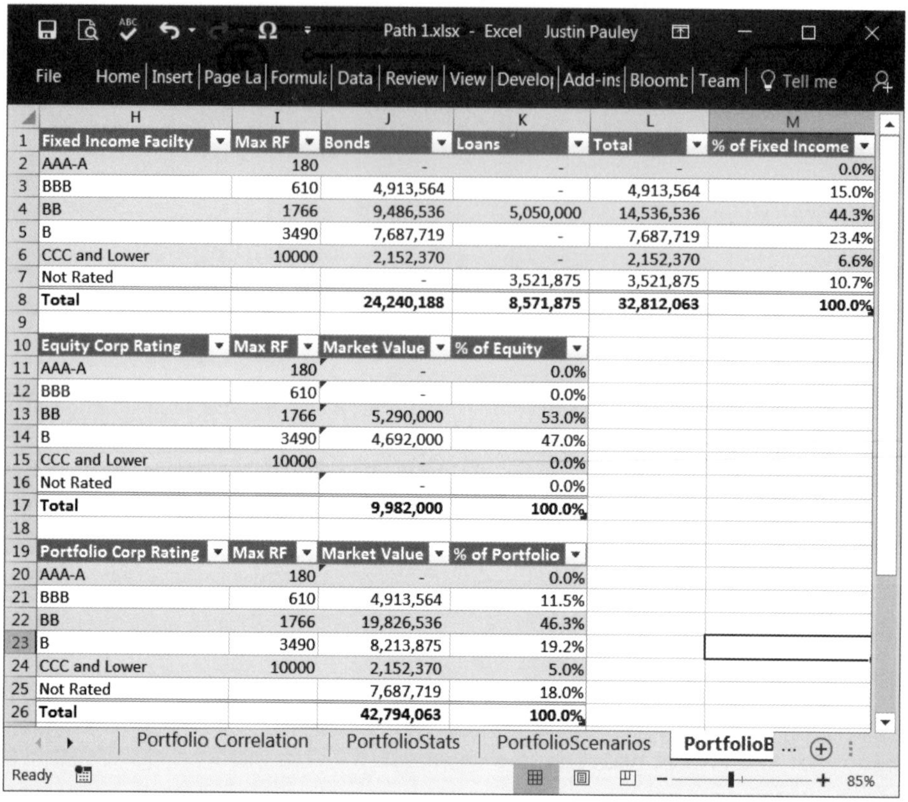

圖 7-9：評等分級表

在最後一組例子中，我們依據價格區間、距到期剩餘月數、債務總額等分項投資組合。由於每個表的步驟非常相似，因此只提供了一個完整的範例，但你可以為具有範圍的任何度量重複此步驟。

以下步驟按價格對股票部位的投資組合市場價值進行分組。

49. 使用以下欄標題建立 Excel 表：**Equity Price**、**End Price**、**Market Value** 和 **% of Equity**，以及以下列標題：**0**、**15**、**25**、**40**。

50. 在 End Price 欄中，按順序輸入以下價格：**15**、**25**、**40**、**150**。

Equity Price 和 End Price 欄中的價格區間應為 0-15、15-25、25-40、40-150。使用的最終價格（在此範例中為 150）應足夠高至以包括任何股票部位的最高價格。

51. 在 Market Value 欄中，輸入以下公式：

```
=SUMPRODUCT(N(Portfolio[Type]="Equity"),
N(Portfolio[Price]<=[@[End Price]]),
N(Portfolio[Price]>[@[Equity Price]]),Portfolio[MarketValue])
```

該公式將價格小於或等於 End Price 但大於 Equity Price 的股票部位加總其市場價值。

52. 在 "% of Equity" 資料欄中，將 Market Value 欄除以 Market Value 欄的合計。加總後應該為 100%。

你可以使用後四個步驟按不同範圍彙總任何指標。只需使用 Months Until Maturity 資料欄取代原使用的 Price 資料欄重複最後四個步驟，將突出顯示即將到期且持有長期證券的部位。圖 7-10 示範數種類別依不同級距分項的 Excel 表格。

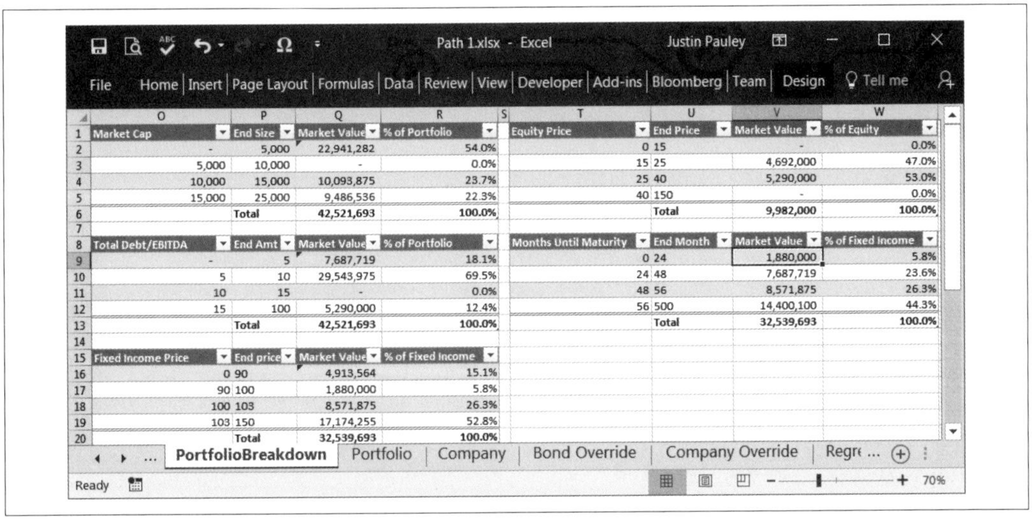

圖 7-10：級距表

警示訊息

本章討論的第三種也是最後一種技術是在你的投資組合中建立警告標誌，以突出可能需要注意的具體趨勢或變化。例如，如果部位價格在三個月內跌幅超過 5%、評等為 CCC、低於平價的證券交易即將到期，你可能希望收到通知，依此類推。本節透過向有條件突出顯示的投資組合工作表增加警告欄來建立這些警告。本節僅包含一些範例，但你可以根據需要建立多個警告欄。

第一個警告欄將警示在未來 24 個月內到期的部位中，其證券價格低於票面價格。折價的固定收益證券在快到期時應當接近面值；因此，應審查那些接近到期但仍折價的交易。如果你發現此公式過於敏感，則可以將其調整為較低的價格閾值。

1. 在 Portfolio 表中增加一個名為 **Maturity Warning** 的欄。

2. 填入以下公式：

   ```
   =AND([@[Months Until Maturity]]<=24,[@Price]<100)
   ```

   此公式檢查 Months Until Maturity 欄中的固定收益部位，這些部位在 24 個月或更短時間內到期且價格低於面值。對於那些短期到期但仍折價部位，它將返回 TRUE。

3. 選擇欄，然後在功能區上點擊常用索引標籤。在樣式組中，點擊設定格式化的條件設定按鈕，指向醒目提示儲存格規則，然後選擇等於。在左側的文字框中，鍵入 **TRUE**，然後選擇顏色突出顯示選項，例如 "淺紅色的底色，深紅色的文字顏色"。

   第二個警告欄檢查在未來六個月內可贖回的固定收入證券，這些證券的交易價格高於其贖回價格。

4. 將名為 **Next Call Price** 的欄增加到 Portfolio 表中，並填入以下公式：

   ```
   =IF([@[Callable Ever]]="Y",IF([@[Type]]="Loan",INDEX(Loan[Next Call Price],
   MATCH([@SecurityID],Loan[LoanID],0)),IF([@[Type]]="Bond",
   INDEX(Bond[Next Call Price],MATCH([@SecurityID],
   Bond[BondID],0)),"")),"")
   ```

   該公式從 Loan 或 Bond 工作表中傳回 Next Call Price；否則，它會留下一個空儲存格。

5. 增加一個名為 **Call Warning** 的欄，並填入以下公式：

   ```
   =AND([@[Callable Next 6 Months]]=TRUE,[@Price]>[@[Next Call Price]])
   ```

   如果證券在未來六個月內可以贖回且價格高於 Next Call Price，則此公式傳回 TRUE。

6. 以與步驟 3 相同的方式採用設定格式化的條件設定。

   第三個警告欄將突出顯示部位的穆迪授信或公司家庭評等為 CCC 或更低。

7. 使用以下公式增加名為 **CCC Warning** 的欄：

   ```
   =OR(LEFT([@[Facility Rating]],1)="C",LEFT([@[Company Rating]],1)="C")
   ```

   此公式檢查 Facility Rating 和 Company Rating 的第一個字母，如果其中任何一個以字母 "C" 開頭，則傳回 TRUE。採用適當的設定格式化的條件設定。

   最後警告欄突出顯示過去三個月內價格下跌百分之五或以上的部位。

8. 增加一個名為 **3M Px Change** 的欄，並填入以下公式：

```
=IF([@Type]="Equity",INDEX(Company[3M Px Change],
MATCH([@SecurityID],Company[CompanyID],0)),IF([@Type]="Loan",
INDEX(Loan[3M Px Chg],MATCH([@SecurityID],Loan[LoanID],0)),
IF([@Type]="Bond",INDEX(Bond[3M Px Chg],MATCH([@SecurityID],
Bond[BondID],0)))))
```

此公式從 Bond、Loan 或 Company 工作表中取出 3M Px Change 欄。

9. 增加名為 **Price Warning** 的欄，並填入以下公式：

```
=[@[3M Px Change]]<-5
```

如果 3M Px Change 跌幅大於 5%（即變動值小於 -5），則此公式傳回 TRUE。作為提醒，彭博將百分比作為該資料欄的整數傳回。採用適當的設定格式化的條件設定。

或者，你可以將 Price Warning 設定為相對於其追蹤指數（對於股票）的三個月價格變動或第 6 章中描述之證券同業的中位數三個月價格變動。如果整個市場已經下跌了百分之五，而你想要突顯異常問題。為此，請使用以下內容增加公司股票其追蹤指數的三個月價格變動：

```
=IF([Type]="Equity",INDEX(Company[Index 3M Px Change],
MATCH([SecurityID],Company[CompanyID],0)),"")
```

然後，使用以下方法新增同業證券其三個月價格變動的中位數：

```
=IF([@Type]="Equity",INDEX(Company[Median 3M Px Chg],
MATCH([@SecurityID],Company[CompanyID],0)),IF([@Type]="Loan",
INDEX(Loan[Median 3M Px Chg],MATCH([@SecurityID],Loan[LoanID],0)),
IF([@Type]="Bond",INDEX(Bond[Median 3M Px Chg],
MATCH([@SecurityID],Bond[BondID],0)))))
```

最後，你可以根據需要調整價格警告欄。例如，只有當證券的三個月價格變動與同業三個月價格變動的中位數之間的差異低於負 5% 時，才能將其顯示為 TRUE。

結果表應該如圖 7-11 所示（為了示範目的，數字經調整過）。

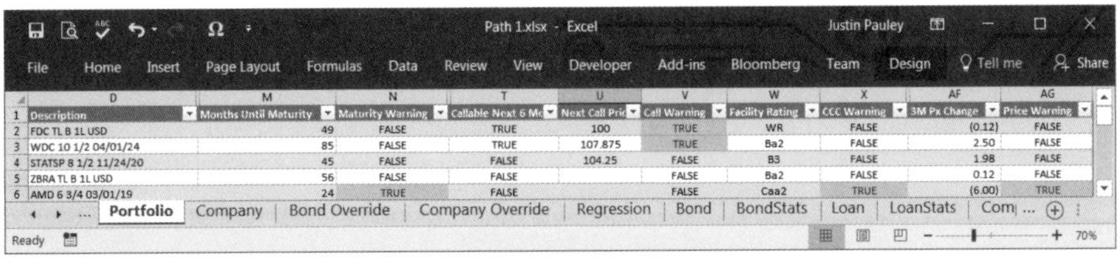

圖 7-11：投資組合警示欄

途徑 2：Access

本節將擴展 Excel 部分（途徑 1）中涵蓋的課程。具體而言，本節示範如何使用查詢查看投資組合分項表以及檢查帶有警示標誌的部位。

投資組合分項

Microsoft Access 使分析和分組資料變得更加容易；複雜的 Excel 公式被簡單的查詢替代。例如，在 Access 中，你可以使用以下查詢重新建立具有複雜公式的多步驟流程，該公式用於按資產類別顯示投資組合部位的分項：

```
SELECT
Type,
Format(Sum(MarketValue),"#,##0") AS MV,
FormatPercent(sum([% Of Portfolio]),2) as PctofPortfolio
FROM Portfolio
WHERE Type Is Not Null
GROUP BY Type;
```

此查詢按 Type 欄對 Portfolio 表中的列進行分組，並提供 MarketValue 和 "% of Portfolio" 欄的加總。我們使用 Format 和 FormatPercent 函式來正確格式化如圖 7-12 中顯示的結果。

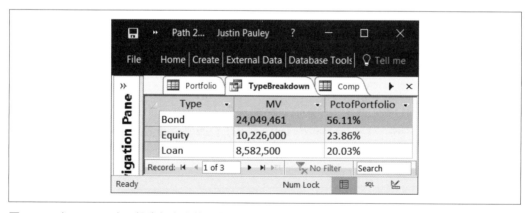

圖 7-12：在 Access 中，投資組合中的證券按類型分類

同樣地，你可以使用以下查詢按息票類型分項固定收入證券：

```
SELECT
[Coupon Type],
Format(sum(MarketValue),"#,##0") as MV,
FormatPercent(Sum(MarketValue)/(select sum(marketvalue) from Portfolio
where type ='Bond' or type='loan'),0) as PctOfFI,
```

```
format(Sum(MarketValue * [Coupon/Margin])/Sum(MarketValue),
iif([Coupon Type]="Floating", "#,##0", "0.00")) as WtdAvg
from Portfolio
where (type='bond' or type='loan') and [Coupon Type] is not null
Group by [Coupon Type]
```

在此查詢中，MarketValue 欄的總和除以子查詢，子查詢傳回所有固定收益資產的總市值，以顯示固定收益資產的百分比。此外，此查詢透過將 MarketValue 和 Coupon/Margin 欄的乘積除以 MarketValue 的總和來計算加權平均 Coupon/Margin。我們使用 IIF 函式顯示浮動邊距而沒有任何尾隨小數位，因為它已經以基點表示。

重新建立按買權保護分項顯示的 Excel 表其查詢有點複雜。因為結果表中的每一列的計算略有不同，我們使用 UNION 來組合幾個略有不同的查詢：

```
SELECT
'Callable Now' as CallProtection,
Format(sum(MarketValue),"#,##0") as MV,
FormatPercent(Sum(MarketValue)/(select sum(marketvalue) from Portfolio
where type ='Bond' or type='loan'),0) as PctOfFI,
format(Sum(MarketValue * [Price])/Sum(MarketValue),"0.00") as WtdAvgPx
from Portfolio
where Type <> 'Equity'
and [callable ever]='Y' and [callable now]=True

UNION

SELECT
'Callable In 6MO' as CallProtection,
Format(sum(MarketValue),"#,##0") as MV,
FormatPercent(Sum(MarketValue)/(select sum(marketvalue) from Portfolio
where type ='Bond' or type='loan'),0) as PctOfFI,
format(Sum(MarketValue * [Price])/Sum(MarketValue),"0.00") as WtdAvgPx
from Portfolio
where Type <> 'Equity'
and [callable ever]='Y' and [callable now]=False and [callable next 6 months]=true

UNION

SELECT
'Callable Later' as CallProtection,
Format(sum(MarketValue),"#,##0") as MV,
FormatPercent(Sum(MarketValue)/(select sum(marketvalue) from Portfolio
where type ='Bond' or type='loan'),0) as PctOfFI,
format(Sum(MarketValue * [Price])/Sum(MarketValue),"0.00") as WtdAvgPx
from Portfolio
where Type <> 'Equity'
and [callable ever]='Y' and [callable now]=False
```

```
and [callable next 6 months]=false

UNION

SELECT
'Not Callable' as CallProtection,
Format(sum(MarketValue),"#,##0") as MV,
FormatPercent(Sum(MarketValue)/(select sum(marketvalue) from Portfolio
where type ='Bond' or type='loan'),0) as PctOfFI,
format(Sum(MarketValue * [Price])/Sum(MarketValue),"0.00") as WtdAvgPx
from Portfolio
where Type <> 'Equity'
and [callable ever]='N'
```

此查詢與在 Excel 工作簿實作具相同的邏輯,並使用前面討論的相同彙總函數來顯示固定收益資產的百分比和加權平均價格。

儘管前面的查詢使用 UNION 來分隔表中每一列的邏輯,但你可以使用 IIF 函數來分隔表中每欄使用的邏輯。以下查詢按 Category 和資產類別分項投資組合,使用 IIF 函數過濾每欄中包含的部位:

```
SELECT
Category,
Format(sum(iif(Type='Bond',MarketValue,0)),"#,##0") as Bond,
Format(sum(iif(Type='Loan',MarketValue,0)),"#,##0") as Loan,
Format(sum(iif(Type='Equity',MarketValue,0)),"#,##0") as Equity,
Format(sum(MarketValue),"#,##0") as Total,
FormatPercent(sum([% Of Portfolio]),2) as PctofPortfolio
from Portfolio
where Category is not null
Group by Category
```

下一個使用評等因子按 Facility Rating 分項投資組合的查詢,結合先前兩項技術,藉由使用 UNION 連接使用評等因子和 IIF 函數過濾查詢,並依照不同的證券類型篩選欄位。

```
SELECT
'AAA-A' as Rating,
1 as Ord,
Format(sum(iif(Type='Bond',MarketValue,0)),"#,##0") as Bond,
Format(sum(iif(Type='Loan',MarketValue,0)),"#,##0") as Loan,
Format(sum(MarketValue),"#,##0") as Total,
FormatPercent(Sum(MarketValue)/(select sum(marketvalue) from Portfolio
where type ='Bond' or type='loan'),0) as PctOfFI
from Portfolio
where [Facility RF] <= 180
and Type <> 'Equity'
```

```
UNION

SELECT
'BBB' as Rating,
2 as Ord,
Format(sum(iif(Type='Bond',MarketValue,0)),"#,##0") as Bond,
Format(sum(iif(Type='Loan',MarketValue,0)),"#,##0") as Loan,
Format(sum(MarketValue),"#,##0") as Total,
FormatPercent(Sum(MarketValue)/(select sum(marketvalue) from Portfolio
where type ='Bond' or type='loan'),0) as PctOfFI
from Portfolio
where [Facility RF] >180 and [Facility RF] <= 610
and Type <> 'Equity'

UNION

SELECT
'BB' as Rating,
3 as Ord,
Format(sum(iif(Type='Bond',MarketValue,0)),"#,##0") as Bond,
Format(sum(iif(Type='Loan',MarketValue,0)),"#,##0") as Loan,
Format(sum(MarketValue),"#,##0") as Total,
FormatPercent(Sum(MarketValue)/(select sum(marketvalue) from Portfolio
where type ='Bond' or type='loan'),0) as PctOfFI
from Portfolio
where [Facility RF] >610 and [Facility RF] <= 1766
and Type <> 'Equity'

UNION

SELECT
'B' as Rating,
4 as Ord,
Format(sum(iif(Type='Bond',MarketValue,0)),"#,##0") as Bond,
Format(sum(iif(Type='Loan',MarketValue,0)),"#,##0") as Loan,
Format(sum(MarketValue),"#,##0") as Total,
FormatPercent(Sum(MarketValue)/(select sum(marketvalue) from Portfolio
where type ='Bond' or type='loan'),0) as PctOfFI
from Portfolio
where [Facility RF] >1766 and [Facility RF] <= 3490
and Type <> 'Equity'

UNION

SELECT
'CCC and Lower' as Rating,
5 as Ord,
Format(sum(iif(Type='Bond',MarketValue,0)),"#,##0") as Bond,
Format(sum(iif(Type='Loan',MarketValue,0)),"#,##0") as Loan,
```

```
Format(sum(MarketValue),"#,##0") as Total,
FormatPercent(Sum(MarketValue)/(select sum(marketvalue) from Portfolio
where type ='Bond' or type='loan'),0) as PctOfFI
from Portfolio
where [Facility RF] >3490 and [Facility RF] <= 10000
and Type <> 'Equity'

UNION

SELECT
'Not Rated' as Rating,
6 as Ord,
Format(sum(iif(Type='Bond',MarketValue,0)),"#,##0") as Bond,
Format(sum(iif(Type='Loan',MarketValue,0)),"#,##0") as Loan,
Format(sum(MarketValue),"#,##0") as Total,
FormatPercent(Sum(MarketValue)/(select sum(marketvalue) from Portfolio
where type ='Bond' or type='loan'),0) as PctOfFI
from Portfolio
where [Facility RF] is null
and Type <> 'Equity'
order by Ord
```

此查詢包含一個名為 Ord 的順序欄，用於控制列的顯示順序。如圖 7-13 所示，結果表可以按 Ord 欄排序，以正確的順序顯示評等類別。

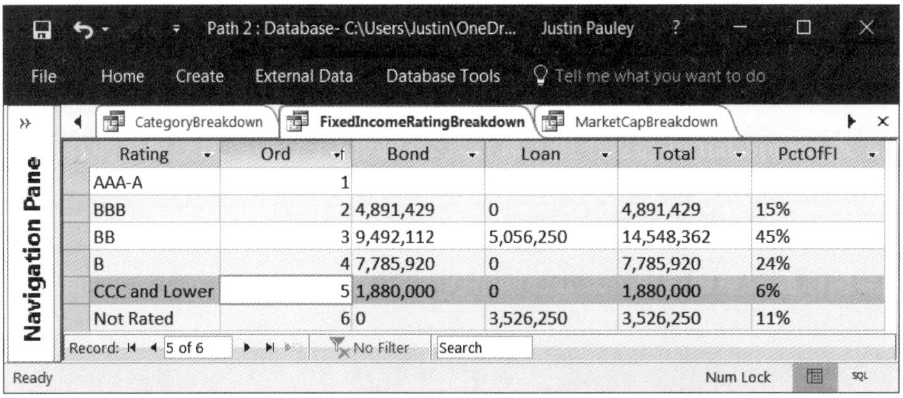

圖 7-13：評等分項按 Ord 排序

本節中的最後一個查詢使用 UNION 將投資組合分項為 Market Cap 範圍（本節中的最後一個查詢使用 UNION 將投資組合依 Market Cap 級距分項。）。你可以使用此技術按其他欄分解投資組合。它還使用 Ord 欄來控制列的顯示順序：

```
SELECT
'0 - 5,000' as MarketCap,
1 as Ord,
Format(Sum(MarketValue),"#,##0") AS MV,
FormatPercent(sum([% Of Portfolio]),2) as PctofPortfolio
from Portfolio
where [Company Market Cap] between 0 and 5000
UNION
SELECT
'5,000-10,000' as MarketCap,
2 as Ord,
Format(Sum(MarketValue),"#,##0") AS MV,
FormatPercent(sum([% Of Portfolio]),2) as PctofPortfolio
from Portfolio
where [Company Market Cap] between 5000 and 10000
UNION
SELECT
'10,000-15,000' as MarketCap,
3 as Ord,
Format(Sum(MarketValue),"#,##0") AS MV,
FormatPercent(sum([% Of Portfolio]),2) as PctofPortfolio
from Portfolio
where [Company Market Cap] between 10000and 15000
UNION
SELECT
'15,000-25,000' as MarketCap,
4 as Ord,
Format(Sum(MarketValue),"#,##0") AS MV,
FormatPercent(sum([% Of Portfolio]),2) as PctofPortfolio
from Portfolio
where [Company Market Cap] between 15000 and 25000
order by ord
```

警示訊息

本節介紹如何將簡單查詢轉換為基本報表，該報表特別顯示 Excel Portfolio 表中已建立警告的列。以下查詢顯示警告欄，後面是 Excel Portfolio 連接表中其餘任何警告欄為 true 的欄的其餘部分：

```
SELECT
[Maturity Warning],
[Call Warning],
[CCC Warning],
[Price Warning],
*
from Portfolio
```

```
where [Maturity Warning]=true
or [Call Warning]=true
or [CCC Warning]=true
or [Price Warning]=true
```

執行此查詢後，在功能區的建立索引標籤上，點擊報表以使用查詢結果建立報表。接下來，在設計檢視對報表新增設定格式化的條件，請選擇 Warning 欄。然後，在格式索引標籤上，點擊控制項格式設定按鈕，然後選擇設定格式化的條件。新增規則，當儲存格值等於 "Yes" 時更改格式。生成的報表應如圖 7-14 所示。

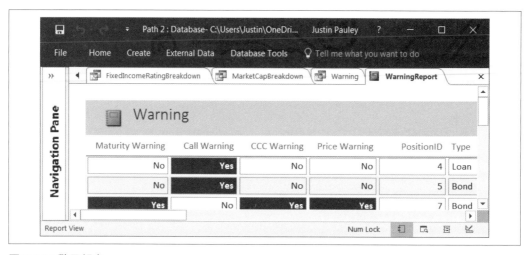

圖 7-14：警示報表

根據你的偏好，你還可以使用建立索引標籤上的巨集選項，透過電子郵件建立不同的巨集來列印或發送此報表。

途徑 3：C#

此章節不僅涵蓋將 Excel(途徑 1) 中的內容利用 C# 實作出來，而且也是將 Excel 中非常複雜的任務轉化成直觀應用的極佳範例。

夏普比率與歷史或預測回報

本節將引導你建立一個 C# 控制台應用程序，該應用程序使用歷史或預測回報、投資組合的標準差和投資組合的夏普比率來計算加權平均年化投資組合回報。步驟很簡單：

1. 查詢資料庫中的部位資訊。

2. 使用彭博計算每個部位的歷史回報和標準差。

3. 建構相關性矩陣以計算投資組合標準差。

4. 計算夏普比率。

在開始進行 C# 程式碼之前，請使用表 7-1 中列出的模式建立名為 "PortfolioScenarios" 的資料庫表，內含項目將參考 Excel 實作 PortfolioScenarios 工作表的項目（參見圖 7-5）。依每個部位填入表格。

表 7-1：*PortfolioScenarios* 模式

資料欄名稱	資料型態
PositionID（主鍵）	數值
BestReturn	數值（Double）
AverageReturn	數值（Double）
WorstReturn	數值（Double）
BestProbability	數值（Double）
AverageProbability	數值（Double）
WorstProbability	數值（Double）

建立一個新的 C# 控制台應用程序，和前面的範例一樣，增加對彭博 API 和 MathNet 的適當參照。將名為 ADS 的 DataSet 項目增加至專案中。並將兩個 TableAdapter 增加到與你的 Access 資料庫相連接的 ADS DataSet。

第一個 TableAdapter 稱為 Portfolio，利用以下查詢：

```
SELECT
p.PositionID, p.Type, p.SecurityID, p.[Size], a.BBID,a.Price
FROM Portfolio p
inner join
(
    select BondID as SecurityID,Price,BBID from Bond
    UNION
    select LoanID as SecurityID,Price,BBID from Loan
    UNION
    select CompanyID as SecurityID,Price,BBID from Company
) a on a.SecurityID=p.SecurityID
```

第二個 TableAdapter 稱為 PortfolioScenarios，利用以下查詢：

```
SELECT PositionID, BestReturn, AverageReturn, WorstReturn, BestProbability,
AverageProbability, WorstProbability,
BestReturn * BestProbability +
AverageReturn * AverageProbability +
WorstReturn * WorstProbability AS ForecastedReturn
FROM      PortfolioScenarios
```

將以下 using 指令增加到 *Program.cs*：

```
using Event = Bloomberglp.Blpapi.Event;
using Element = Bloomberglp.Blpapi.Element;
using Message = Bloomberglp.Blpapi.Message;
using Name = Bloomberglp.Blpapi.Name;
using Request = Bloomberglp.Blpapi.Request;
using Service = Bloomberglp.Blpapi.Service;
using Session = Bloomberglp.Blpapi.Session;
using DataType = Bloomberglp.Blpapi.Schema.Datatype;
using SessionOptions = Bloomberglp.Blpapi.SessionOptions;
using InvalidRequestException =
        Bloomberglp.Blpapi.InvalidRequestException;
using System.Data;


using MathNet.Numerics.LinearAlgebra;
using MathNet.Numerics.Statistics;
```

在 Program 類別中宣告以下變數：

```
private ADS DS = new ADS();
private static readonly Name SECURITY_DATA = new Name("securityData");
private static readonly Name SECURITY = new Name("security");
private static readonly Name FIELD_DATA = new Name("fieldData");
private static readonly Name RESPONSE_ERROR = new Name("responseError");
private static readonly Name SECURITY_ERROR = new Name("securityError");
private static readonly Name FIELD_EXCEPTIONS = new Name("fieldExceptions");
private static readonly Name FIELD_ID = new Name("fieldId");
private static readonly Name ERROR_INFO = new Name("errorInfo");
private static readonly Name CATEGORY = new Name("category");
private static readonly Name MESSAGE = new Name("message");
private static readonly Name DATE = new Name("date");

// 設定歷史價格變動的計算期間
private DateTime StartDate = new DateTime(1990, 1, 31);
private DateTime EndDate = DateTime.Now;

// 相關係數矩陣的計算起始日期
private DateTime CorrelationDate = new DateTime(2016, 6, 30);
```

```
// 當 UseForecasted 為 true，則使用 PortfolioScenarios 表
// 當 UseForecasted 為 false，則使用歷史年化回報
private bool UseForecasted = true;
```

宣告一個名為 PositionStat 的類別，它將儲存彭博資料的計算結果以及用於計算相關性的歷史價格變動。

```
private class PositionStat
{
    public int PositionID = 0;
    public double StartingPrice = 0;
    public double EndingPrice = 0;
    public double DayCount = 0;
    public double HistoricalReturn = 0;
    public double AnnualizedReturn = 0;
    public double StdDev = 0;
    public double AnnualizedStdDev = 0;
    public double MarketValue = 0;
    public double Weight = 0;
    public double ForecastedReturn = 0;
    public double Return = 0;
    public Dictionary<DateTime, double> Hist = new Dictionary<DateTime, double>();
}
```

宣告 List 集合以包含 PositionStat 列表：

```
List<PositionStat> Stats = new List<PositionStat>();
```

在 Main 方法中實例化一個 Program，並啟動 Go 方法來控制程序的基本流程：

```
static void Main(string[] args)
{
    new Program().Go();
}
private void Go()
{
    // 將 Access 資料庫的資料填入 DS 中
    FillDataSet();
    // 將彭博資料填入 Stats 集合
    PopulatePositionStats();
    // 使用 Stats 集合計算投資組合標準差
    double StdDev = CalcStdDev();
    // 計算投資組合的加權平均回報
    double Return = Stats.Sum(x => x.Weight * x.Return);
    // 取十年期美國國庫券殖利率當作無風險利率
    Dictionary<DateTime, double> riskfree =
    GetHistory("CT10 Govt", "ASK_YIELD", DateTime.Now.AddDays(-1),false);
    // 計算夏普比率
    double Sharpe = (Return - riskfree.ElementAt(0).Value/100) / StdDev;
```

```
    // 輸出
    Console.WriteLine("Std Dev: "+StdDev.ToString("p2"));
    Console.WriteLine("Return: " + Return.ToString("p2"));
    Console.WriteLine("Sharpe Ratio: " + Sharpe.ToString("p2"));
}
```

FillDataSet 方法將 Access 資料庫的資料讀入 DS 變數中：

```
private void FillDataSet()
{

    using (ADSTableAdapters.PortfolioScenariosTableAdapter ta =
    new ADSTableAdapters.PortfolioScenariosTableAdapter())
    {
        ta.Fill(DS.PortfolioScenarios);
        ta.Connection.Close();
    }
    using (ADSTableAdapters.PortfolioTableAdapter ta =
    new ADSTableAdapters.PortfolioTableAdapter())
    {
        ta.Fill(DS.Portfolio);
        ta.Connection.Close();
    }
}
```

PopulatePositionStats 函式迭代從 FillDataSet 填入的 DS 資料集中每個部位，從彭博請求歷史價格，並將計算後的資料填入 Stats 集合：

```
private void PopulatePositionStats()
{
    // 迭代各投資部位
    foreach (ADS.PortfolioRow position in DS.Portfolio.OrderBy(x => x.PositionID))
    {
        // 從彭博取得歷史期間及價格
        // 填入價格變數中。
        // GetHistory(Bloomberg ID, Bloomberg Field, Historical Start Date,
        // Fetch Monthly Data?)
        Dictionary<DateTime, double> prices =
        GetHistory(position.BBID, "PX_LAST", StartDate, true);

        // 如果傳回的歷史日期少於兩天
        // 則沒有太多可以做的事情
        // 若傳回歷史日期少於 2 天，
        // 則應該增加錯誤處理
        if (prices.Count > 2)
        {
            PositionStat stat = new PositionStat();
            stat.PositionID = position.PositionID;
```

```csharp
// 傳回最早的價格
stat.StartingPrice = prices.OrderBy(x => x.Key).First().Value;

// 傳回最新的價格
stat.EndingPrice = prices.OrderByDescending(x => x.Key).First().Value;
// 傳回的天數
stat.DayCount =
(prices.OrderByDescending(x => x.Key).First().Key -
prices.OrderBy(x => x.Key).First().Key).TotalDays - 1;
stat.HistoricalReturn =
(stat.EndingPrice - stat.StartingPrice) / stat.StartingPrice;
// 年化歷史回報
stat.AnnualizedReturn = Math.Pow(1 + stat.HistoricalReturn, 365 /
stat.DayCount) - 1;

// 對傳回的價格執行迴圈，
// 以價格月變動填入 Hist 屬性
for (int i = 1; i < prices.Count; i++)
{
    DateTime currDate = prices.OrderBy(x => x.Key).ElementAt(i).Key;
    DateTime prevDate =
    prices.OrderBy(x => x.Key).ElementAt(i - 1).Key;
    double currPx = prices[currDate];
    double prevPx = prices[prevDate];
    double chgPx = (currPx - prevPx) / prevPx;
    stat.Hist.Add(currDate, chgPx);
}

// 計算每月價格變動的標準差
stat.StdDev = Statistics.StandardDeviation(stat.Hist.Values);
// 年化標準差
stat.AnnualizedStdDev = stat.StdDev * Math.Sqrt(12);

// 計算部位市值
double price = 0;
if (position.Type.ToUpper() == "EQUITY")
    price = position.Price;
else
    price = position.Price / 100;
stat.MarketValue = price * (double)position.Size;

// 在 PortfolioScenarios 表中找部位。
// 將 Access 資料庫中的資料
// 填入 stat 的 ForecastedReturn 屬性
ADS.PortfolioScenariosRow scenario =
DS.PortfolioScenarios.FindByPositionID(stat.PositionID);
stat.ForecastedReturn = scenario.ForecastedReturn;
```

```
        // stat.Return 的輸入決定於我們想要輸入預測回報
        // 還是年化歷史回報
        if (UseForecasted)
            stat.Return = stat.ForecastedReturn;
        else
            stat.Return = stat.AnnualizedReturn;

        Stats.Add(stat);

        }
    }
    // 一旦每個部位的市場價值被計算出來後，
    // 執行迴圈將市場價值於投資組合中的比例
    // 依序指派給 Weight 屬性
    double totalMV = Stats.Sum(x => x.MarketValue);
    foreach (PositionStat stat in Stats)
        stat.Weight = stat.MarketValue / totalMV;
}
```

GetHistory 和 ProcessHistoryResponse 方法與本書相關性章節中程序特例的程式碼相同，只是 GetHistory 接受布爾參數來請求每月價格而不是每日：

```
private Dictionary<DateTime, double> GetHistory (
string security, string field, DateTime startDate, bool monthly)
{

    Dictionary<DateTime, double> date2value = new Dictionary<DateTime, double>();
    SessionOptions sessionOptions = new SessionOptions();
    Session session = new Session();
    bool sessionStarted = session.Start();
    if (!sessionStarted)
    {
        System.Console.Error.WriteLine("Failed to start session.");
        return null;
    }
    if (!session.OpenService("//blp/refdata"))
    {
        System.Console.Error.WriteLine("Failed to open //blp/refdata");
        return null;
    }

    Service refDataService = session.GetService("//blp/refdata");
    Request request = refDataService.CreateRequest("HistoricalDataRequest");

    Element securities = request.GetElement("securities");
    securities.AppendValue(security);
    Element fields = request.GetElement("fields");
    fields.AppendValue(field);
```

```csharp
request.Set("startDate", startDate.ToString("yyyyMMdd"));

// 如果參數設置每月為 true,
// 則將週期設置為 Calendar Month
if (monthly)
{
    request.Set("periodicitySelection", "MONTHLY");
    request.Set("periodicityAdjustment", "CALENDAR");
}

try
{
    session.SendRequest(request, null);
}
catch (InvalidRequestException e)
{
    System.Console.WriteLine(e.ToString());
}

bool done = false;
while (!done)
{
    Event eventObj = session.NextEvent();
    if (eventObj.Type == Event.EventType.PARTIAL_RESPONSE)
    {
        ProcessHistoryResponse(eventObj, date2value);
    }
    else if (eventObj.Type == Event.EventType.RESPONSE)
    {
        ProcessHistoryResponse(eventObj, date2value);
        done = true;
    }
    else
    {
        foreach (Message msg in eventObj)
        {
            System.Console.WriteLine(msg.AsElement);
            if (eventObj.Type == Event.EventType.SESSION_STATUS)
            {
                if (msg.MessageType.Equals("SessionTerminated"))
                {
                    done = true;
                }
            }
        }
    }
}
session.Stop();
return date2value;
```

```
}

private void ProcessHistoryResponse(Event eventObj,
Dictionary<DateTime, double> date2value)
{
    foreach (Message msg in eventObj)
    {
        if (msg.HasElement(RESPONSE_ERROR))
        {
            Element error = msg.GetElement(RESPONSE_ERROR);
            Console.WriteLine("Request failed: " + error.GetElementAsString(CATEGORY) +
            " (" + error.GetElementAsString(MESSAGE) + ")");
            continue;
        }


        Element securityData = msg.GetElement(SECURITY_DATA);
        string security = securityData.GetElement(SECURITY).GetValueAsString();
        Console.WriteLine(security);

        Element fieldData = securityData.GetElement(FIELD_DATA);

        for (int i = 0; i < fieldData.NumValues; i++)
        {
            Element element = fieldData.GetValueAsElement(i);
            DateTime date = element.GetElementAsDatetime(DATE).ToSystemDateTime();
            double? value = null;
            for (int f = 0; f < element.NumElements; f++)
            {
                Element field = element.GetElement(f);
                if (!field.Name.Equals(DATE))
                {
                    if (field.Datatype == DataType.FLOAT32)
                        value = Convert.ToDouble(field.GetValueAsFloat32());
                    else if (field.Datatype == DataType.FLOAT64)
                        value = field.GetValueAsFloat64();
                }
            }
            if (value != null)
                date2value.Add(date, value.Value);
        }


    }
}
```

CalcStdDev 方法使用每個部位組合之間的相關性填入矩陣。然後，它將相關矩陣乘以每個部位的加權標準差的向量：

```csharp
private double CalcStdDev()
{
    int count = Stats.Count;
    // 將每個部位之間的相關性儲存在矩陣
    Matrix<double> corrMatrix = Matrix<double>.Build.Dense(count, count);

    // 將每個部位的加權標準差儲存在向量，
    // 其中權重為部位佔投資組合的百分比而標準差
    // 是歷史回報的年化標準差
    Vector<double> weightVector = Vector<double>.Build.Dense(count);

    for (int i = 0; i < count; i++)
    {
        weightVector[i] = Stats[i].Weight * Stats[i].AnnualizedStdDev;
        for (int j = 0; j < count; j++)
        {
            corrMatrix[i, j] = GetCorrelation(Stats[i], Stats[j]);
        }
    }

    // 矩陣相乘
    Vector<double> variance =
    weightVector * corrMatrix * weightVector.ToColumnMatrix();

    return Math.Sqrt(variance[0]);
}
```

GetCorrelation 函式利用每個月的歷史價格變動來計算兩個部位間的相關性，而至於起始日期則是使用在函式一開始便定義好的 CorrelationDate 參數：

```csharp
private double GetCorrelation(PositionStat stat1, PositionStat stat2)
{
    double corr = 0;

    // 在儲存每個月價格變動的陣列中
    // 搜尋其日期大於或等於 CorrelationDate 參數所定義的值，
    // 然後將其當作第一個部位
    List<double> set1 = (from stat in stat1.Hist
                         where stat.Key >= CorrelationDate
                         select stat.Value).ToList();
    // 如同 set1，
    // 這將為部位二取得每月價格變動
    List<double> set2 = (from stat in stat2.Hist
                         where stat.Key >= CorrelationDate
                         select stat.Value).ToList();
```

```
    // 使用 MathNet 計算相關性
    corr = Correlation.Pearson(set1, set2);
    return corr;
}
```

投資組合分項與警示訊息

在大多數情況下，只需將本章 Access 部分（途徑 2）中介紹的查詢經簡單修改後，就能套用在 C ＃應用程序適用的表結構。我建議你在第 5 章中保存 Portfolio 查詢，將每個部位的市場價值計算作為 "PortfolioQuery"，並在需要市場價值的查詢中使用它。例如，以下查詢使用已保存的 Portfolio 查詢按類型對部位進行分組：

```
SELECT
Type,
Format(Sum(MarketValue),"#,##0") AS MV,
FormatPercent(sum(PctofPortfolio),2) as PortfolioPct
FROM PortfolioQuery
WHERE Type Is Not Null
GROUP BY Type;
```

小結

第 6 章側重於個別證券的相對價值，而本章則示範了衡量投資組合風險和回報的不同方法。你應該將這兩個章節中的技術結合起來，以加強投資決策。例如，從相對價值的角度來看，證券看起來可能更有吸引力，但它可能會導致你的投資組合在某個產業中過於集中。範圍繼續擴展至第 8 章，將涵蓋整個貸款市場。

市場分析

本章將進行討論在你的分析中把整體市場趨勢納入考量是件重要的事。例如，使一家零售公司的股票相對於科技公司的股票看起來較具有吸引力的原因是，整體市場趨勢正關注著零售業。雖然我們可以輕鬆衡量股票市場的市場趨勢，但在較不透明的市場（如高收益債券和公司貸款）中追蹤起來有些困難。本章示範如何使用從 Markit 收集的資料來判別公司貸款市場的整體趨勢。你可以更改本章中使用的方法來分析具有相似資料集的其他市場。

本章將 Markit 貸款資料分為三個部分，並在每個部分中示範不同類型的分析。

第一部分使用授信更新資訊來確定新發行貸款的趨勢。我們可以使用此資訊來確定每月上市的貸款的額度和數量，以及他們的平均息票、規模和期限（到期年限）。透過這些資訊可以判斷產業的現行價格走勢以及隱含貸款風險狀況。

第二部分使用建議的更新資訊來確定貸款再融資的趨勢。彙總貸款再融資資料可以顯示重要資訊，例如到期日延長的平均年數以及息票的平均變動。我們可以按產業劃分的這些資訊以突顯市場的總體趨勢。

最後一部分將貸款市場資訊用於各種目的。藉由觀察歷史價格，我們可以按產業判別價格變動趨勢，判別表現優異或表現不佳的貸款，並突顯符合某種模式的貸款（例如 "現在交易價格超過 90 美元，但過去交易價低於 70 美元"）。

可惜的是，Microsoft Excel 在分析大型資料集方面存在侷限性。例如，最大列數為 200,000 只足夠放置 125 天貸款價格。儘管如此，本章提供了 Excel 中每個部分的基本範例以及在 Microsoft Access 中做更深入分析。

途徑 1：Excel

Markit 提供了大量有用的貸款市場資料，但遺憾的是，Excel 無法妥善地處理大量資料。我建議你勤勉地維護每個工作表，並僅保留必要的歷史資料。此外，如果資料有好幾千筆，則不應利用公式直接匯入 Markit 資料。

新發行貸款分析

Markit 的授信更新資料包含有關每個公司貸款的靜態資訊，包括其收盤日期，規模，期限和利差。由於大多數貸款是浮動利率工具，其利差是貸款支付高於指數的差額（通常為倫敦銀行間同業拆借利率 "LIBOR"）。例如，如果貸款的息票是三個月 LIBOR 加上 300 個基點，則該貸款的利差就是 300 個基點。由於大多數新發行貸款的價格接近票面價格，其利差與貼現率（DM）大致相同，也是衡量風險的最佳指標。在所有條件相同的情況下，具有 300 個基點利差的新貸款應該比具有 500 個基點利差的貸款風險更小。

然而，隨著市場風險偏好隨著時間的推移而變化，兩個月前以 300 個基點利差為成交價的貸款可能變成今天成交在 500 個基點利差。我們可以使用授信更新資料中的可觀察利差，透過使用以下步驟取得平均利差水平來追蹤市場趨勢：

1. 建立一個名為 **New Issue** 的新工作表。

2. 在每行的第一列中，增加以下標籤：**Date**、**Count**、**Total Size**、**Avg Size**、**Term**、**All Spread**、**Healthcare**、**Retail** 和 **Oil & Gas**。

3. 在欄 A，Date 欄標題下，增加每月日期範圍並以每月第一天當作起始日期。例如，在儲存格 A2 中，輸入日期 **2/1/2017**；在儲存格 A3 中，輸入 **1/1/2017**；諸如此類。

4. 將 Excel 範圍轉換為表格

5. 在 Count 欄（欄 B）中，在每列中輸入以下公式：

```
=SUMPRODUCT(N(LoanFacilities[Close Date]>=[@Date]),
N(LoanFacilities[Close Date]<=EDATE([@Date],1)-1),
N(LoanFacilities[Currency]="US Dollar"),
N(LoanFacilities[LoanX Facility Category]="Institutional"),
N(LoanFacilities[Status]="Active"),N(LoanFacilities[Initial Spread]>0))
```

此公式假定你將包含 Markit 授信資料的 Excel 表命名為 "LoanFacilities"。它使用 SUMPRODUCT 函數和 N 函數的組合來計算 LoanFacilities 表中符合特定條件的列。第一個 N 函數過濾掉 Close Date 日期在欄 A 日期以前的列。下一個 N 函數過濾掉 Close Date 超過該月最後一天的列（EDATE 函數將欄 A 中的日期增加一個月，然後從該日期中減去 1，以取得該月的最後一個日期）。下一組篩選條件限制必須為機構貸款（不包括循環信貸和按比例貸款）、美元貨幣和具利差資料的可交易狀態（排除了一些利差是負的列）。

6. 在 Total Size 欄中，輸入以下公式：

```
=SUMPRODUCT(N(LoanFacilities[Close Date]>=[@Date]),
N(LoanFacilities[Close Date]<=EDATE([@Date],1)-1),
N(LoanFacilities[Currency]="US Dollar"),
N(LoanFacilities[LoanX Facility Category]="Institutional"),
N(LoanFacilities[Status]="Active"),
N(LoanFacilities[Initial Spread]>0),LoanFacilities[Initial Amount])
```

該公式與步驟 5 中的公式相同，只是它增加了 LoanFacilities[Initial Amount]) 作為最後一個參數，使 SUMPRODUCT 傳回符合條件的每一列的 Initial Amount 欄的總和。

7. 在 Avg Size 欄中，輸入以下公式：

```
=[@[Total Size ($mm)]]/[@Count]
```

此公式只是將 Total Size 欄除以 Count，以計算在此期間發行的貸款平均額度大小。

8. 在 Term 欄中，輸入以下公式：

```
=SUMPRODUCT(N(LoanFacilities[Close Date]>=[@Date]),
N(LoanFacilities[Close Date]<=EDATE([@Date],1)-1),
N(LoanFacilities[Currency]="US Dollar"),
N(LoanFacilities[LoanX Facility Category]="Institutional"),
N(LoanFacilities[Status]="Active"),
LoanFacilities[Initial Amount],
N(LoanFacilities[Initial Spread]>0),
LoanFacilities[Term])/[@[Total Size]]
```

這與第 6 步驟中的公式相同，只是它將 Term 欄增加到 SUMPRODUCT 的參數列表中，並除以 Total Size 欄，從而得到加權平均 Term。重要的是按初始金額對不同的指標進行加權（而不是採用簡單的平均值），因為有一些小額貸款可能會導致結果出現偏差。

9. 在 All Spread 欄中，輸入以下公式：

```
=SUMPRODUCT(N(LoanFacilities[Close Date]>=[@Date]),
N(LoanFacilities[Close Date]<=EDATE([@Date],1)-1),
N(LoanFacilities[Currency]="US Dollar"),
N(LoanFacilities[LoanX Facility Category]="Institutional"),
N(LoanFacilities[Status]="Active"),LoanFacilities[Initial Amount],
N(LoanFacilities[Initial Spread]>0),
LoanFacilities[Initial Spread])/[@[Total Size]]
```

與步驟 8 一樣，這會計算加權平均後的 Initial Spread。

10. 在 Healthcare 欄中，輸入以下公式：

```
=SUMPRODUCT(N(LoanFacilities[Close Date]>=[@Date]),
N(LoanFacilities[Close Date]<=EDATE([@Date],1)-1),
N(LoanFacilities[Currency]="US Dollar"),
N(LoanFacilities[LoanX Facility Category]="Institutional"),
N(LoanFacilities[Status]="Active"),LoanFacilities[Initial Amount],
N(LoanFacilities[Initial Spread]>0),LoanFacilities[Initial Spread],
N(LoanFacilities[Industry]="Healthcare"))/
SUMPRODUCT(N(LoanFacilities[Close Date]>=$A2),
N(LoanFacilities[Close Date]<=EDATE([@Date],1)-1),
N(LoanFacilities[Currency]="US Dollar"),
N(LoanFacilities[LoanX Facility Category]="Institutional"),
N(LoanFacilities[Status]="Active"),LoanFacilities[Initial Amount],
N(LoanFacilities[Initial Spread]>0),
N(LoanFacilities[Industry]="Healthcare"))
```

此公式包括與先前步驟相同的過濾條件，過濾後產業僅包括醫療保健貸款。此外，我們使用所有醫療保健貸款的總初始金額，而不是使用 Total Size 作為分母。所有醫療保健貸款的總規模使用與分子相同的公式計算，但不包括 Initial Spread 數字。這將得到醫療保健貸款的加權平均利差。如果在此期間沒有發行醫療保健貸款，該公式可能導致零除錯誤。

11. Retail 和 Oil & Gas 欄使用與步驟 10 中的相同的公式，但將醫療保健過濾條件更改為 **Retail** 和 **Oil & Gas**。

這將產生加權平均後的 Retail 和 Oil & Gas 利差欄。

圖 8-1 顯示了由上述步驟產生的表格，對照之下，醫療保健、零售和石油與天然氣產業的成交利差通常相對整個市場高。表格資料也顯示，過去幾個月石油和天然氣貸款利差逐漸縮小中。

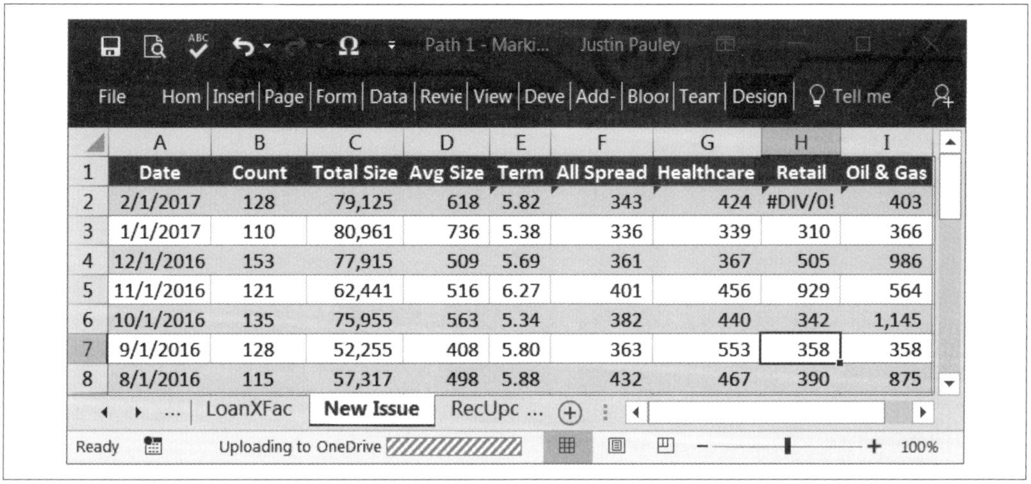

圖 8-1：新發行貸款分析

正如我在本書中多次說過的那樣，儘管這些資訊可用於判斷趨勢，但分析師應該時常檢查資料裡的貸款資訊，以確保異常值不會使數字偏差。

再融資

與抵押貸款一樣，公司可以將貸款（已過不可贖回期間後）再融資為新的貸款，貸款利差變較低，同時使貸款期間延長。雖然一家公司將其債務再融資為較低的利差貸款通常是良好業績的表現（貸款人願意減少借款給公司的借款收益率），但也可能公司其他的債務即將到期，公司的債務規模逐漸較小。再融資的上升趨勢通常與市場趨勢改善有關。

與其授信更新資訊一樣，Markit 建議的更新資訊可用作可觀察的成交點位，以幫助確認再融資的趨勢。每次重組貸款、再融資或支付時，Markit 都會分配一個新的 LoanX ID 並記錄建議的更新資料來源中的變動。此資料來源包含許多資料欄的原始和新細節，包括利差和到期期限。該資料可用於判別每個產業以及整個市場中的利差縮小狀況。

以下步驟建立一個新工作表，彙總有關再融資貸款的資訊：

12. 建立一個名為 **Refinancings** 的工作表。

13. 在每欄的第一列中，增加以下標籤：`Date`、`Count`、`Size`、`Years Extension`、`Original Spread`、`New Spread`、`Spread Change`、`Healthcare` 和 `Retail`。

14. 與之前的步驟 3 一樣，在 Date 欄標題（欄 A）下，使用每個月的第一天當作每月日期。

15. 在 Count 欄中，輸入以下公式：

```
=SUMPRODUCT(N(LoanUpdates[Inactivation Date]>=[@Date]),
N(LoanUpdates[Inactivation Date] < EDATE([@Date],1)-1),
N(LoanUpdates[InactivationReason]="Refinanced"))
```

此公式假設建議的更新 Excel 表命名為 LoanUpdates。與上一節中的步驟一樣，這會按列在 LoanUpdates 篩選出在期間內曾經有再融資的情況。

16. 在 Years Extension 欄中，輸入以下公式：

```
=SUMPRODUCT(N(LoanUpdates[Inactivation Date]>=[@Date]),
N(LoanUpdates[Inactivation Date] <= EDATE([@Date],1)-1),
N(LoanUpdates[InactivationReason]="Refinanced"),
N(LoanUpdates[Repl Maturity Date] >= LoanUpdates[Maturity Date]),
LoanUpdates[Initial Amount],
LoanUpdates[Repl Maturity Date]-LoanUpdates[Maturity Date])/
SUMPRODUCT(N(LoanUpdates[Inactivation Date]>=[@Date]),
N(LoanUpdates[Inactivation Date] <= EDATE([@Date],1)-1),
N(LoanUpdates[InactivationReason]="Refinanced"),
N(LoanUpdates[Repl Maturity Date] >= LoanUpdates[Maturity Date]),
LoanUpdates[Initial Amount])/365
```

此公式增加過濾條件以僅包括新到期日晚於原始到期日的列，這表示為展期。它還增加了新到期日和上一個到期日之間的差值，以得出貸款延長的加權平均天數。此數字除以 365 以年化為單位表示。

17. 在 Original Spread 欄中，輸入以下公式：

```
=SUMPRODUCT(N(LoanUpdates[Inactivation Date]>=[@Date]),
N(LoanUpdates[Inactivation Date] <= EDATE([@Date],1)-1),
N(LoanUpdates[InactivationReason]="Refinanced"),
N(LoanUpdates[Repl Initial Spread]>0), N(LoanUpdates[Initial Spread]>0),
LoanUpdates[Initial Amount],LoanUpdates[Initial Spread])/
SUMPRODUCT(N(LoanUpdates[Inactivation Date]>=[@Date]),
N(LoanUpdates[Inactivation Date] <= EDATE([@Date],1)-1),
N(LoanUpdates[InactivationReason]="Refinanced"),
N(LoanUpdates[Repl Initial Spread]>0),
N(LoanUpdates[Initial Spread]>0),LoanUpdates[Initial Amount])
```

這將傳回以初始和當前利差計算的平均原始利差。

18. 在 New Spread 欄中，輸入以下公式：

```
=SUMPRODUCT(N(LoanUpdates[Inactivation Date]>=[@Date]),
N(LoanUpdates[Inactivation Date] <= EDATE([@Date],1)-1),
N(LoanUpdates[InactivationReason]="Refinanced"),
```

```
N(LoanUpdates[Repl Initial Spread]>0),
N(LoanUpdates[Initial Spread]>0),LoanUpdates[Initial Amount],
LoanUpdates[Repl Initial Spread])/
SUMPRODUCT(N(LoanUpdates[Inactivation Date]>=[@Date]),
N(LoanUpdates[Inactivation Date] <= EDATE([@Date],1)-1),
N(LoanUpdates[InactivationReason]="Refinanced"),
N(LoanUpdates[Repl Initial Spread]>0),
N(LoanUpdates[Initial Spread]>0),LoanUpdates[Initial Amount])
```

同樣地，這將傳回加權平均換券利差。

19. 在 Spread Change 欄中，輸入以下公式：

```
=SUMPRODUCT(N(LoanUpdates[Inactivation Date]>=[@Date]),
N(LoanUpdates[Inactivation Date] <= EDATE([@Date],1)-1),
N(LoanUpdates[InactivationReason]="Refinanced"),
N(LoanUpdates[Repl Initial Spread]>0),
N(LoanUpdates[Initial Spread]>0),LoanUpdates[Initial Amount],
LoanUpdates[Repl Initial Spread]-LoanUpdates[Initial Spread])/
SUMPRODUCT(N(LoanUpdates[Inactivation Date]>=[@Date]),
N(LoanUpdates[Inactivation Date] <= EDATE([@Date],1)-1),
N(LoanUpdates[InactivationReason]="Refinanced"),
N(LoanUpdates[Repl Initial Spread]>0),
N(LoanUpdates[Initial Spread]>0),LoanUpdates[Initial Amount])
```

這將傳回利差的加權平均變動。

20. 在 Healthcare 欄中，輸入以下公式：

```
=SUMPRODUCT(N(LoanUpdates[Inactivation Date]>=[@Date]),
N(LoanUpdates[Inactivation Date] <= EDATE([@Date],1)-1),
N(LoanUpdates[InactivationReason]="Refinanced"),
N(LoanUpdates[Repl Initial Spread]>0),
N(LoanUpdates[Initial Spread]>0),LoanUpdates[Initial Amount],
LoanUpdates[Repl Initial Spread]-LoanUpdates[Initial Spread],
N(LoanUpdates[Industry]="Healthcare"))/
SUMPRODUCT(N(LoanUpdates[Inactivation Date]>=[@Date]),
N(LoanUpdates[Inactivation Date] <= EDATE([@Date],1)-1),
N(LoanUpdates[InactivationReason]="Refinanced"),
N(LoanUpdates[Repl Initial Spread]>0),
N(LoanUpdates[Initial Spread]>0),LoanUpdates[Initial Amount],
N(LoanUpdates[Industry]="Healthcare"))
```

這將傳回 Healthcare 貸款的加權平均利差變動。如果在此期間沒有醫療保健貸款再融資，這可能會傳回零除錯誤。

21. 將步驟 20 中的相同公式放在 Retail 欄中，但將 Healthcare 更改為 **Retail**。

這些步驟應該產生一個如圖 8-2 所示的表。使用結果表來確定跨月和產業的利差縮小趨勢。

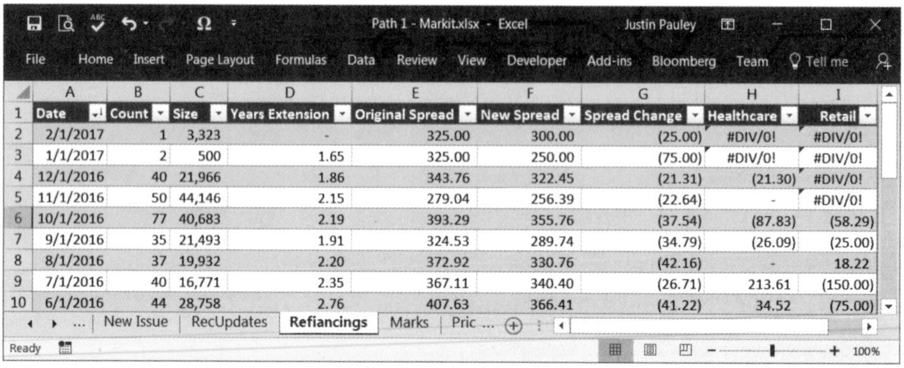

圖 8-2：貸款再融資分析

你可以使用這些資料來確認公司節省的利息（利差縮小 / 減少）以及延長貸款期限的能力。與貸款授信資訊一樣，分析師應審查建議更新資料中是否存在可能會扭曲結果的異常值。請注意，利差是以基點為單位。

價格歷史

Markit 提供在大部分公司貸款市場上從賣方經紀人交易商處收集的每日貸款價格。除了提供買入價和賣出價外，Markit 還提供 Depth 欄，代表價格參與者的數量。Depth 可以用作觀察貸款流動性的指標，更大的深度數字表示更高的流動性。公司通常每天使用這些資料來標記其投資部位，但每日貸款價格具有很多用途，包括以下內容：

- 總體市場指標，包括所有貸款或按產業和評等分類的平均每日價格變動

- 貸款投資組合的平均流動性

- 貸款的價格範圍，顯示其在不同信貸週期中的表現

- 表現不佳或表現優於市場的公司

但是，大數據存在很大問題。由於 Markit 以 "第三正規化" 提供資料，因此貸款價格資料不包含任何有關貸款本身的資訊，除了可用於連接到 LoanFacilities 表的識別碼（LoanX ID）。而且，正如你可能會發現的那樣，每天將超過 6,000 筆貸款的資訊連接起來可能會導致 Excel 速度減慢或當機（我在寫本章時發生過當機）。此問題的一個可能解決方案是使用 VLOOKUP 或 INDEX/MATCH 函數將 LoanFacilities 表中的欄增加到

LoanPrices 表，並將結果資料從公式轉換為值（刪除連接）。但是，這個解決方案有一些缺點：

- 每次從 Markit 獲得每日貸款價格時，你必須重複步驟以從 LoanFacilities 表取得授信資訊。

- 為了透過增加已存在於另一個表中的資料，從而刪除 "第三正規化"，可能會引起資料問題。例如，如果 LoanPrices 表從 LoanFacilities 表複製了貸款的產業資訊，之後更新了產業資訊，則 LoanPrices 表中的資訊將不正確，因為資料不會被連接。

- 仍然無法保證只使用 VLOOKUP 連接資料不會導致你的 Excel 當機。

因此，我建議你處理大型資料集進行績效分析時，應該使用 Microsoft Access 而不是 Excel。然而，對於那些不擔心會遭遇困難的人來說，以下步驟示範如何將產業和規模大小欄從 LoanFacilities 表連接到 LoanPrices 表。

22. 在 Marks 工作表中，新增一欄至 LoanPrices 表中並命名為 **Industry**，然後輸入以下公式：

    ```
    =INDEX(LoanFacilities[Industry],MATCH([@[LoanX ID]],
    LoanFacilities[LoanX ID],0))
    ```

    此公式從 LoanFacilities 表中取得特定 LoanX ID 的產業資訊。

23. 選擇 Industry 欄標題下的每個儲存格，點擊滑鼠右鍵，然後在打開的快捷選單上選擇複製。然後，再次右鍵點擊並在同一欄中選擇貼上值。

    直接利用 Industry 值覆寫 INDEX 公式。移除兩個表之間的連接將提高 Excel 的效能。

24. 在 LoanPrices 表中新增一欄並命名為 **Initial Amount**，然後輸入以下公式：

    ```
    =INDEX(LoanFacilities[Initial Amount],MATCH([@[LoanX ID]],
    LoanFacilities[LoanX ID],0))
    ```

    與步驟 22 一樣，此公式從 LoanFacilities 表中提取 Initial Amount 欄。

25. 選擇 Initial Amount 欄標題下的每個儲存格，右鍵點擊並選擇複製，然後再次右鍵點擊並選擇貼上值。

    以下步驟將示範如何為整個市場按產業建立貸款價格變動的執行中摘要。

26. 建立一個名為 **Price Changes** 的新工作表。

27. 在第 1 列中，在 A 到 G 欄之間增加以下欄標題：**Date**、**Count**、**All**、**% Change**、**Healthcare**、**Retail**、**Oil & Gas**。

28. 在儲存格 A2 中，在 Date 欄標題下，增加以下公式：

    =MAX(LoanPrices[Mark Date])

這將傳回 LoanPrices 表中的最新日期。

29. 在儲存格 A3 中，在包含最新日期的儲存格下，放置公式並將其向下拉動至所需的天數：

    =MAXIFS(LoanPrices[Mark Date],LoanPrices[Mark Date],"< "&A2)

此公式傳回的最新報價日期小於其上方的列。此公式用於獲取連續報價日期，因為報價日期可能因週末和假日而不連續。

30. 將 Excel 範圍（至 G 欄）轉換為 Excel 表格

31. 在 B 欄的 Count 欄標題下，輸入以下公式：

    =COUNTIF(LoanPrices[Mark Date],[@Date])

此函數傳回每個給定日期 LoanPrices 中的貸款價格數量。

32. 在 All 欄標題下，使用以下公式：

    =SUMPRODUCT(N(LoanPrices[Mark Date]=[@Date]),LoanPrices[Initial Amount],
    LoanPrices[Evaluated Price])/SUMPRODUCT(N(LoanPrices[Mark Date]=[@Date]),
    LoanPrices[Initial Amount])

此公式針對給定標記日期，傳回經每筆貸款初始金額加權後的平均價格。

33. 在儲存格 C2 中，在 "% Change" 欄下，使用以下公式，然後將其向下拉動：

    =([@All]-C3)/C3

此公式透過將 All 欄中的值與前一天的值進行比較來計算每日百分比價格變動。請注意，最後一列將傳回錯誤，因為沒有前一天的價格可以用來當基期。

34. 在 Healthcare 下，輸入以下公式：

    =SUMPRODUCT(N(LoanPrices[Mark Date]=[@Date]),
    N(LoanPrices[Industry]="Healthcare"),LoanPrices[Initial Amount],
    LoanPrices[Evaluated Price])/
    SUMPRODUCT(N(LoanPrices[Mark Date]=[@Date]),
    N(LoanPrices[Industry]="Healthcare"),LoanPrices[Initial Amount])

該公式與步驟 32 中的公式相同，後者計算加權平均每日貸款價格，但此公式僅包括 Healthcare 貸款。

35. 在 Retail 下，輸入以下公式：

```
=SUMPRODUCT(N(LoanPrices[Mark Date]=[@Date]),
N(LoanPrices[Industry]="Retailing"),LoanPrices[Initial Amount],
LoanPrices[Evaluated Price])/
SUMPRODUCT(N(LoanPrices[Mark Date]=[@Date]),
N(LoanPrices[Industry]="Retailing"),LoanPrices[Initial Amount])
```

該公式與步驟 34 中的公式相同，只是它僅包括 Retail 貸款。

36. 在 Oil & Gas 下，輸入以下公式：

```
=SUMPRODUCT(N(LoanPrices[Mark Date]=[@Date]),
N(LoanPrices[Industry]="Oil & Gas"),LoanPrices[Initial Amount],
LoanPrices[Evaluated Price])/
SUMPRODUCT(N(LoanPrices[Mark Date]=[@Date]),
N(LoanPrices[Industry]="Oil & Gas"),LoanPrices[Initial Amount])
```

這與前兩列的公式相同，只是它僅包括來自 Oil & Gas 公司的貸款。

結果表應如圖 8-3 所示。

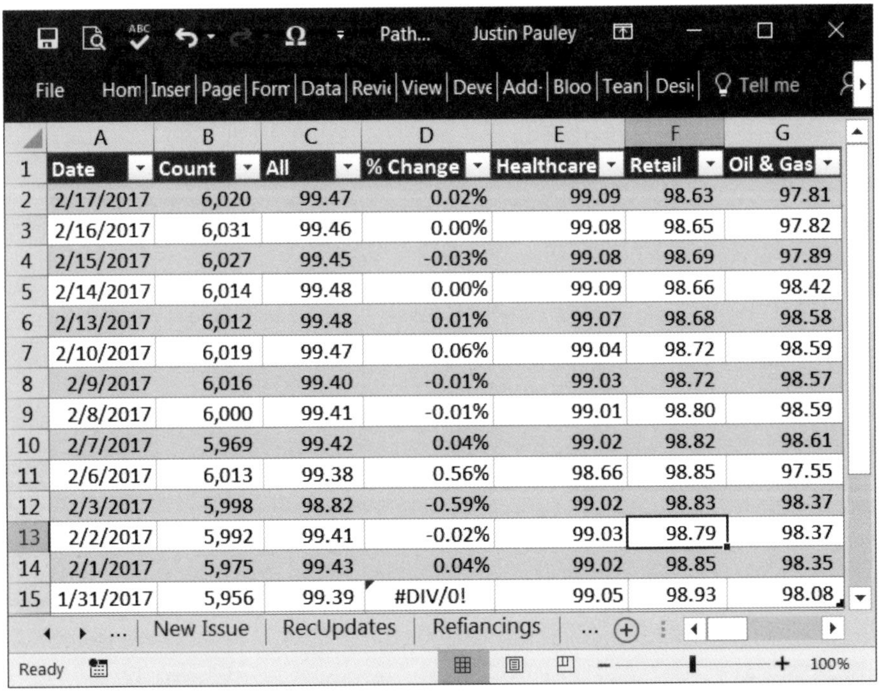

圖 8-3：每日貸款價格彙總

你可以按產業將每日貸款價格做分類，以及這些價格如何隨時間變動，以確定市場中受壓或特別受歡迎的區域。

你可以追蹤整個市場的每日價格變動，並快速彙總個人貸款的統計資料，其工作量將遠低於 BDH 函數。以下步驟將示範如何彙總特定貸款的歷史價格：

37. 在第 1 列中，在第 I 欄到第 Q 欄中，增加以下欄標題：**LoanX ID**、**Deal Name**、**Current Price**、**Max Price**、**Max Date**、**Min Price**、**Min Date**、**Count**、**StdDev**。

38. 在 LoanX ID 欄下，將貸款的 LoanX 識別碼放在 LoanXFacility 工作表中進行彙總。在 LoanX ID 欄標題下的每一列中放置一個識別碼。

39. 將 Excel 範圍轉換為表格。

40. 在 Deal Name 欄標題下，輸入以下公式：

```
=INDEX(LoanFacilities[Deal Name],MATCH([@[LoanX ID]],
LoanFacilities[LoanX ID],0))
```

此公式使用 INDEX 和 MATCH 函數為給定的 LoanX ID 從 LoanFacilities 表中取得 Deal Name 欄。

41. 在 Current Price 欄中，輸入以下公式：

```
=SUMPRODUCT(N(LoanPrices[Mark Date]=MAX(LoanPrices[Mark Date])),
N(LoanPrices[LoanX ID]=[@[LoanX ID]]),LoanPrices[Evaluated Price])
```

此公式透過在 LoanPrices 表中按最新 Mark Date 篩選來傳回給定 LoanX ID 的最新貸款價格。

42. 在 Max Price 欄中，輸入以下公式：

```
=MAXIFS(LoanPrices[Evaluated Price],LoanPrices[LoanX ID],[@[LoanX ID]])
```

此公式依給定 LoanX ID 傳回在 LoanPrices 中的最高價格。

43. 在 Max Date 欄中，輸入以下公式：

```
=MAXIFS(LoanPrices[Mark Date],LoanPrices[LoanX ID],[@[LoanX ID]],
LoanPrices[Evaluated Price],[@[Max Px]])
```

此公式使用 MAXIFS 函數依具有最高價格的貸款傳回其最新日期。

44. 在 Min Price 欄中，輸入以下公式：

```
=MINIFS(LoanPrices[Evaluated Price],LoanPrices[LoanX ID],[@[LoanX ID]])
```

與步驟 42 類似，此公式依給定 LoanX ID 傳回在 LoanPrices 中的最低價格。

45. 在 Min Date 欄中，輸入以下公式：

```
=MAXIFS(LoanPrices[Mark Date],LoanPrices[LoanX ID],
[@[LoanX ID]],LoanPrices[Evaluated Price],[@[Min Px]])
```

與步驟 43 類似，此公式依具有最低價格的貸款傳回其最新日期。

46. 在 Count 欄標題下，輸入公式：

```
=COUNTIF(LoanPrices[LoanX ID],[@[LoanX ID]])
```

此公式依給定貸款的價格傳回其天數加總。

47. 在 StdDev 欄中，輸入以下陣列公式：

```
=STDEV(IF(LoanPrices[LoanX ID]=[@[LoanX ID]],LoanPrices[Evaluated Price]))
```

該公式傳回給定貸款其貸款價格的標準差。如前一章所述，標準差是衡量波動和風險的指標。請注意，因為此公式是陣列公式，所以在鍵入後必須按 Ctrl-Shift-Enter。

結果表應如圖 8-4 所示。在進行投資時，了解標準差和貸款的高價和低價是很重要的，即使過去的表現不能保證未來的表現。了解高點和低點的日期有助於辨別貸款價格變動是否更多地取決於整體市場而非貸款本身。日期還可以告知你貸款目前或最近是處於它的最高價還是最低價。

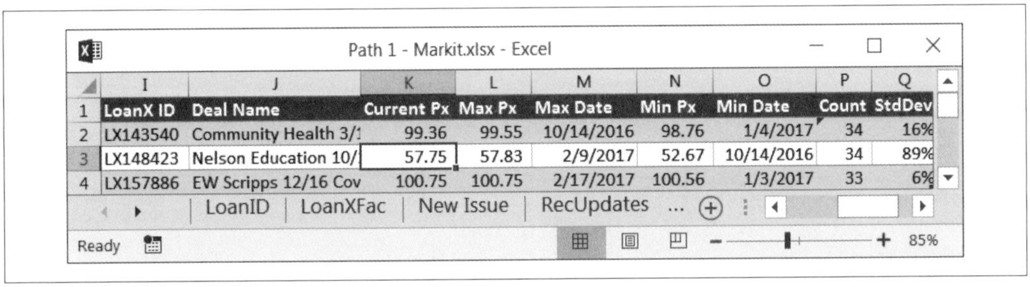

圖 8-4：貸款價格彙總

途徑 2 與 3：Access 與 C#

由於本章中使用的資料已經存在於資料庫中，因此無需編寫 C# 程式碼。相反，本節將介紹如何使用 Microsoft Access 分析 Markit 貸款資料，無論資料是使用 Access 中的 CSV 匯入還是透過 C# 匯入的。與前面的章節一樣，本節重點介紹 Excel（途徑 1）部分中涵蓋概念的實作。由於 Access 更適合查詢資料，因此本節中的實作要簡單得多。

新發行貸款分析

以下查詢產生的輸出與圖 8-1 中顯示的 Excel 表相同：

```
SELECT
DateSerial(Year([close date]),Month([close date]),1) AS MonthlyDate,
Count(*) AS [Count],
format(Sum(x.[Initial Amount]),"#,##0") AS TotalSize,
format(Sum(x.[Initial Amount])/Count(*),"#,##0") AS AvgSize,
format(Sum(term*[initial amount])/Sum([initial amount]),"0.00") AS WtdTerm,
format(Sum([initial spread]*[initial amount])/Sum([initial amount]),"0.00") AS
WtdSprd,

format(
Sum(iif([Industry]='Healthcare',[Initial Spread]*[initial amount],0))/
Sum(iif([Industry]='Healthcare',[initial amount],0))   ,"#,##0") AS
WtdHealthcareSpread,

format(
Sum(iif([Industry]='Retailing',[Initial Spread]*[initial amount],0))/
Sum(iif([Industry]='Retailing',[initial amount],0))
 ,"#,##0") AS WtdRetailSpread,

format(
Sum(iif([Industry]='Oil & Gas',[Initial Spread]*[initial amount],0))/
Sum(iif([Industry]='Oil & Gas',[initial amount],0))
 ,"#,##0") AS WtdOilGasSpread


FROM LoanXFacilityUpdates AS x
WHERE
 (((x.Currency)='us dollar')
And ((x.[LoanX Facility Category])='Institutional')
And ((x.Status)='Active') And ((x.[Initial Spread])>0))
GROUP BY DateSerial(Year([close date]),Month([close date]),1);
```

MonthlyDate 欄使用 DATESERIAL 函數透過使用資料庫中儲存的日期其年份和月份構建新日期，將每個日期轉換為該月的第一天。GROUP BY 陳述式中使用相同的函數按月彙總所有值。

Count、TotalSize 和 AvgSize 欄使用標準 COUNT 和 SUM 函數按 MonthlyDate 欄去彙總列。WtdTerm 欄按 Initial Amount 欄對 Term 欄進行加權，以傳回每月貸款的加權平均期限。同樣地，WtdSprd 欄傳回每個月貸款的加權平均利差。

WtdHealthcareSpread 欄使用與 WtdSprd 欄相同的計算，除了它使用 IIF 函數僅包含
Healthcare 產業的貸款。同樣地，WtdRetailSpread 和 WtdOilGasSpread 分別僅包括 Retail
和 Oil & Gas 貸款。

再融資

以下查詢產生與圖 8-2 中顯示的 Excel 表相同的輸出：

```
SELECT
DateSerial(Year([Inactivation Date]),Month([Inactivation Date]),1) AS MonthlyDate,
Count(*) AS [Count],
format(Sum(x.[Initial Amount]),"#,##0") AS TotalSize,

format(
(Sum(   iif([Repl Maturity Date] >= [Maturity Date],
(datediff("d",[Maturity Date],[Repl Maturity Date])) *[initial amount],0))
/Sum(iif([Repl Maturity Date] >= [Maturity Date],
[initial amount],0)))/365
,"0.00") AS YrsExt,

format(Sum([initial spread]*[initial amount])/Sum([initial amount]),"0.00")
AS OrigSprd,
format(Sum([Repl initial spread]*[initial amount])/Sum([initial amount]),"0.00")
AS NewSprd,
format(Sum(([Repl initial spread]-[initial spread])*[initial amount])/
Sum([initial amount]),"0.00") AS SprdDiff,

format(
Sum(iif([Industry]='Healthcare',
([Repl initial spread]-[initial spread])*[initial amount],0))
/Sum(iif([Industry]='Healthcare',
[initial amount],0))
,"0.00") AS WtdHealthcareSpreadChg,

format(
Sum(iif([Industry]='Retailing',([Repl initial spread]-
[initial spread])*[initial amount],0))
/Sum(iif([Industry]='Retailing',[initial amount],0))  ,"0.00") AS
WtdRetailSpreadChg

FROM LoanXRecUpdates AS x
WHERE [inactivationreason]='Refinanced'
and [Repl Initial Spread] > 0
and [Initial Spread] > 0
GROUP BY DateSerial(Year([Inactivation Date]),Month([Inactivation Date]),1);
```

與上一個查詢一樣，MonthlyDate 欄是使用再融資日期（包含在 Inactivation Date 中）建立的，並在 GROUP BY 陳述式中用於按月彙總列。Count 和 TotalSize 欄會傳回每個月的再融資列數和再融資總規模大小。

YrsExt 欄依修訂後到期日傳回展期年數的加權平均值，計算方式有點複雜。該陳述式將新舊到期日（包含在 Repl Maturity Date）之間的加權差值除以 365 年化後以獲得年數。IIF 函數用於篩選貸款是否等於或大於到期日來限制計算式的分子和分母。DATEDIFF 函數用於傳回 Maturity Dates 當前和換券之間的天數。

OrigSprd 和 NewSprd 欄傳回加權平均初始值和換券利差。SprdDiff 傳回初始和換券其兩者加權平均利差間的差值。同樣地，WtdHealthcareSpreadChg 和 WtdRetailSpreadChg 使用與 SprdDiff 欄相同的邏輯，但它們分別僅包括 Healthcare 和 Retail 貸款。

價格歷史

以下查詢產生的輸出與圖 8-3 中顯示的 Excel 表相同：

```
SELECT
[Mark Date],
Count(*) AS [Count],
Format(sum([initial amount] * [evaluated price])/sum([initial amount]),"0.00") AS
WtdPx,

Format(
sum([initial amount] * [evaluated price])/sum([initial amount]) /
(SELECT top 1 sum(x2.[initial amount] *
m2.[evaluated price])/sum(x2.[initial amount])
 FROM LoanXMarks AS m2
 INNER JOIN LoanXFacilityUpdates AS x2 ON x2.[loanx id]=m2.[loanx id]
 where m2.[mark date] < m.[mark date]
 group by m2.[mark date]
 order by m2.[mark date] desc )-1
,"0.00%") AS PctChg,

format(
Sum(iif([Industry]='Healthcare',[evaluated price]*[initial amount],0))/
Sum(iif([Industry]='Healthcare',[initial amount],0))  ,"0.00") AS
WtdHealthcarePx,

format(
Sum(iif([Industry]='Retailing',[evaluated price]*[initial amount],0))    /
Sum(iif([Industry]='Retailing',[initial amount],0))
,"0.00") AS WtdRetailPx,

format(
```

```
Sum(iif([Industry]='Oil & Gas',[evaluated price]*[initial amount],0))
/Sum(iif([Industry]='Oil & Gas',[initial amount],0))  ,"0.00") AS WtdOilGasPx

FROM LoanXMarks AS m
INNER JOIN LoanXFacilityUpdates AS x ON x.[loanx id]=m.[loanx id]
GROUP BY [Mark Date]
ORDER BY [mark date] DESC;
```

由於此結果表顯示每個日期的資料,因此選擇 Mark Date 並將其包含在 GROUP BY 陳述式中。Count 和 WtdPx 欄分別傳回列數和根據規模大小加權後的價格。

顯示每日變動百分比的 PctChg 欄是一個複雜的公式,因為與 Excel 不同,你不能只是簡單地參照下面的列。相反,此欄使用子查詢傳回前一天的百分比變動。雖然本書中大多數百分比變動的例子是將當前值和初始值之間的差值除以初始值,但另一個百分比變動公式是將當前值除以初始值並減去 1。PctChg 陳述式的第一部分使用與 WtdPx 欄相同的邏輯,但採用除以前一天的 WtdPx 並減去 1。子查詢透過從 LoanXMarks 中選擇日期小於當前行日期的第一列來傳回前一列的 WtdPx。子查詢可能導致查詢運行得更慢,應該刪除以提高性能。

WtdHealthcarePx、WtdRetailPx 和 WtdOilGasPx 欄使用與 WtdPx 欄相同的邏輯,但他們使用 IIF 陳述式分別僅傳回醫療保健、零售、石油和天然氣公司。

此查詢還 INNER JOIN 此 LoanXFacilityUpdates 表,因為 Initial Amount 和 Industry 欄不是 LoanXMarks 表的一部分。

下一個查詢產生的輸出與圖 8-4 中顯示的 Excel 表相同:

```
SELECT
[LoanX ID],
[Deal Name],

format(
(select top 1 [evaluated price]
 from LoanXMarks m
 where m.[loanx id]=x.[loanx id]
 order by [mark date] desc
)   ,"0.00") AS CrrPx,

format(
(select top 1 max([evaluated price])
 from LoanXMarks m
 where m.[loanx id]=x.[loanx id]
 group by [evaluated price]
 order by [evaluated price] desc
),"0.00") AS MaxPx,
```

```
(select top 1 max([mark date])
 from LoanXMarks m
 where m.[loanx id]=x.[loanx id]
 group by [evaluated price]
 order by [evaluated price] desc) AS MaxDt,

format(
(select top 1 max([evaluated price])
 from LoanXMarks m
 where m.[loanx id]=x.[loanx id]
 group by [evaluated price]
 order by [evaluated price] )
,"0.00") AS MinPx,

(select top 1 max([mark date])
 from LoanXMarks m
 where m.[loanx id]=x.[loanx id]
 group by [evaluated price]
 order by [evaluated price]
) AS MinDt,

(select count(*)
 from LoanXMarks m
 where  m.[loanx id]=x.[loanx id]
) AS [Count],

format(
(select stdev([evaluated price])
 from LoanXMarks m
 where  m.[loanx id]=x.[loanx id])
,"0%") AS StdDev

FROM LoanXFacilityUpdates AS x
WHERE x.[loanx id] in ('LX143540','LX148423','LX157886');
```

此查詢從 LoanXFacilityUpdates 中為一組不同的 LoanX ID 篩選列,並使用多個子查詢而不是利用 INNER JOIN,因為它需要以不同方式彙總 LoanXMarks 資料。第一個子查詢從 LoanXMarks 中按特定 LoanX ID 的最近價格排序,將篩選出的第一個價格傳回作為當前價格(CrrPx)的值。

下一個子查詢從 LoanXMarks 中按最高價格到最低價格做排序,將篩選出的第一個價格傳回作為特定 LoanX ID 的最高價格(MaxPX)。Access 與 Microsoft SQL Server 的不同之處在於它要求 MAX 函數與 GROUP BY 結合使用,以確保子查詢只傳回一列,但會包含 TOP 陳述式在內。

MaxDt 子查詢與 MaxPX 子查詢相同，只是它傳回具有最高價格列的日期。複製 MaxPX 和 MaxDt 邏輯以查詢 MinPX 和 MinDt 欄，但子查詢中的列按從最低到最高的價格排序。

Count 和 StdDev 子查詢使用 Access 的 COUNT 和 STDEV 彙總函數分別傳回標記的數量及標準差。該查詢使用 WHERE 子句中的 IN 陳述式指定要包含的 LoanX ID 列表。

更進一步

本節包含途徑 1 未討論到的其他查詢，並以 Access 中較複雜的技術作為示範。

最近交易在 80 美元以下的貸款，目前交易在 90 美元以上

利用大型資料集（如 Markit 的貸款資料）做研究時，很多令人感到有興趣情形中的一件事，就是尋找當中的異常情況並發現投資機會。其中一項分析是關注最近交易價格低於 80 美元但已大幅上漲且目前交易價格超過 90 美元的貸款：

```
SELECT
m.[LoanX ID],
x.[Deal Name],
m.[Evaluated Price],
n.MinPx,

(select max(m3.[mark date])
 from LoanXMarks m3
 where m3.[loanx id]=m.[loanx id]
 and m3.[evaluated price]=n.minPx
) AS DateOfMinPrice

FROM (LoanXMarks AS m
        INNER JOIN LoanXFacilityUpdates AS x ON x.[loanx id]=m.[loanx id])
        INNER JOIN (
          SELECT
          m2.[LoanX ID],
          Min(m2.[Evaluated Price]) AS MinPx
          FROM LoanXMarks AS m2
          WHERE m2.[evaluated price] < 80
          and m2.[mark date] > dateadd("d",-90,now())
          GROUP BY m2.[LoanX ID])  AS n ON n.[LoanX ID]=m.[LoanX ID]

WHERE m.[mark date] = (select max([mark date]) from LoanXMarks) and
m.[evaluated price] > 90;
```

在上一個查詢中，LoanX ID 和 Evaluated Price 欄從 LoanXMarks 表中選擇，而 Deal Name 欄來自 INNER JOINed LoanXFacilityUpdates 表。

MinPx 欄來自子查詢同時也是 INNER JOINed。子查詢按每一筆 LoanX ID 從 LoanXMarks 中篩選出符合在過去 90 天內其價格低於 80 美元的 LoanX ID 和最低價格。Access 與 SQL Server 不同的另一種方式是，它允許你只能對一個表進行 INNER JOIN，除非你使用額外的括號將它們組合在一起。

DateOfMinPrice 欄使用子查詢傳回貸款發生最低價格低於 80 美元的最近日期。

WHERE 子句使用子查詢來過濾掉 LoanXMarks 表中不是最新日期的標記。此外，它還過濾掉目前未標記為 90 美元以上的所有貸款。查詢結果應如圖 8-5 所示。

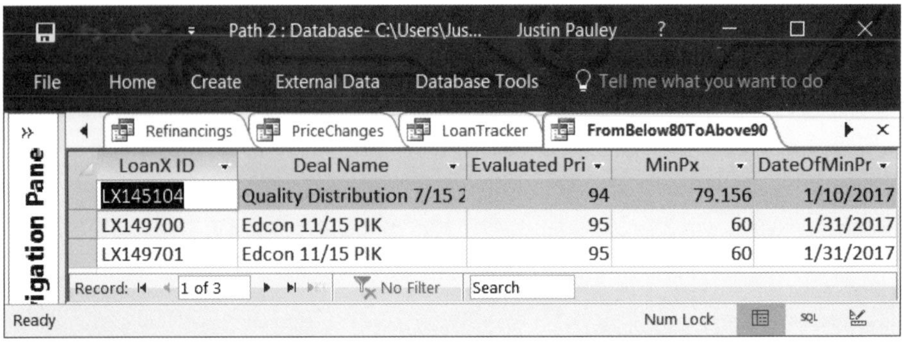

圖 8-5：查詢結果顯示已經反彈的貸款

另一個有用的查詢是傳回過去兩週價格變動超過 10% 的所有貸款。你可以很方便地在不同的時間段內使用不同的價格限制修改以下查詢：

```
SELECT
m.[LoanX ID],
[Deal Name],
format(m.[Evaluated Price],"0.00") AS TodayPrice,
format(twoweeksago.[Evaluated Price],"0.00") AS TwoWeeksAgo,
twoweeksago.[mark date],
format( (m.[Evaluated Price]-twoweeksago.[Evaluated Price])/
twoweeksago.[Evaluated Price],"0.00%") AS PctChg
FROM
(LoanXMarks AS m
 INNER JOIN LoanXFacilityUpdates AS x ON x.[loanx id]=m.[loanx id])
INNER JOIN (
 SELECT m2.[LoanX ID],
          m2.[Mark Date],
          m2.[Evaluated Price]
        FROM LoanXMarks AS M2 WHERE m2.[Mark Date] =(select

max(m3.[mark date])
```

```
from LoanXMarks m3

where m3.[mark date] < dateadd("d",-14,now())

)
) AS twoweeksago ON twoweeksago.[LoanX ID]=m.[LoanX ID]
WHERE
m.[mark date] = (select max([mark date]) from LoanXMarks)
and m.[evaluated price] > 0
and twoweeksago.[evaluated price] >0
and  abs((m.[Evaluated Price]-twoweeksago.[Evaluated Price])/
twoweeksago.[Evaluated Price]) > 0.1
ORDER BY (m.[Evaluated Price]-twoweeksago.[Evaluated Price])/
twoweeksago.[Evaluated Price];
```

此查詢有點複雜，因為 INNER JOIN 包含另一個子查詢的子查詢。INNER JOIN 陳述式中的外部子查詢從 LoanXMarks 中篩選 LoanX ID、Mark Date 和 Evaluated Price，其中日期是 LoanXMarks 中最近的日期，至少在今天之前 14 天（NOW 函數傳回今天的日期）。

別名為 "m" 的表格表示每筆貸款的最新價格資訊，因為 WHERE 子句使用子查詢過濾掉標記日期不是 LoanXMarks 表中最新日期的列。別名為 "twoweeksago" 的表格表示同一筆貸款在兩週前的資料。因此，PctChg 欄傳回從較早日期價格（顯示在 Mark Date 欄中）到最新價格間的百分比變動。

WHERE 子句還使用 ABS 函數僅顯示絕對百分比變動超過 10% 的貸款。產生的查詢應如圖 8-6 所示。

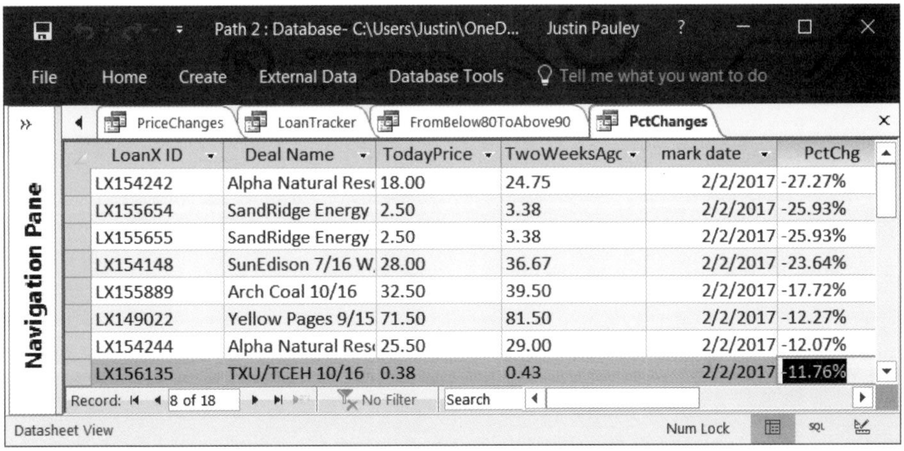

圖 8-6：價格變動超過 10%

小結

狹隘視野是讓分析師陷入危險的眾多陷阱之一。很容易只將注意力集中在世界的角落，而不關心其他產業或市場領域的趨勢。重要的是分析師必須了解整體市場的趨勢，因為沒有哪個孤立的市場完全不會受到其他市場變動的影響。本章介紹了如何在貸款市場上使用 Markit 的資料，以判別更廣泛的趨勢，並深入挖掘底層資訊。本章是金融數據分析部分的最後一章；下一節將介紹如何在各種報表中顯示分析結果。

第九章

製作報表

如果我不能具體描繪一件事物，表示我無法完全理解它。

　　－艾爾伯特 愛因斯坦

本節將示範利用前幾章教授過的大部分內容，為個別公司建構兩頁分析"公司現況"說明書，包括歷史財務、比較分析和相對價值。設計報表是一種藝術形式，本章將向你介紹不同的技巧和有用的範例，但人們對報表的外觀有不同的想法和偏好。公司現況一詞源自它是標準普爾關於上市公司的一頁報表，當時經紀人將他們從書中撕下來，但今天網路上有很多提供單頁分析報表的來源。彭博在其 Excel 模板庫（XLTP <GO>）中就有一些能提供幫助的報表。

但是，本書的主軸就是為你提供優勢，使你能夠建立自己的報表，將來自多個來源的資料與你的觀點和見解相結合，並按照你希望的方式進行佈局。你對公司應如何進行分類，哪個指數可以當作適當的比較基準，你已處理或調整過的不正確或不完整的資料，以及你曾經記錄過的評論將使本章設計的報表比其他每個投資者使用的報表都還要來的有說服力。此外，還有數以千計的金融數據，包括多種計算收益的方式。決定哪些資料欄和計算是合適的，與披薩配料一樣，因人而異同時也是個容易引起熱烈討論的議題。

目前，前面章節中建構每間公司的所有金融數據和分析都存在同一列中。正如本章將要示範的那樣，雖然這個版面非常適合比較，但建立單頁報表可以使資訊更容易消化。與前幾章一樣，本章分為三個途徑：Microsoft Excel、Access 和 C#。每個部分將示範如何建立公司現況說明書告並透過指定 CompanyID 而自動產生報表。Excel 是一個可用於建立報表的強大工具，因為它具有許多功能，廣泛的圖表，並且使用起來非常簡單。另一方面，Access 較難上手。雖然本章介紹了 Access 中的報表工具，但我建議你使用 Excel 或 C# 選項 SQL Server Reporting Services（SSRS）。在以下部分中，版面、顏色、圖表、資料欄等都可以根據你的喜好進行調整；我們的目標是提供不同的技術和有用的訣竅，使報表的個人化變得更加容易。

途徑 1：Excel

本節介紹在 Excel 中建立兩頁公司報表的步驟，該報表可以使用簡單的下拉式清單在公司之間切換。第一步是建立一個新工作表，我們將其稱為 CompanyReport，設定頁面版面，並調整檢視以便更容易可視化生成的報表：

1. 建立一個名為 **CompanyReport** 的新工作表，將你的檢視更改為分頁預覽。

2. 在 Excel 中，在功能區上的版面配置索引標籤上，點擊方向按鈕，然後選擇橫向。

3. 選擇儲存格 A1 到 M68。再次在版面配置索引標籤上，點擊列印範圍，然後選擇設定列印範圍。

   具有白色背景的結果儲存格表示報表的可用空間。你可以在標籤為 "第 1 頁" 框外的灰色儲存格來計算報表項目。

4. 同樣在版面配置索引標籤中，但取消勾選在工作表選項中格線的核取方塊。

5. 將每個儲存格的字體大小更改為 8。

   字體為 11 的大小會超過大多數人接受的大小。

   報表的基本結構將包含六個部分，並以標題或粗外框線分隔這六部分。接下來的步驟將設定報表的基本框架。

6. 合併從欄 A 至欄 M 第 3 列中的儲存格，更改合併儲存格的背景顏色和字體顏色，並將其標籤為 **Company Description**。

7. 重複步驟 6，但合併第 6 列中的儲存格並將其標籤為 **Overview**。

8. 合併從欄 A 至欄 H 第 13 列中的儲存格，更改背景顏色和字體顏色，並將其標籤為 **Relative Value**。

9. 將 Relative Value 右側儲存格的第 13 列合併在一起（第 I 欄到第 M 欄）並將其標籤為 **Comments**。

   接下來的步驟是增加下拉式功能，可讓你在不同公司之間快速切換。

10. 在公式索引標籤上已定義之名稱中，點擊名稱管理員。

11. 點擊新增，然後在文字方塊中鍵入 **Ticker**。參照到清單框中，選擇：

    =Company[CompanyID]

    需要為後續步驟中建立的下拉式清單建立已定義的名稱。

12. 標籤儲存格 A7 **Ticker**，選擇儲存格 B7，然後在資料索引標籤上點擊資料驗證。

13. 在資料驗證對話框，設定索引標籤上，在儲存格內允許，選擇清單，然後在來源對話框中鍵入 **=Ticker**。

點擊確定後，將出現一個下拉式清單，你可以在其中從公司工作表中選擇任何 CompanyID，如圖 9-1 所示。

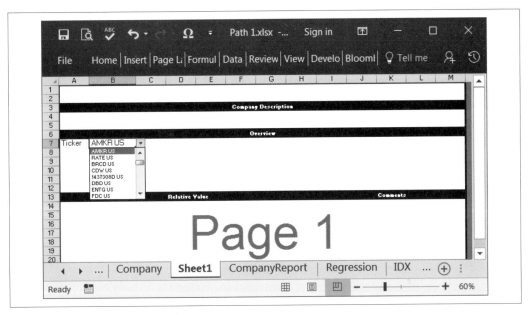

圖 9-1：報表架構中使用下拉式清單

接下來的步驟將根據所選定的 CompanyID 將公司名稱增加到報表標題中。標題將包括報表的建立日期以及更新財務資訊的日期。這些日期非常重要，特別是在列印輸出時，因為它們為報表中的資訊提供了背景資訊。

14. 合併儲存格 A1 到 H2，然後輸入以下公式：

```
=INDEX(Company[CompanyName],MATCH($B$7,Company[CompanyID],0))
```

利用 INDEX/MATCH 函數從 Company 表中取得與儲存格 B7 值相對應 CompanyID 的 Company Name。這個公式將在本報表中頻繁出現，用來從 Company 工作表中取出資料欄。

15. 標籤儲存格 I1 **Financials As Of**，然後在儲存格 J1 中輸入以下公式：

    ```
    =INDEX(Company[Latest Financials],MATCH($B$7,Company[CompanyID]))
    ```

    此公式從 Company 工作表中取得最新財務記錄日期。

16. 標籤儲存格 I2 **Report Date**，然後在儲存格 J2 中輸入以下公式：

    ```
    =TODAY()
    ```

    Report Date 始終為 Today，因為評論和股票價格每天都在更新。

    接下來的步驟將匯入彭博的完整描述至 Company Description 部分。因為這可能是一個大量描述，你必須使用 BDS 函式來取得它。

17. 標籤儲存格 N1 **BBID**，然後在儲存格 O1 中輸入以下公式：

    ```
    =INDEX(Company[BBID],MATCH($B$7,Company[CompanyID]))
    ```

    這些儲存格不會出現在報表上，但從 Company 工作表中把 BBID 匯入此儲存格可以避免將來多次執行此操作。

18. 合併儲存格 A4 到 M5，然後輸入以下公式：

    ```
    =BDS($O$1,"CIE_DES_BULK","aggregate=y")
    ```

    這個公式可以從彭博取得完整的公司描述。額外參數強制將整個描述放入單個儲存格中，避免跨越多列匯入。

19. 格式化合併後的儲存格，然後在常用索引標籤上的對齊方式中，點擊自動換列。

    接下來的步驟將使用 Company 工作表中的資訊填入報表的概述部分。這些步驟只會遍歷少數幾個資料欄，將會根據你的偏好進行擴展。此外，不同的資料欄具有各種大小的標籤和值，並且可能需要合併以適合所有內容。

20. 在 Ticker 下，在欄 A 中，標籤第 8 列到第 12 列：**Current Price**、**Moody's Rating**、**S&P Rating**、**Private** 和 **EBIT**。並將這些標籤字體以粗體顯示。

21. 在每個標籤旁邊的儲存格中，在欄 B 中，使用 INDEX/MATCH 函數（如步驟 14）取得相應的欄。例如，使用以下公式來取得價格：

    ```
    =INDEX(Company[Price],MATCH($B$7,Company[CompanyID]))
    ```

    步驟 20 和 21 的結果應該是欄標籤和 Company 工作表中的相應資料。

22. 將所有儲存格對齊到左側，然後重複步驟 20 和 21 以建立多個標籤和值的組合欄位。

23. 將 Overview 部分中交替列的背景顏色設為淺灰色，以使各列更易於查看。

24. 在標籤中包含每個值的單位，例如總收入（$MM）或調整儲存格格式以標示單位。例如，"賣出利率 /% 浮動" 格式可以設為自定義格式：0.00"%";(0.00"%")，它在值之後加上百分比的符號。

為了避免誤解，一定要包含單位。你還可以使用自訂格式 #,##0.00x;(#,##0.00x) 在值之後增加 "x"，像是計算利息覆蓋率。

由此產生的前三個部分應如圖 9-2 所示。

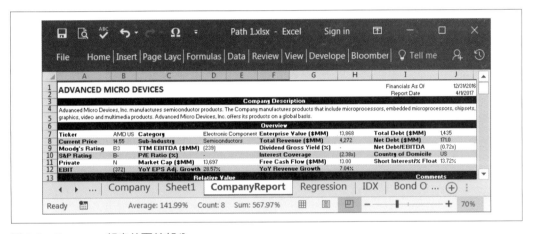

圖 9-2：Company 報表的頁首部分

接下來的步驟將建立報表的相對價值部分。報表的相對價值部分使用公司工作表中的 Category 和 Index 將公司的績效表現與其同業和整個市場進行比較。根據欄寬和大小，你可能需要合併某些儲存格或跨欄。

25. 標籤 A15 到 A21 儲存格：**52-Week High (% Chg)**、**52-Week Low (% Chg)**、**12 Month Total Return**、**YTD Price Change**、**3M Price Change**、**Total Debt/EBITDA**、**FCF/Total Debt**。加粗這些儲存格的字體。

26. 標籤儲存格 C14 "**Value**"，並將公式放在儲存格 C15 到 C21 中以從 Company 表中取得相對應的資料。例如，在儲存格 C15 中使用以下公式來取得 52 週最高價：

    =INDEX(Company[52 Week High],MATCH($B$7,Company[CompanyID]))

27. 在 D14 中，輸入以下公式：

    ="Median "&INDEX(Company[Category],MATCH($B$7,Company[CompanyID]))

此公式將匯入中位數及公司類別。

28. 在標題下的儲存格（D15 到 D21）中，放置公式以從 Company 表中取得中位數。例如，要取出中位數 52 週最高價，請使用以下公式：

```
=INDEX(Company[Median 52 Week High],MATCH($B$7,Company[CompanyID]))
```

每個欄都應在 Company 表中具有相應的 Median 欄值。

29. 在 G14 中，輸入以下公式：

```
=INDEX(IDX[Name],MATCH(INDEX(Company[IndexID],
MATCH($B$7,Company[CompanyID],0)),IDX[IndexID],0))
```

此公式使用公司工作表中的 IndexID 從 IDX 表中取得指數的全名，而工作表依次使用儲存格 B7 中的 CompanyID 來取得。

30. 在標題是 Index（G15 到 G19）下的儲存格中，放置公式以從公司工作表中取得 Index 值。例如，要取得指數 52 週最高價，請使用以下公式：

```
=INDEX(Company[Index 52 Week High],MATCH($B$7,Company[CompanyID]))
```

儲存格 G20 和 G21 保留為空白，因為 Total Debt/EBITDA 和 FCF/Total Debt 對於顯示公司指數沒有意義。

31. 與步驟 24 一樣，將包含值的儲存格進行格式化。

32. 在交替的列中設定背景顏色，以便於查看。

33. 在第 14 列的標題列中增加粗體，並增加底部邊框的粗細以在下方建立一條線。如果讓它看起來更清晰，則使用自動換列以格式化標題儲存格並增加第 14 列的列高。

接下來的步驟將建立一個框以顯示你對公司的評論。這些評論來自 Company 工作表上的 Company Comments 欄。

34. 合併儲存格 I14 到 M21，然後將格式設為自動換列。

這允許註釋可以在跨多個列和欄中填入資料。

35. 將新的儲存格的公式設為以下：

```
=INDEX(Company[Company Comments],MATCH(B7,Company[CompanyID]))
```

Relative Value 和 Comments 部分應如圖 9-3 所示。

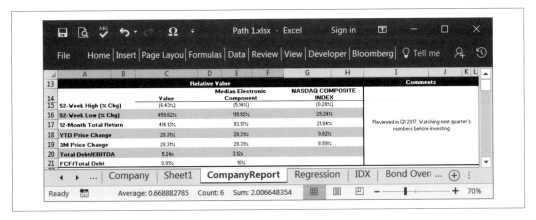

圖 9-3：Company 報表的中間部分截圖

報表中至少需要一張圖表才能讓報表看起來比較清楚。圖表非常適合用於傳達大量資訊。下一組步驟在報表中增加了一個圖表，該圖表將公司股票的每日價格與其相對應指數以及負責研究這間公司之分析師共識設立的目標價格（公允價值）進行比較。

36. 標籤儲存格 N2 "**Index BBID**"，然後在儲存格 O2 中輸入以下公式：

```
=INDEX(IDX[BBID],MATCH(INDEX(Company[IndexID],
MATCH($B$7,Company[CompanyID],0)),IDX[IndexID],0))
```

此公式從 IDX 工作表匯入公司相對應指數的 BBID。

37. 標籤儲存格 N3 "**Start Date**"，然後在儲存格 O3 中輸入以下公式：

```
=TODAY()-365
```

這將價格歷史的開始日期設為從今天開始的一年前。

38. 標籤儲存格 N4 "**End Date**"，然後在儲存格 O4 中輸入以下公式：

```
=TODAY()
```

39. 在儲存格 R1 和 W1 中，輸入以下公式：

```
=O1
```

此公式將公司的 Bloomberg ID 複製到這些儲存格中，這些儲存格將作為未來步驟中價格歷史記錄的標題列。

40. 標籤儲存格 R2 "**Date**"，然後在儲存格 S2 中輸入以下公式：

```
=B7&" (Rt Axis)"
```

S2 中的公式顯示帶有 "Rt Axis" 的 Ticker，表示它將位於圖表的右軸上。

41. 在儲存格 R3 中，輸入以下公式：

```
=BDH(R1,"PX_LAST",O3,O4,"FX",P1,"PER=CD","FILL=PNA","CDR=US")
```

此公式從開始日期到結束日期，按照美國日曆日取出公司股票價格，並利用前一個日期填補缺失日期。

42. 在儲存格 T4 中，輸入以下公式，然後將其複製到和 R 欄中的最後一個日期平行：

```
=(S4-S3)/S3
```

此公式計算每日價格變動

43. 在儲存格 U1 中，輸入以下公式：

```
=O2
```

公式將傳回 Index 的 Bloomberg ID 當作價格歷史紀錄的欄標題。

44. 在儲存格 U2 中，輸入以下公式：

```
=INDEX(Company[IndexID],MATCH($B$7,Company[CompanyID]))&" (Lft Axis)"
```

此公式從 Company 工作表匯回 Index ID，並在其後面附加 "Lft Axis" 以表示它將顯示在圖表的左軸上。

45. 在儲存格 U3 中，輸入以下公式：

```
=BDH(U1,"PX_LAST",O3,O4,"FX",P1,"PER=CD","FILL=PNA","CDR=US","DTS=H")
```

此公式與步驟 41 中的公式相同，不同之處在於它是取出指數的歷史價格並且不顯示日期。

46. 在儲存格 V4 中，輸入以下公式，然後將公式複製到有包含價格的每一列：

```
=(U4-U3)/U3
```

與步驟 42 類似，這計算每日價格指數的價格變動。

47. 標籤儲存格 W2 "Target"。

48. 在儲存格 W3 中，輸入以下公式：

```
=BDH(W1,"BEST_TARGET_PRICE",O3,O4,"FX",P1,"PER=CD","FILL=PNA",
"CDR=US","DTS=H")
```

此公式與步驟 41 相同,除了 BEST_TARGET_PRICE 傳回股票的市場共識目標價格並且也不顯示日期。

49. 增加一個尺寸範圍從儲存格 A22 到 F43 的折線圖,在下面留下一列儲存格。

50. 將欄 S、欄 U 和欄 W 中的價格歷史記錄增加到折線圖中。將目標價格和公司價格保持在同一軸上,但將指數放在副座標軸上。請根據你的喜好進行格式化。

51. 標籤儲存格 N5 **Correlation**,然後在儲存格 O5 中輸入以下公式

    =CORREL(T:T,V:V)

    該公式傳回公司股票的每日價格變動與指數之間的相關性。

52. 標籤儲存格 N6 **Beta**,然後在儲存格 O6 中輸入以下公式:

    =SLOPE(T:T,V:V)

    此公式傳回公司股票的每日價格變動與指數之間的 Beta。

53. 標籤儲存格 N7 **R-Squared**,然後在儲存格 O7 中輸入以下公式:

    =RSQ(T:T,V:V)

    該公式傳回公司股票的每日價格變動與指數之間的 R-Squared。

54. 在圖表下方的第 44 列,在 A 到 F 欄中,增加標籤並將儲存格連接到步驟 51 到 53 中的 Correlation、Beta 和 R-Squared 值。

    接下來的步驟增加了市場共識買入和賣出建議的圓餅圖。

55. 標籤儲存格 N15 到 N17:**Buy**、**Sell** 和 **Hold**。

56. 在儲存格 O15 中,輸入以下公式:

    =INDEX(Company[Buy Recommendations],MATCH($B$7,Company[CompanyID]))

    此公式從 Company 工作表中取得購買建議。

57. 在儲存格 O16 中,輸入以下公式:

    =INDEX(Company[Sell Recommendations],MATCH($B$7,Company[CompanyID]))

58. 在儲存格 O17 中,輸入以下公式:

    =INDEX(Company[Hold Recommendations],MATCH($B$7,Company[CompanyID]))

59. 使用 N15 到 N17 中的標籤和 O15 到 O17 中的值增加圓餅圖。請根據你的喜好進行格式化。

    報表的第 1 頁應如圖 9-4 所示。

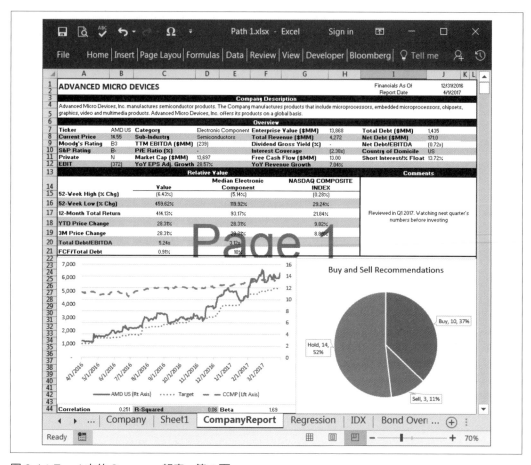

圖 9-4：Excel 中的 Company 報表 - 第 1 頁

報表的第二頁將包含公司的歷史財務報表。報表必須足夠靈活，可以使用下拉式方塊在年度，半年度和季度財務資料之間進行切換。以下步驟增加下拉式方塊，並利用彭博將關聯日期增加到報表中。

60. 選擇儲存格 N46（在可列印區域外）。在功能區上的資料索引標籤上，點擊資料驗證按鈕。

61. 在儲存格內允許中，選擇清單，然後在來源文字方塊中，鍵入 **"Yearly"**，**"Semi-Annual"**，**"Quarterly"**，然後點擊 "確定"。

這應該在儲存格 N46 中放置一個下拉框。現在，選擇 "Yearly"。

62. 在儲存格 C45 中，輸入以下公式：

```
="-0F"&LEFT($N$46,1)
```

這顯示 "-0FY"（當在儲存格 N46 中選擇 "Yearly" 時），我們將其用作 BDP 函式的輸入以檢索最新的會計年度。

63. 在儲存格 C45 右側的儲存格中，輸入相同的公式，但將 **0** 調整為 **1** 到 **3**，使第 45 列讀取 **-0FY**、**-1FY**、**-2FY**、**-3FY**。

64. 選擇第 45 列中包含步驟 62 和 63 結果的儲存格，然後將字體顏色設為白色以使其不可見。

我們這樣做是因為雖然我們將在公式中參照這些儲存格，但我們不需要在報表中顯示它們。

65. 在儲存格 C46 中，輸入以下公式：

```
=BDP($O$1,"BEST_PERIOD_END_DATE","BEST_FPERIOD_OVERRIDE",C45)
```

此公式傳回彭博以儲存格 C45 中包含的會計期間而估計的資料其會計期間結束日期。

66. 將 C45 中的公式（步驟 65）複製到右邊的四個儲存格中。

根據報表的格式，你可能希望將一些儲存格合併在一起，以便日期正確地適合頁面。

下一組步驟將標籤和相應的 Bloomberg 資料欄增加到報表中。請記住，這些只是你可以選擇的數千個資料欄中的一些範例（請參閱第 3 章）。

67. 在儲存格 A47 到 A54 中，增加以下標籤：**Market Cap**、**Enterprise Value**、**Revenue**、**Adj**、**Gross Profit**、**Adj**、**EBITDA**、**Adj**、**Net Income**、**Adj**、**EPS**、**Adj** 和 **Free Cash Flow**。

68. 在儲存格 N47 到 N54 中，增加以下包含 Bloomberg 資料欄的標籤：**HISTORICAL_MARKET_CAP**、**ENTERPRISE_VALUE**、**SALES_REV_TURN**、**GROSS_PROFIT**、**EBITDA**、**EARN_FOR_COMMON**、**IS_DIL_EPS_CONT_OPS** 和 **CF_FREE_CASH_FLOW**。

有關這些資料欄的更多詳細資訊，請參閱 Bloomberg FLDS 螢幕。

69. 在儲存格 C47 中，輸入以下公式：

```
=BDP($O$1,$N47,"EQY_FUND_RELATIVE_PERIOD",C$45,"Fill=-","EQY_FUND_CRNCY",
$P$1)
```

此公式使用在儲存格 P1 中找到的貨幣檢索位於欄 N 中的資料欄（HISTORICAL_MARKET_CAP），該資料欄在第 45 列中找到的時間段（-0FY）。

70. 將步驟 69 中建立的公式複製到每個欄中，並帶有日期標題，直到第 54 列。

71. 增加幾個最有用的時間序列資料圖表。

報表的第 2 頁應如圖 9-5 所示。將下拉式儲存格 N46 調整為 Quarterly 將立即更新歷史財務和圖表。

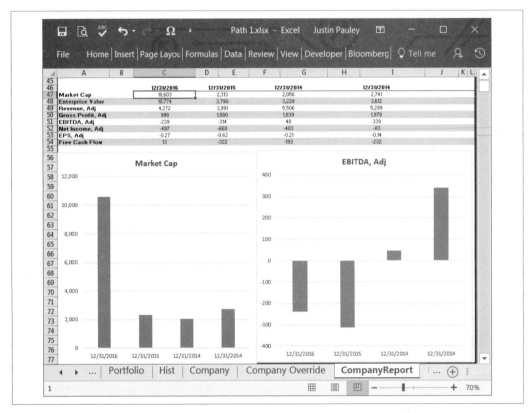

圖 9-5：Excel 中的 Company 報表，第 2 頁

請花一點時間來消化報表中的數字。我建議你當任何儲存格發生數量超過上限或下限時應該條件式格式設定以突出顯示。想要在不同公司之間進行更改，只需使用儲存格 B7 中的下拉式清單讓整個試算表更新。而且，如果 Company 工作表上的指數或註釋發生變化，報表將自動更新。

途徑 2：Microsoft Access

Access 是查詢大量資料的絕佳工具，但使用其報表工具有一些缺點。主要問題是界面不像 Excel 或其他報表工具那樣直觀。此外，由於 Access 無法直接連接到彭博，因此在建立報表之前，需要在 Excel 工作簿中保留某些資料（如歷史價格和公司描述）。因此，即使你使用 Access 進行資料分析，Excel 也是推薦的製作報表平台。除了注意事項之外，因為彭博資訊並不一定可以獲得金融數據，或者可能在 Excel 中無法使用金融數據，因此了解如何在 Microsoft Access 產生報表是很有用的。本節示範如何使用連接到 Excel 工作表的 Company 表針對單個公司建立一頁報表。

第一步是增加一個查詢，該查詢針對給定 CompanyID 以收集報表所需的資料：

1. 使用以下命令建立名為 **Company Report Query** 的新查詢：

   ```
   SELECT *
   FROM Company
   WHERE CompanyID=[CID];
   ```

   [CID] 欄不是 Company 表中的欄，因此，當你運行查詢或產生報表時，Access 將提示輸入 CompanyID。該查詢將生成給定 CompanyID 的 Company 表中的每一欄。

   接下來的步驟將產生報表並在報表中增加資料欄。

2. 在功能區上的建立索引標籤上，點擊資料表設計以建立新的空白報表。

3. 在版面配置選項上，點擊橫向。

4. 在設計索引標籤上，選擇屬性表。在資料選項上，點擊記錄來源按鈕，然後選擇在步驟 1 中建立的查詢 Company Report Query。

   此步驟將查詢中的資料綁定到報表。

5. 再次，在設計索引標籤上，選擇新增現有欄位。

   欄位清單開啟後，會顯示 Company 表中資料表欄位的清單。

6. 依你偏好的版面配置將欄位從欄位清單窗格拖曳至報表。

   將欄位拖到報表上時，它會生成兩個項目：一個框包含可以修改為標籤的欄名稱，另一個框（通常在右側和深色字體中）將顯示實際值查看報表時的欄位。你可以刪除不必要的標籤。拖動到頁面標題部分的欄位將在每個頁面上重複出現。

下一組步驟介紹如何增加其他標籤和修改儲存格格式。在設計索引標籤上，可以將兩種類型的有用控制項增加到報表中。第一個是文字方塊，可以包含公式並參照其他資料欄。另一種類型是標籤，你可以格式化以幫助組織報表。若要將其中任何一個控制項增加到報表，請在設計索引標籤，從控制項中選擇它們，然後拖動到要放置控件的區域。

7. 在報表中增加文字方塊。在文字方塊內點擊並放置以下公式：

    ```
    ="Report Date " & Date()
    ```

    查看報表時，此文字方塊將顯示 Report Date 及今天的日期。

8. 在報表中增加一些標籤（例如 **Overview**、**Relative Value** 或其他類似於本章開頭的 Excel 版本中建立的報表）。使用格式索引標籤上的選項可以更改背景顏色，字體顏色以及把標籤設定為粗體。

9. 選擇報表上的所有資料欄、標籤和文字方塊，然後使用格式索引標籤上的選項把字體大小調整成一致。還建議你將控制項的邊框設為透明（在控制格式中，點擊外框，然後選擇透明）。

10. 排列選項上的對齊選項有助於在報表上將不同的資料欄排列整齊。

11. 要調整數字格式，請右鍵點擊某個資料欄，然後在快捷選單上指向屬性，然後選擇一種格式。你還可以鍵入自定義格式，如：$0.00 \ x$，以顯示類似 "2.35x" 的數字。

    根據指數繪製公司的歷史價格，如圖 9-4 所示，在 Access 中更加困難。主要問題是將資料存入每個指數和公司的資料庫，然後將資料轉換為 Access 圖表工具可以使用的表單。沒有編寫程式碼，就沒有任何優雅的解決方案。下一組步驟將逐步建立一個不太完美的解決方法。

12. 在 Excel 中，建立一個名為 **PriceHistory** 的新工作表。

13. 標籤儲存格 A1 為 **Date**。

14. 參照 Company 和 IDX 工作表，在第一列放置每間公司及指數的 BBID。例如，儲存格 B1 可能放置 "ACIW US Equity"，而儲存格 C1 可能放置 "CCMP Index"。

15. 在儲存格 A2 中，輸入以下公式：

    ```
    =BDH(B$1,"PX_LAST",TODAY()-365,TODAY(),"FX=USD","PER=CD","FILL=PNA",
    "CDR=US","DTS=0")
    ```

    此公式使用過去一年的日曆日期填入 A 欄。

16. 在儲存格 B2 中，輸入以下公式，然後將其複製到跨欄的第 2 列中：

```
=BDH(B$1,"PX_LAST",TODAY()-365,TODAY(),"FX=USD","PER=CD","FILL=PNA",
"CDR=US","DTS=H")
```

這將參照第 1 列中 BBID 將相對應的歷史價格填入欄中。

17. 在 Access 中，在功能區上的外部資料索引標籤上，點擊 Excel 按鈕連接在步驟 12 中建立的工作表。

18. 建立一個名為 "PriceHistQuery" 的新查詢，如下所示：

```
SELECT Date,
switch(
c.BBID='AMD US Equity',d.[AMD US Equity],
c.BBID='ACIW US Equity',d.[ACIW US Equity],
c.BBID='AMKR US Equity',d.[AMKR US Equity],
) AS Company,
switch(
c.IndexID='CCMP',d.[CCMP Index],
c.IndexID='S5INFT',d.[S5INFT Index]
) AS [Index]
FROM PriceHistory AS d, Company AS c
WHERE c.CompanyID=[CID];
```

根據給定 CompanyID 及 Company 表中的 BBID 和 IndexID，利用 switch 語句從 PriceHistory 表中傳回相對應的欄。遺憾的是，此解決方案要求每個公司的 BBID 和 IndexID 分別列在兩個 switch 語句中。

19. 在 Access 報表的設計索引標籤上，點擊控制項，然後選擇圖表。根據需要將圖表放在報表上。放置圖表後，打開圖表精靈。

20. 在圖表精靈的第一頁上，選擇 PriceHistQuery。在第二頁上，將 Date、Company 和 Index 欄複製到圖表資料欄中。在第三頁上，選擇折線圖。在第四頁上，從 SumOfCompany 下的窗口右側拖動 Index 資料欄，然後點擊完成。

21. 在新圖表點擊二下以根據你的喜好對其進行格式化，包括將第二個序列設為副座標軸。

請注意，當你查看報表時，它會提示你輸入兩次 CID（CompanyID）（這是我不喜歡 Access 報表的另一個原因）。如果是使用 Access 表單則可以縮減至只需要輸入一次。而製成的 Access 報表應如圖 9-6 所示。

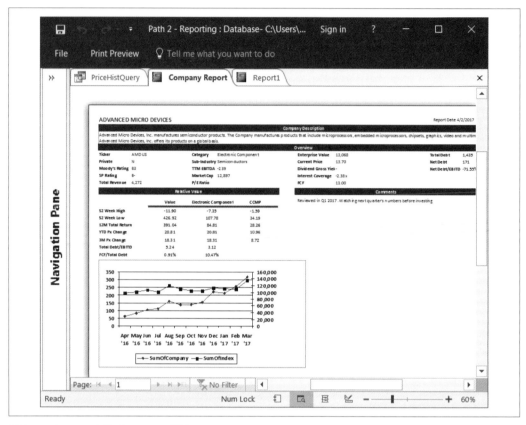

圖 9-6：Access 中的 Company 報表

途徑 3：C# 與 SSRS

本節示範如何使用 C# 和 SQL Server Reporting Services（SSRS）自動產生報表。SSRS 是一種先進的動態報表工具，有兩種形式：伺服器端和客戶端。顧名思義，伺服器端形式意味著報表（RDL 文件）託管在遠端伺服器上，並透過入口網站，自動排程電子郵件或應用程式進行存取。客戶端版本是在本機中的應用程式呈現出報表（RDLC 文件）；它不需要 SQL Server。然而，由於兩種形式都使用相同的引擎，因此報表文件可以從 RDLC 轉換為 RDL，反之亦然。因為許多分析師無法存取 SQL 伺服器，本章將著重在介紹客戶端報表。

在我們開始之前，你需要安裝 SQL 伺服器資料工具（SSDT）。首先，在
Windows 控制台中，對 Microsoft Visual Studio 點擊更改。打開 Visual
Studio 視窗時，選擇修改，然後在 Windows 和 Web 開發部分中，勾選
Microsoft SQL Server 資料工具的核取方塊。

SSRS 是我最喜歡的報表工具，因為它具有一套完整的功能，並且比 Access 中的報表生
成器更容易使用。本節將指導你建立一個 C# Windows Form 應用程式，該應用程式將來
自 Access 資料庫和彭博 API 的資料組合在一起，以建立可輕鬆輸出為 PDF 或 Excel 的
報表。但是，由於已經有很多關於如何建立 SSRS 報表的線上資源，本章將重點介紹如
何建立一個非常簡單的報表並將其綁定到 C# 應用程式，而不是報表生成器工具的複雜
性。

第一組步驟建立新專案並增加一個資料集，用於儲存報表中會使用到的資料。

1. 首先建立一個新的 Windows Form 應用程式並新增對彭博 API 的參照。

2. 將名為 **ADS.xsd** 的資料集增加到新專案中。

   資料集會將資料從 Access 資料庫和彭博 API 匯入我們的報表中。

3. 在 ADS 資料集中增加一個名為 **Company** 的新 TableAdapter，並與 Access 資料庫的連
   接。使用以下查詢：

```
SELECT
c.CompanyID,
c.BBID,
c.CompanyName,
c.IsPrivate,
c.Sector,
c.Industry,
c.SubIndustry,
c.SPRating,
c.MoodyRating,
c.MarketCap,
c.TotalDebt,
c.NetDebt,
c.EV,
c.EBITDA,
c.TotalRevenue,
c.TotalDebtToEBITDA,
c.InterestCoverage,
c.FCF,
c.FCFToTotalDebt,
c.Price,
c.YrHi,
```

```
              c.YrLow,
              c.CDS5YrTicker,
              c.NetDebtToEBITDA,
              c.CDSSpread5Yr,
              c.Category,
              c.CompanyComments,
              c.PERatio,
              c.DVDYield,
              c.TotalReturn12M,
              c.PxChgYTD,
              c.PxChg3M,
              c.IndexID,
              c.RecBuy,
              c.RecSell,
              c.RecHold,
              i.IndexName,
              i.Price AS IdxPx,
              i.YrHi AS IdxHi,
              i.YrLow AS IdxLow,
              i.PxChgYTD AS IdxPxChgYTD,
              i.PxChg3M AS IdxPxChg3m,
              i.TotalReturn12M AS IdxTotalReturn12M,
              s.YrHi as MedYrHi,
              s.YrLow AS MedLow,
              s.PxChgYTD AS MedPxChgYTD,
              s.PxChg3M AS MedPxChg3m,
              s.TotalReturn12M AS MedTotalReturn12M,
              s.TotalDebtToEBITDA as MedTotalDebtToEBITDA,
              s.FCFToTotalDebt as MedFCFToTotalDebt
    FROM      ((Company c LEFT OUTER JOIN
                        [Index] i ON i.IndexID = c.IndexID) LEFT OUTER JOIN
                        MedianCompanyStats s ON s.Category = c.Category)
    WHERE  (c.CompanyID = ?)
```

此查詢將 Company 表中的欄與 MedianStats 和 Index 表組合在一起，以彙總報表所需的所有資訊。我們在 WHERE 子句透過？依 CompanyID 過濾。

4. 右鍵點擊 Company DataTable 並新增名為 "FullDescription" 的欄位。

將使用彭博 API 填入此資料欄。

5. 使用以下查詢將另一個名為 **CompanyList** 的 TableAdapter 增加到 ADS 資料集：

```
SELECT CompanyID, CompanyName
FROM     Company
```

此查詢傳回將在 ComboBox 中使用的 Company Names 和 ID 列表，因此讓用戶可以使用方便的下拉式清單選擇公司來製作報表。

6. 將附有以下欄位且被命名為 **PriceHistory** 的新資料表增加到 ADS 資料集：**Ticker**、**Date**、**Value**、**IndexName** 和 **IndexValue**。將 Date 欄上的 Data Type 更改為 DateTime，將 Value 和 IndexValue 的 DataType 更改為 Double。

   此 DataTable 將使用彭博 API 填入，並將儲存公司的價格歷史記錄和相應的指數價格。

   接下來的步驟將報表增加到專案並將其連接到 ADS 資料集。

7. 將報表項目增加到名為 **CompanyReport** 的專案中。

8. 打開新報表，在報表資料窗格的資料集部分（Ctrl+Alt+D）中，右鍵點擊並選擇加入資料集。在資料來源下，選擇 ADS，在可用資料集下，選擇 Company，然後點擊確定。

   這會將 ADS DataSet 中的 Company DataTable 綁定為報表中的"DataSet1"。

9. 重複步驟 8，但在"可用資料集"下選擇"PriceHistory"。

   這會將 ADS DataSet 中的 PriceHistory 綁定為報表中的"DataSet2"。

   接下來的步驟將引導你向報表增加一些標籤，表格和圖表。

10. 在工具箱中，選擇文字方塊並將其放在報表上。右鍵點擊文字方塊，然後選擇表達式。在表達式中輸入以下內容：

    ```
    =First(Fields!CompanyName.Value, "DataSet1")
    ```

    這將顯示 Company 表中的 Company Name。資料欄被 **First** 包圍並以 **DataSet1** 結尾的原因是因為 Text Box 沒有綁定到特定的 DataSet，雖然我們知道 DataSet 只包含一列（所以 First() 或 Last() 將會是相同的），使用彙總函數讓我們參照 DataSet。

11. 在工具箱中，選擇一個表並將其放在報表上。在表的屬性窗口中，將 DataSetName 設為 **DataSet1**。

    表的第一列是表頭，中間是將在 DataSet 中為每一列重複的詳細資訊部分，最後一列是將顯示在詳細資訊部分之後的頁尾，是放置詳細資訊部分總值的好地方。

12. 右鍵點擊詳細資訊列（中間）和頁尾列（底部），然後選擇刪除列。

    因為 Company DataSet 中只有一列，所以我們不需要詳細資訊部分。

13. 點擊游標懸停在儲存格上時出現的剩餘列中某個儲存格右側的圖標。然後，選擇要在該儲存格中顯示的欄。

14. 根據需要多次重複步驟 13，以將資料集中的任意欄增加到報表中。你可以右鍵點擊任何儲存格以在報表增加其他欄或列。

15. 從工具箱中，將圖表增加到報表中，然後在圖表窗格打開時選擇折線圖。

16. 點擊圖表。在打開的對話框中，在 Category Groups 索引標籤選上的 DataSet2 列表框中，選擇日期。

17. 在值部分中，點擊綠色加號（+），然後選擇值。再次點擊加號，然後選擇 IndexValue。

18. 選擇 IndexValue 旁邊的向下箭頭，然後選擇數列屬性。在軸和圖表部分中，對於垂直軸，選擇副座標軸。

你可以繼續增加表格，圖表和嘗試調整格式，以產生如圖 9-7 所示的報表。

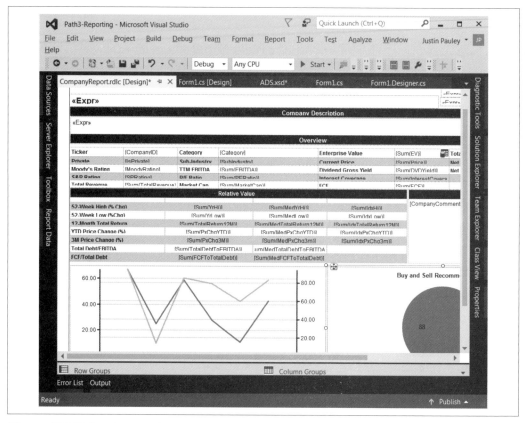

圖 9-7：設計模式下以 SSRS 製作的 Company 報表

接下來的步驟將控制項 Form1 增加到 Windows，這將被用於選擇公司，查看報表並將其匯出為 PDF 或 Excel。

19. 在 Form1 的設計工具上，首先增加兩個面板，將一個面板對接到頂部，另一個面板在其下面填入。

20. 在頂部面板中，增加 ComboBox（cmbCompanyList），一個是下載按鈕（btnLoad），另一個是 PDF 按鈕（btnPDF）和 Excel 按鈕（btnExcel）。

21. 在底部面板中，增加 Report Viewer（rptView）控制項。將其 dock 設為 fill，然後從 Report View tasks 清單中選擇 CompanyReport。

    這還會在表單中增加一些物件：ADS 資料集的實例，CompanyTableAdapter 的實例以及 Company 和 PriceHistory 的 BindingSource。

最後，我們來到這個專案的程式碼部分。在 *Form1.cs* 中，針對彭博增加以下 using 指令：

```
using Event = Bloomberglp.Blpapi.Event;
using Element = Bloomberglp.Blpapi.Element;
using Message = Bloomberglp.Blpapi.Message;
using Name = Bloomberglp.Blpapi.Name;
using Request = Bloomberglp.Blpapi.Request;
using Service = Bloomberglp.Blpapi.Service;
using Session = Bloomberglp.Blpapi.Session;
using DataType = Bloomberglp.Blpapi.Schema.Datatype;
using SessionOptions = Bloomberglp.Blpapi.SessionOptions;
using InvalidRequestException =
        Bloomberglp.Blpapi.InvalidRequestException;
```

接下來，在 Form1 類別中，增加彭博的 Name 實例，就像之前的程式碼專案一樣：

```
private static readonly Name SECURITY_DATA = new Name("securityData");
private static readonly Name SECURITY = new Name("security");
private static readonly Name FIELD_DATA = new Name("fieldData");
private static readonly Name RESPONSE_ERROR = new Name("responseError");
private static readonly Name SECURITY_ERROR = new Name("securityError");
private static readonly Name FIELD_EXCEPTIONS = new Name("fieldExceptions");
private static readonly Name FIELD_ID = new Name("fieldId");
private static readonly Name ERROR_INFO = new Name("errorInfo");
private static readonly Name CATEGORY = new Name("category");
private static readonly Name MESSAGE = new Name("message");
private static readonly Name DATE = new Name("date");
```

接下來，定義 Form1_Load 事件，該事件填入 ADS 資料集中的 CompanyList DataTable（在步驟 21 中建立的實例）並將其綁定到 ComboBox。當程式啟動時，ComboBox（cmbCompanyList）將被填入 Access 資料庫中的公司名稱列表：

```csharp
private void Form1_Load(object sender, EventArgs e)
{
    // 從 Access 資料庫填入 Company List DataTable
    using (ADSTableAdapters.CompanyListTableAdapter ta =
    new ADSTableAdapters.CompanyListTableAdapter())
    {
        ta.Fill(this.ADS.CompanyList);
        ta.Connection.Close();
    }
    // 將 CompanyList 綁定到 ComboBox
    this.cmbCompanyList.DataSource = this.ADS.CompanyList;
    this.cmbCompanyList.ValueMember = "CompanyID";
    this.cmbCompanyList.DisplayMember = "CompanyName";
}
```

接下來，定義點擊下載按鈕時觸發的 btnLoad_Click 事件。此方法使用 Company 查詢根據 cmbCompanyList 中選擇的 CompanyID 下載公司。然後，它將公司的完整描述以及彭博 API 中的歷史股票和指數價格增加到 ADS 資料集，並在報表檢視器中下載報表。該報表綁定到設計工具中的 rptView 物件。

```csharp
private void btnLoad_Click(object sender, EventArgs e)
{
    // 將從 ComboBox 中取得的 CompanyID，匯入資料集中的 Company 資料表
    this.CompanyTableAdapter.Fill(this.ADS.Company,
    this.cmbCompanyList.SelectedValue.ToString());
    ADS.CompanyRow company = this.ADS.Company[0];

    // 從彭博匯入完整描述
    company.FullDescription = GetFullDescription(company.BBID);

    this.ADS.PriceHistory.Clear();
    // 從彭博匯入 1 年期歷史價格
    Dictionary<DateTime, double> history =
    GetHistory(company.BBID, "PX_LAST", DateTime.Now.AddYears(-1));
    // 將價格歷史記錄插入 PriceHistory Datatable
    foreach (DateTime dt in history.Keys)
    {
        this.ADS.PriceHistory.AddPriceHistoryRow(company.CompanyID, dt,
        history[dt], null, 0);
    }

    if (company.IsIndexIDNull() == false)
    {
```

```
        // 當 IndexID 存入 Company 列時，要順便匯入歷史價格
        history = GetHistory(company.IndexID + " Equity", "PX_LAST",
        DateTime.Now.AddYears(-1));
        foreach (DateTime dt in history.Keys)
        {
            ADS.PriceHistoryRow row = this.ADS.PriceHistory.FindByDate(dt);
            if (row != null)
            {
                row.IndexName = company.IndexID;
                row.IndexValue = history[dt];
            }

        }
    }
    // 報表更新
    this.rptView.RefreshReport();
}
```

接下來的兩個方法處理發送彭博請求以檢索公司的完整描述（CIE_DES_BULK），然後處理回傳資料。程式碼看起來與本書中的先前程式看起來差不多：

```
private string GetFullDescription(string security)
{
    string description = "";
    SessionOptions sessionOptions = new SessionOptions();
    Session session = new Session();
    bool sessionStarted = session.Start();
    if (!sessionStarted)
    {
        System.Console.Error.WriteLine("Failed to start session.");
        return null;
    }
    if (!session.OpenService("//blp/refdata"))
    {
        System.Console.Error.WriteLine("Failed to open //blp/refdata");
        return null;
    }

    Service refDataService = session.GetService("//blp/refdata");
    Request request = refDataService.CreateRequest("ReferenceDataRequest");

    Element securities = request.GetElement("securities");
    securities.AppendValue(security);
    Element fields = request.GetElement("fields");
    // CIE_DES_BULK 是一間公司的完整描述
    fields.AppendValue("CIE_DES_BULK");

    try
    {
```

```
                session.SendRequest(request, null);
        }
        catch (InvalidRequestException e)
        {
            System.Console.WriteLine(e.ToString());
        }

        bool done = false;
        while (!done)
        {
            Event eventObj = session.NextEvent();
            if (eventObj.Type == Event.EventType.PARTIAL_RESPONSE)
            {
                description += ProcessResponse(eventObj);
            }
            else if (eventObj.Type == Event.EventType.RESPONSE)
            {
                description += ProcessResponse(eventObj);
                done = true;
            }
            else
            {
                foreach (Message msg in eventObj)
                {
                    System.Console.WriteLine(msg.AsElement);
                    if (eventObj.Type == Event.EventType.SESSION_STATUS)
                    {
                        if (msg.MessageType.Equals("SessionTerminated"))
                        {
                            done = true;
                        }
                    }
                }
            }
        }
        session.Stop();
        return description;
    }
    private string ProcessResponse(Event eventObj)
    {
        string description = "";
        foreach (Message msg in eventObj)
        {

            if (msg.HasElement(RESPONSE_ERROR))
            {
                Element error = msg.GetElement(RESPONSE_ERROR);
                Console.WriteLine("Request failed: " +
                error.GetElementAsString(CATEGORY) +
```

```csharp
            " (" + error.GetElementAsString(MESSAGE) + ")");
        continue;
    }

    Element securities = msg.GetElement(SECURITY_DATA);
    for (int i = 0; i < securities.NumValues; ++i)
    {
        Element security = securities.GetValueAsElement(i);

        if (security.HasElement("securityError"))
        {
            Element error = security.GetElement(SECURITY_ERROR);
            Console.WriteLine("Security Error: " +
            error.GetElementAsString(CATEGORY) +
            " (" + error.GetElementAsString(MESSAGE) + ")");

            continue;
        }

        Element fieldExceptions = security.GetElement(FIELD_EXCEPTIONS);
        if (fieldExceptions.NumValues > 0)
        {
            for (int k = 0; k < fieldExceptions.NumValues; ++k)
            {
                Element fieldException =
                    fieldExceptions.GetValueAsElement(k);

                Element error = fieldException.GetElement(ERROR_INFO);
                Console.WriteLine("Field Exception: " +
                fieldException.GetElementAsString(FIELD_ID) + " " +
                error.GetElementAsString(CATEGORY) +
                " (" + error.GetElementAsString(MESSAGE) + ")");

            }
        }

        Element fieldElements = security.GetElement(FIELD_DATA);
        if (fieldElements.NumElements > 0)
        {

            for (int j = 0; j < fieldElements.NumElements; ++j)
            {
                Element field = fieldElements.GetElement(j);
                for (int k = 0; k < field.NumValues; k++)
                {
                    // 描述將被拆解成好幾個值，
                    // 放置在資料欄裡。
                    description +=
                    field.GetValueAsElement(k).GetElement(0).
```

```
                        GetValueAsString(0) + " ";
                    }
                }
            }


        }
    }
    return description;
}
```

接下來的兩種方法與之前應用程式中採用的方法相同，可以從彭博資訊中取得歷史價格：

```
private Dictionary<DateTime, double> GetHistory
(string security, string field, DateTime startDate)
{

    Dictionary<DateTime, double> date2value = new Dictionary<DateTime, double>();
    SessionOptions sessionOptions = new SessionOptions();
    Session session = new Session();
    bool sessionStarted = session.Start();
    if (!sessionStarted)
    {
        System.Console.Error.WriteLine("Failed to start session.");
        return null;
    }
    if (!session.OpenService("//blp/refdata"))
    {
        System.Console.Error.WriteLine("Failed to open //blp/refdata");
        return null;
    }

    Service refDataService = session.GetService("//blp/refdata");
    Request request = refDataService.CreateRequest("HistoricalDataRequest");

    Element securities = request.GetElement("securities");
    securities.AppendValue(security);
    Element fields = request.GetElement("fields");
    fields.AppendValue(field);

    request.Set("startDate", startDate.ToString("yyyyMMdd"));
    request.Set("periodicityAdjustment", "ACTUAL");
    request.Set("periodicitySelection", "DAILY");
    request.Set("nonTradingDayFillOption", "ALL_CALENDAR_DAYS");
    request.Set("nonTradingDayFillMethod", "PREVIOUS_VALUE");


    try
```

```
    {
        session.SendRequest(request, null);
    }
    catch (InvalidRequestException e)
    {
        System.Console.WriteLine(e.ToString());
    }

    bool done = false;
    while (!done)
    {
        Event eventObj = session.NextEvent();
        if (eventObj.Type == Event.EventType.PARTIAL_RESPONSE)
        {
            ProcessHistoryResponse(eventObj, date2value);
        }
        else if (eventObj.Type == Event.EventType.RESPONSE)
        {
            ProcessHistoryResponse(eventObj, date2value);
            done = true;
        }
        else
        {
            foreach (Message msg in eventObj)
            {
                System.Console.WriteLine(msg.AsElement);
                if (eventObj.Type == Event.EventType.SESSION_STATUS)
                {
                    if (msg.MessageType.Equals("SessionTerminated"))
                    {
                        done = true;
                    }
                }
            }
        }
    }
    session.Stop();
    return date2value;
}
private void ProcessHistoryResponse(Event eventObj,
Dictionary<DateTime, double> date2value)
{
    foreach (Message msg in eventObj)
    {
        if (msg.HasElement(RESPONSE_ERROR))
        {
            Element error = msg.GetElement(RESPONSE_ERROR);
            Console.WriteLine("Request failed: " +
```

```
        error.GetElementAsString(CATEGORY) +
        " (" + error.GetElementAsString(MESSAGE) + ")");
        continue;
    }


    Element securityData = msg.GetElement(SECURITY_DATA);
    string security = securityData.GetElement(SECURITY).GetValueAsString();
    Console.WriteLine(security);

    Element fieldData = securityData.GetElement(FIELD_DATA);

    for (int i = 0; i < fieldData.NumValues; i++)
    {
        Element element = fieldData.GetValueAsElement(i);
        DateTime date = element.GetElementAsDatetime(DATE).ToSystemDateTime();
        double? value = null;
        for (int f = 0; f < element.NumElements; f++)
        {
            Element field = element.GetElement(f);
            if (!field.Name.Equals(DATE))
            {
                if (field.Datatype == DataType.FLOAT32)
                    value = Convert.ToDouble(field.GetValueAsFloat32());
                else if (field.Datatype == DataType.FLOAT64)
                    value = field.GetValueAsFloat64();
            }
        }
        if (value != null)
            date2value.Add(date, value.Value);
    }


    }
}
```

下一個方法 Export 擁有一個字串參數，ext，它將決定要輸出的檔案格式為 PDF 或 XLS。
該程式碼使用 Reporting Services API 將 Excel 或 PDF 報表輸出到臨時檔案中，然後啟
動該檔案：

```
private void Export(string ext)
{
    Warning[] warnings;
    string[] streamids;
    string mimeType;
    string encoding;
    string extension;
```

```
// 暫存檔案位置
string file =
System.Environment.GetFolderPath(Environment.SpecialFolder.InternetCache) +
"\\" + Guid.NewGuid().ToString() + "." + ext;

string type = null;
if (ext.ToUpper() == "XLS")
    type = "Excel";
else
    type = "PDF";

// 將報表輸出成位元組陣列
byte[] bytes = this.rptView.LocalReport.Render(
    type, null, out mimeType, out encoding,
    out extension,
    out streamids, out warnings);

// 儲存位元組陣列到檔案中
FileStream fs = new FileStream(file, FileMode.Create);
fs.Write(bytes, 0, bytes.Length);
fs.Close();

// 打開檔案
System.Diagnostics.Process.Start(file);
}
```

最後兩種方法將 PDF 和 Excel 按鈕連接到 Export 方法：

```
private void btnPDF_Click(object sender, EventArgs e)
{
    Export("PDF");
}

private void btnExcel_Click(object sender, EventArgs e)
{
    Export("XLS");
}
```

完成後，最終報表應如圖 9-8 所示。

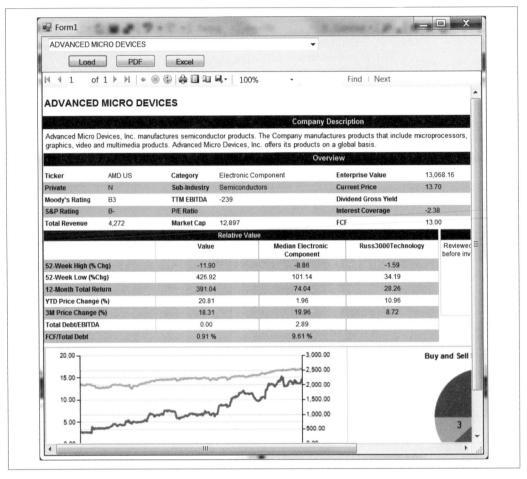

圖 9-8：C# 報表應用程式

小結

本章向你介紹了三種不同的製作報表工具，更重要的是，示範如何結合前幾章的學習經驗，並產生有用的報表以助於做出投資決策。建議你花時間挑出幾間公司並閱讀這些產生後的報表、思考資訊對公司價值的啟示，以及你可以增加哪些資訊或分析來改進報表。例如，你可以改進這些報表，以包括公司發行的相關證券（債券和貸款）的詳細資訊。第 10 章將以本章的技術做為基礎，建立投資組合級別的報表。

投資組合報表

前面的章節側重於使用金融數據做出投資決策，但本章重點關注於衡量投資組合的績效表現和風險，以及示範如何計算月度回報、年化回報、年化標準差和投資組合的夏普比率。此外，本章將向你介紹如何建立一份兩頁的公司現況報表，突出顯示主要的投資組合指標，並將投資組合的時間加權和風險調整回報與不同的基準指數進行比較。雖然本章中顯示的技術旨在衡量你的投資組合績效表現，但你也可以使用它們來衡量其他投資組合管理經理人、共同基金或投資組合的績效表現。

本章首先介紹兩個輸入（每月損益 [P&L] 和月度起始餘額）並用於計算不同類型的回報。計算和累計回報可能比許多假設更複雜；簡單地說 "如何計算投資組合回報" 這個題目就有好幾種令人難以選擇的計算方法。累計回報時，必須使用時間加權幾何回報來考慮複合計算方式。時間加權回報（也稱為累積回報、複合回報或幾何回報）會包含前幾期的收益和損失。

監控績效和風險

假如你投資 100 萬美元，然後在第一個月損失 50 萬美元（回報率為 -50%）。下個月，你從 50 萬美元的投資中賺回上個月損失的 50 萬美元（50 萬美元的投資賺回 50 萬美元，回報率是 100%）。如果你直接加總這兩個月的回報率，計算結果是 50%。如果你將這兩個月的回報率進行平均，計算結果是 25%。但如果用幾何平均數來計算的話，回報率 0%（概念上 $1,000,000 - $500,000 + $500,000 = $1,000,000 和 0% 回報：稍後會介紹幾何回報的公式）。雖然可以用 Excel 陣列函數來計算時間加權回報，但本章會介紹一種更簡單的方法。

接下來，我們將自成立以來的年化回報率作為與不同基準指數或其他基金進行比較的基礎。透過年化，你可以透過轉換方式將大於一年期間的複合回報換算至 12 個月期間的回報。換句話說，將四年複合回報進行年化後就能產生一年的回報，當複合四年時，就能得到原始回報。在比較回報時，年化很重要，因為複合效應會造成很大的影響。

 儘管年化回報的公式可用於推斷短於一年的回報，但如果樣本量不足，並不建議這樣做。此外，全球投資業績標準（GIPS）規定事項針對投資類別及單一投資組合之年限若少於一年則不得使用年化報酬率。但是，你可以使用公式來年化部分年數（例如 16 個月等）。

第 7 章介紹藉由投資組合中每個部位的預測或歷史回報以計算當前投資組合的夏普比率；但是，本章將示範如何使用歷史投資組合回報計算夏普比率。關鍵的區別在於，在第 7 章中，夏普比率是前瞻性的，並且基於投資組合的當前構成成分，而本章利用歷史表現來計算夏普比率。在這種情況下，我們可以使用夏普比率來衡量投資組合相對於其他組合或投資的平均風險調整回報。

最後，本章以第 9 章的學習內容為基礎，在 Excel 和 SSRS 中建立了一份兩頁的公司現況報表，其中列出了此處所述的計算以及第 7 章中的投資組合細項部分。與大多數章節一樣，計算和解釋是在 Excel 部分（途徑 1）中詳細說明。當然，你可以將途徑 1 中建立的 Excel 表連接至 Microsoft Access。途徑 3 部分包含 C# 和 SSRS 中的完整實作。

途徑 1：Microsoft Excel

本節首先建立一個新工作表（"Returns"），該工作表將儲存每月損益、管理資產（AUM）、夏普比率和投資組合的回報計算。此外，此工作表計算標準普爾 500 指數和彭博巴克萊美國綜合債券指數（Barclays Agg）的相對應回報和夏普比率。雖然標準普爾 500 指數是 500 支股票的指數，但彭博巴克萊美國綜合債券指數是投資等級固定利率債券的組成，其風險和回報遠低於股票。此外，本節詳細介紹如何建立基本投資組合報表，內容涵蓋在 Returns 工作表上計算的一些特定值。

計算回報

本節的計算，你將需要每月的損益和一些投資組合的每個月起始市場價值。

建立名為 Returns 的新工作表後，請按照後續步驟建立 Excel Returns 表，該表將包含投資組合和基準指數的回報資訊。

1. 標籤儲存格 M1 到 Y1：**Date、Monthly PNL、Starting AUM、Monthly Return、Value of \$100、Monthly Risk Free、Return–RF、S&P 500、S&P 500 Pct、S&P–RF、Barclays Aggregate、Barclays Pct、Barclays–RF**。

2. 在 Date、Monthly PNL 和 Starting AUM 欄中，放置每月的最後一天、當月獲得或損失的金額，以及投資組合中投資的起始市場價值。並按日期升序排列日期。

   例如，如果投資組合收益的第一個完整月份是 2015 年 1 月，則將 "1/31/2015" 放在 Date 欄標題下的儲存格 M2 中。如果在 2015 年 1 月期間，投資組合價格上漲了 300,000 美元，則在儲存格 N2 中輸入 "300,000"。如果在 2015 年 1 月初，投資組合的初始市場價值為 3000 萬美元，則在 Starting AUM 標題下的儲存格 O2 中輸入 "30,000,000"。

3. 將 M1 至 Y 欄中最後一筆資料的儲存格轉換成 Excel 範圍，並將其命名為 "Returns"。

4. 在 P 欄（月度回報）中，於儲存格中輸入以下公式：

   `=[@[Monthly PNL]]/[@[Starting AUM]]`

   此公式藉由將月度 P&L 總額除以月份的起始餘額來計算月度回報。

   以下步驟使用一個公式填入 "價值 100 美元" 欄，該公式將在投資組合的第一天追蹤 100 美元投資的當前值。例如，如果自成立以來的第一個月投資組合回報 3%，"價值 100 美元" 的第一列將讀取 103 美元（100 美元 +100 美元的 3% = 103 美元）。如果該組合在下個月增加了 4%，那麼 "100 美元的價值" 將為 107.12 美元（103 美元 +4% 的 103 美元 = 107.12 美元）。此欄用於追蹤複利回報的影響併計算投資組合的時間加權回報。

5. 將以下公式放在 “Value of $100” 欄中：

```
=IF([@Date]=MIN([Date]),100*(1+[@[Monthly Return]]),
Q1*(1+[@[Monthly Return]]))
```

對於當前值，此公式檢查當前列的日期是否是 Excel 表中最早的日期，如果是，則填入 $100；如果不是，則它會利用前一列的值做計算。公式將當前值乘以月度回報加 1，也就是：當前值 +（當前值 × 月度回報）。

按照接下來的步驟，從彭博的標準普爾 500 指數、巴克萊美國綜合債券指數（現為彭博巴克萊美國綜合債券指數）取得每月價格，以及將三個月倫敦銀行間同業拆借利率（LIBOR）當作無風險利率計算夏普比率。

6. 標籤儲存格 A1 和 B1 分別為 “Date” 和 “SPX Index”。

7. 在儲存格 A2 中，輸入以下公式：

```
=BDH(B1,"PX_LAST",EDATE(MIN(Returns[Date]),-1),"-0cm","FX=USD",
"PER=AM","FILL=P","DAYS=A")
```

此公式將按 Returns 表中最舊的日期到最新的月底日期取得標準普爾 500 指數（SPX 指數 <GO>）的月底價格。由於 "DAYS=A" 參數，它表示該月的最後一天。此公式在欄 A 和欄 B 填入標準普爾 500 歷史價格記錄。

8. 從 C3 開始，向下複製以下公式：

```
=(B3-B2)/B2
```

該公式透過將月份之間的價格差值除以起始月來計算標準普爾 500 指數的月度總回報。

9. 重複步驟 6 到 8，使用儲存格 F1 中的 “LBUSTRUU Index” 取得欄 E 和欄 F 中的彭博巴克萊美國綜合債券指數，並計算欄 G 中的月度總回報。

10. 重複步驟 6 到 7，使用儲存格 J1 中的 “US0003M Index” 從第 I 欄和第 J 欄中取得三個月的 LIBOR。

在步驟 7 中使用相同的 BDH 公式，使用與月度回報相同的日期範圍以取得年化三個月 LIBOR 利率。

11. 在欄 K 中，從儲存格 K2 開始輸入以下公式，然後將其向下複製：

```
=J2/100/12
```

此公式採用三個月的 LIBOR 率，將其除以 100 以將其轉換為百分比，然後將其除以 12 以獲得月度率。

以下步驟採用前面步驟中從彭博檢索到的月度市場資料，並將它們增加到 Excel Returns 表中。

12. 在 Monthly Return 欄中，輸入以下公式：

```
=VLOOKUP([@Date],I:K,3,FALSE)
```

該公式使用 VLOOKUP 提取針對給定月份的三個月 LIBOR 利率。

13. 在 Return-RF 欄中，輸入以下公式：

```
=[@[Monthly Return]]-[@[Monthly Risk Free]]
```

該公式只是將月度回報減去無風險利率（三個月 LIBOR）。

14. 在 S&P 500 欄中，輸入以下公式：

```
=VLOOKUP([@Date],A:C,2,FALSE)
```

此公式使用 VLOOKUP 提取每個月標準普爾 500 指數的值。

15. 在 S&P 500 Pct 欄中，輸入以下公式：

```
=VLOOKUP([@Date],A:C,3,FALSE)
```

該公式使用 VLOOKUP 提取標準普爾 500 指數的月度回報。

16. 在 "S&P-RF" 欄中，輸入以下公式：

```
=[@[S&P 500 Pct]]-[@[Monthly Risk Free]]
```

標準普爾 500 指數減去無風險利率。

17. 重複步驟 14 到 16，使用以下公式填入 Barclays Aggregate 欄：

```
=VLOOKUP([@Date],E:G,2,FALSE),
=VLOOKUP([@Date],E:G,3,FALSE),
=[@[Barclays Pct]]-[@[Monthly Risk Free]]
```

產生的 Returns 表應如圖 10-1 所示。

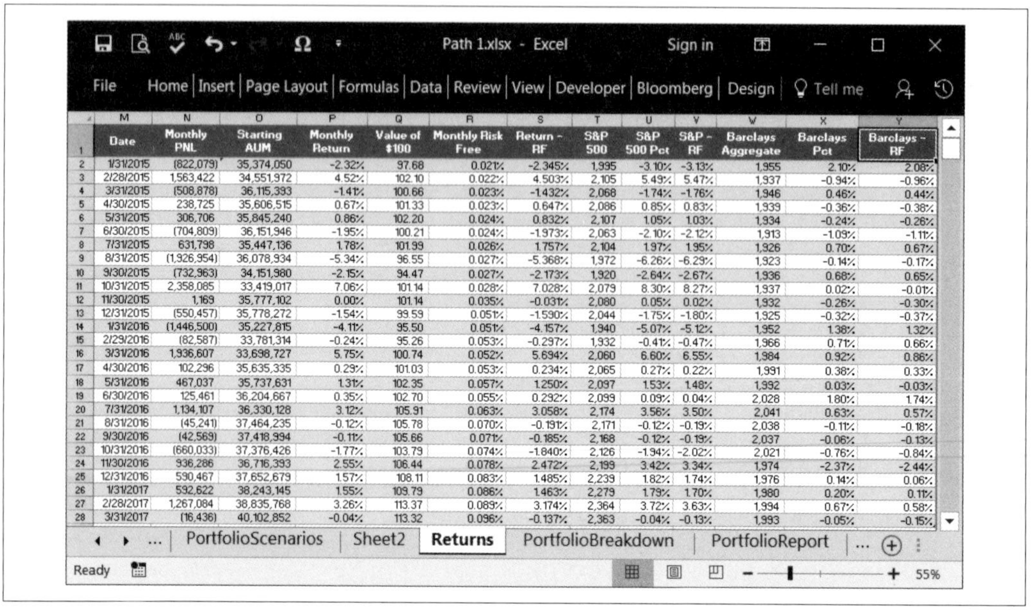

圖 10-1：Excel Returns 表

以下步驟建立另一個表，該表彙總了特定日期的組合和基準指數的值。

18. 標籤儲存格 AA1 到 AE1：Range、Date、Portfolio、S&P、Barclays。

19. 在欄 AA 中，在 Range 標題下，將以下標籤放在向下幾列上：Latest、QTD、YTD、Last 12 Months、ITD。

    這些是與日期對應的列標題；值將顯示在最後三個欄標題下。

20. 在儲存格 AB2 中，在 Date 標題下和 Latest 旁邊，輸入以下公式：

    ```
    =MAX(Returns[Date])
    ```

    此公式從 Returns 中取出最新日期。

21. 在儲存格 AB3 中，在 Date 標題下和 QTD 旁邊，輸入以下公式：

    ```
    =EOMONTH(DATE(YEAR(AB2),FLOOR(MONTH(AB2)-1,3)+1,1),-1)
    ```

    QTD 代表季度至今。此公式根據最近一個月（從步驟 20 開始）計算季度的開始日期，然後使用 EOMONTH 函數得知上個月的最後一天。我們使用上個月的日期，因為我們想要季度開始前一天的收盤價。

22. 在儲存格 AB4 中，在 Date 標題下和 YTD 旁邊，輸入以下公式：

    =DATE(YEAR(AB12)-1,12,31)

YTD 代表年初至今。該公式傳回自前一年的 12 月 31 日起算至今的回報。

23. 在儲存格 AB5 中，在 Date 標題下和 Last 12 Months 旁邊，輸入以下公式：

    =EDATE(AB2,-12)

此公式傳回最新回報日期往前推算 12 個月的最後一天。

24. 在儲存格 AB6 中，在 Date 標題下和 ITD 旁邊，輸入以下公式：

    =EOMONTH(MIN(M:M),-1)

ITD 代表自成立至今。此公式傳回成立日往前推算一個月的最後一天。請注意，ITD 指的是投資組合的成立，而不是標準普爾 500 指數或彭博巴克萊美國綜合債券指數的成立。

25. 在欄 AC 中，在 Portfolio 欄標題下，在儲存格 AC6 中輸入 **100**，然後在儲存格 AC2 中輸入以下公式並將其複製到 AC5：

    =INDEX(Returns[Value of $100],MATCH(AB2,Returns[Date],0))

此公式使用步驟 20 到 24 中的日期來取出相對應的 "Value of $100"。當然，投資組合起始數字（儲存格 AC6）的 ITD 應為 100 美元。

26. 在欄 AD 中，在 S&P 欄標題下，放置以下公式並將其向下複製：

    =VLOOKUP(AB2,A:B,2,FALSE)

此公式傳回 Date 欄中給定日期的 S&P 值。

27. 在欄 AE 中，在 Barclays 欄標題下，輸入以下公式並將其向下複製：

    =VLOOKUP(AB2,E:F,2,FALSE)

此公式傳回 Date 欄中給定日期的彭博巴克萊美國綜合債券指數值。

現在我們有一個包含值的表，我們需要一個最終表，它將包含給定日期範圍的傳回值，其格式適合轉為圖表。接下來的步驟將在步驟 18 到 27 完成的表下方建立一個新表，其中包含每段期間的時間加權回報和年化標準差。因為在步驟 18 到 27 中建立的表使用了 "Value of \$100"，其中包含複合，我們可以簡單地透過將當前值和起始值之間的差值除以起始值來計算時間加權回報：（當前值—起始值）/ 起始值。如果你不想使用 "Value of \$100" 欄，還可以使用陣列公式計算時間加權回報；計算 ITD 時間加權回報，使用陣列公式（Ctrl-Shift-Enter）=PRODUCT(1+Returns[Monthly Return])-1。然而，"Value of \$100" 與 S&P 500 和 Barclays Agg 共享相同的回報計算具有額外的好處。

28. 從儲存格 AA11 開始，重複步驟 18 到步驟 24 以重新建立欄標題和列標題。

29. 在 Portfolio 欄標題下的儲存格 AC12 中，輸入以下公式：

    =INDEX(Returns[Monthly Return],MATCH(AB12,Returns[Date],0))

此公式使用 AB12 中日期傳回最新的月度回報。

30. 在 S&P 欄標題下，在儲存格 AD12 中，輸入以下公式：

    =INDEX(Returns[S&P 500 Pct],MATCH(AB12,Returns[Date],0))

這將傳回最新的標準普爾 500 指數月度回報。

31. 在 Barclays 欄標題下，在儲存格 AE12 中，輸入以下公式：

    =INDEX(Returns[Barclays Pct],MATCH(AB12,Returns[Date],0))

這將傳回最新的彭博巴克萊美國綜合債券指數月度回報。

32. 在 Portfolio 欄標題下，在步驟 29（儲存格 AC13）所使用的儲存格下方的列中，輸入以下公式並將其複製到 AC16：

    =(AC\$2-AC3)/AC3

此公式參照先前建立的表來計算時間加權回報，使用最新日期作為當前值，並將每列的範圍作為起始值。

33. 將來自步驟 32 的公式（儲存格 AC13 至 AC16）複製到兩個相鄰欄（AD 和 AE），使得相同的公式應該在儲存格 AC13 至 AE16 中。

用於計算投資組合的時間加權回報的相同公式用於計算標準普爾 500 指數和彭博巴克萊美國綜合債券指數的時間加權回報。

以下步驟年化投資組合和兩個基準指數自成立至今的回報。提醒一下，除非至少有 12 個月的回報，否則不應使用年化。圖 10-2 顯示了年化回報的基本公式。如果你 Google "如何將月度回報進行年化"，你會得到一長串具有不同程度優點的公式，但這裡使用的公式是更準確的解決方案之一。

$$Annualized\ Return = (1 + Total\ Return)^{\frac{365}{\#\ of\ days}} - 1$$

圖 10-2：計算年化回報的公式

34. 標籤儲存格 AA17 "ITD Annualized"。

35. 在儲存格 AB17 中，輸入以下公式：

    `=EOMONTH(MIN(M:M),-1)`

    此公式與 ITD 列標題旁邊的公式相同。

36. 在儲存格 AC17 中，在 Portfolio 欄標題下，輸入以下公式：

    `=(1+AC16)^(365/($AB$12-$AB16))-1`

    該公式使用圖 10-2 中提供的公式對 ITD 時間加權回報進行年化。

37. 將步驟 36 中使用的公式（儲存格 AC17）複製到儲存格 AD17 和 AE17，以對標準普爾 500 和彭博巴克萊美國綜合債券指數回報進行年化。

    下一系列步驟將每個時期的年度標準差增加到表中。不巧的是，對於哪種 Excel 標準差函數是合適的使用（STDEV.S 或 STDEV.P）尚未達成共識。STDEV.S 假設一個樣本群體，而 STDEV.P 假設整個群體。我聽說過兩者的有效論據，但對於這種情況，我選擇使用 STDEV.S，因為它似乎是常見的做法。關於使用 12 的平方根來衡量回報標準差的準確性，也有很多爭論，但它仍然是一個產業標準。

38. 從欄 AF 到欄 AH 的第 11 列中，增加以下標籤：Portfolio、S&P 500、Barclays Agg。

39. 在 QTD 列（儲存格 AF13）上的 Portfolio 欄標題下，放置以下陣列公式並將其複製到儲存格 AF16。因為這是一個陣列公式，所以你需要按 Ctrl-Shift-Enter：

    `=STDEV.S(IF(Returns[Date]>AB13,Returns[Monthly Return]))*(12^0.5)`

    此公式採用 AB 欄中日期之後的月度回報標準差。標準差透過乘以 12 的平方根來年化。

40. 在欄 AG 和欄 AH 中重複步驟 39，使用陣列公式計算標準普爾 500 和彭博巴克萊美國綜合債券指數的年化標準差：

```
=STDEV.S(IF(Returns[Date]>AB13,Returns[S&P 500 Pct]))*(12^0.5)
```

和：

```
=STDEV.S(IF(Returns[Date]>AB13,Returns[Barclays Pct]))*(12^0.5)
```

透過計算年化標準差，可以計算出 ITD 夏普比率。我們透過將平均回報率與 12 除以年化標準差來計算夏普比率。線上提供的夏普比率也有一些不同的實例，但這一點很常見。

41. 標籤儲存格 AA20 "ITD Sharpe Ratio"。

42. 標籤儲存格 AC19 至 AE19：Portfolio、S&P 500、Barclays Agg。

43. 在儲存格 AC20 中，在 Portfolio 欄標題下輸入以下公式：

```
=AVERAGE(Returns[Return - RF])*12/AF16
```

此公式透過平均所有回報來計算夏普比率，將其乘以 12 進行年化，然後除以投資組合自成立以來的年度標準差。

44. 在 S&P 500 標題欄（儲存格 AD20）下，輸入以下公式：

```
=AVERAGE(Returns[S&P - RF])*12/AG16
```

此公式將傳回與投資組合相同成立期間內標準普爾 500 指數的夏普比率。

45. 與步驟 43 和 44 一樣，在 Barclays 欄標題下，輸入以下公式：

```
=AVERAGE(Returns[Barclays - RF])*12/AH16
```

重要的是花點時間查看結果，確保它們有意義，並查看是否有任何有趣的結果（結果應如圖 10-3 所示）。正如你所料，標準普爾 500 指數的回報和風險（標準差）高於彭博巴克萊美國綜合債券指數。在圖 10-3 所示的例子中，標準普爾 500 指數的年化收益率較高（6.31%，而投資組合的年化收益率為 5.72%），但由於標準普爾 500 指數的標準差較大，因此夏普比率略低（0.54 與 0.56）。附帶說明，夏普比率為衡量風險調整後的回報，因此數字越高越好。

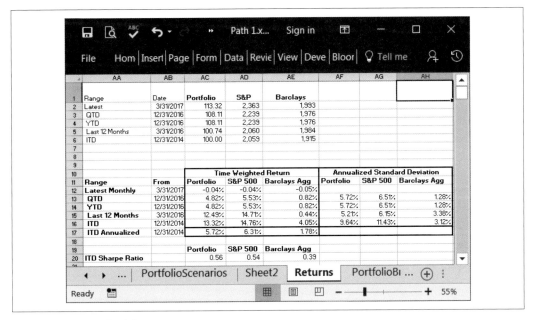

圖 10-3：Returns 彙總表

投資組合報表

本節介紹如何使用回報彙總和第 7 章投資組合分項部分中建立的表格建構兩頁的公司現況報表。請記住，建立報表沒有固定的規則，你可以根據自己的需求來設計。報表的第一頁包含一些特定資料要點（投資組合大小、夏普比率、上次回報日期以及建立報表的日期）。此外，第一頁包含四個圖表，讓讀者可以大致了解投資組合的績效表現、成長性、風險調整回報和配置組成。第二頁使用從 Portfolio Breakdown 工作表中摘要資料的四個圖表說明了其他投資組合構成詳細資料。

以下步驟為報表建立新工作表，設定版面配置並調整檢視以便更容易將報表可視化。

46. 建立一個名為 "PortfolioReport" 的新工作表，然後將檢視更改為分頁預覽。

47. 在功能區上的版面配置索引標籤上的版面設定選項中，點擊方向按鈕，然後選擇橫向。

48. 選擇儲存格 A1 到 M96，然後在版面配置索引標籤上的版面設定項目中，點擊列印範圍，然後選擇設置列印範圍。

這顯示了兩頁報表的畫布。

49. 仍然在版面配置索引標籤上的格線部分中，取消檢視的核取方塊。

50. 將每個儲存格的字體大小更改為 8。

下一系列步驟將報表中使用的一些資料組織至同一邊。第一組從 Returns 工作表中取得歷史 Portfolio MV，以代表其成長性的圖表。將 Portfolio MV 從 Returns 工作表連接到 PortfolioReport 工作表，可以更輕鬆地自定義想要顯示的日期。

51. 標籤儲存格 O1 "Date" 和儲存格 P1 "Portfolio MV"。

52. 在儲存格 O2 中的 "Date" 標題下，輸入以下公式：

```
=MAX(Returns[Date])
```

這將傳回投資組合的最新回報日期。

53. 在該儲存格的正下方，在儲存格 O3 中，輸入以下公式：

```
=EOMONTH(O2,-1)
```

這將傳回其上方儲存格其前一月份的最後一天。

54. 向下拖動儲存格 O3 中的公式，以覆蓋整個回報歷史記錄。

55. 在 Portfolio MV 標題下，在儲存格 P2 中輸入以下公式，然後將其向下拖動以匹配步驟 54 中的列：

```
=INDEX(Returns[Starting AUM],MATCH(O2,Returns[Date],0))
```

這使用 INDEX/MATCH 函數從日期匹配的 Excel Returns 表中提取 Starting AUM。結果應該是包含投資組合 MV 歷史的兩欄（O 和 P）。

下一系列步驟將建立另一個表格，其中包含年化回報、年化標準差和夏普比率，以及投資組合、標準普爾 500 指數和彭博巴克萊美國綜合債券指數。此外，該表包括第 7 章中建立的投資組合的當前標準差、預測回報和夏普比率，然後我們將其用於比較投資組合的預期和歷史風險調整回報。

56. 在第 1 列的欄 S 至欄 V 中，輸入以下標籤：ITD Portfolio、Current Portfolio、S&P 500，Barclays Agg。

57. 在欄 R 中，向下排 2 到 4，放置以下標籤：Return、Standiation、Sharpe。

步驟 56 和 57 的結果應該是一個表格，該表格將儲存有關將在後續步驟中填入回報的資訊。

58. 在第 2 列，在 ITD 投資組合標題下（儲存格 S2），使用以下公式連接到 Returns 工作表的年度 ITD 投資組合回報：

    =Returns!AC17

59. 將 S&P 500 和 Barclays Agg 下第 2 列的儲存格分別連接到 Returns 工作表中各自的年度 ITD 回報值 =Returns!AD17 和 =Returns!AE17。

60. 在 Current Portfolio 下的第 2 列，使用以下公式連接到第 7 章中建立的 PortfolioStats 工作表中的投資組合回報計算：

    =PortfolioStats!E2

61. 在第 3 列，第 S 至第 V 欄中，分別使用以下公式連接歷史回報、當前投資組合、標準普爾 500 和彭博巴克萊美國綜合債券指數的年化標準差：

    =Returns!AF16, =PortfolioStats!E1, =Returns!AG16, =Returns!AH16

62. 在第 5 列，第 S 到第 V 欄中，使用以下公式連接夏普比率：

    =Returns!AC20, =PortfolioStats!E3, =Returns!AD20, =Returns!AE20

在下一系列步驟中，我們從欄位標題開始設計報表。以下步驟將標題、市場價值、夏普比率和特定日期增加到第一頁的頁首。

63. 合併儲存格 A1 到 C2，然後將其標記為 "Portfolio Report"，字體大小為 18。

64. 合併儲存格 H1 到 K1，然後將以下公式放在儲存格中：

    =TEXT(P2/1000000,"$#,##0.00") & "MM Market Value"

此儲存格在最近的回報日期取得投資組合市場價值並轉換格式。如果最新的投資組合市值為 123,456,789，它將顯示為 "123.46MM Market Value"。

65. 合併儲存格 H2 到 K2，然後將以下公式放入儲存格中：

    =TEXT(S4,"0.00") & " Sharpe Ratio"

這將投資組合的夏普比率格式化為兩位小數。

66. 標籤儲存格 L1 "Latest Return"，然後在儲存格 M1 中輸入以下公式：

    =O2

這只顯示 Portfolio MV 欄中的最新日期。

67. 標籤儲存格 L2 "Report Date"，然後在儲存格 M2 中輸入以下公式：

    =TODAY()

68. 更改儲存格 A3 到 M3 的背景顏色，以在報表標題和下面的內容之間建立分隔。

接下來的幾個步驟在報表中增加了圖表，用於比較投資組合與兩個基準指數的相對回報以及投資組合的 AUM 成長。

69. 在第一頁上剩餘空間的左上角四分之一處，使用範圍 =Returns!$AA$11:$AE$17 的資料以新增直條圖，其中包含在步驟 28 到 37 中建立的回報彙總表。在水平軸標題下，取消 ITD 類別核取方塊，因為僅列出 ITD 年化類別更有意義。標記圖表 "Time Weighted Return"。

70. 在 "Time Weighted Return" 圖表旁邊的第一頁的右上角，使用步驟 51 到 55 中的欄 O 和 P 中的資料新增折線圖。標記圖表 "Portfolio MV"。

根據你的個人喜好設定圖表格式；報表的頁首應如圖 10-4 所示。這兩個圖表可以快速傳達相對表現和成長。

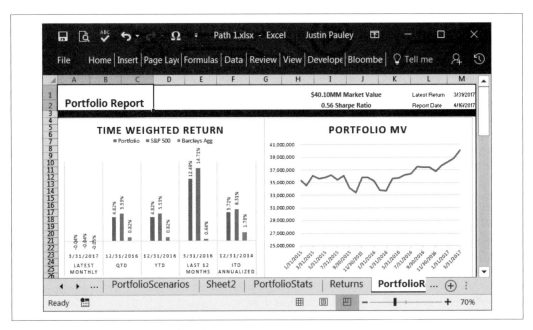

圖 10-4：投資組合報表的頁首，第 1 頁

下一系列步驟在 Portfolio Report 的底部增加了另外兩個圖表。第一張圖是散佈圖，它將風險（標準差）與投資組合的回報、兩個基準指數和預測投資組合（來自第 7 章）進行比較。第二個圖表按資產類別細分了投資組合。

71. 在第一頁的左下角，使用步驟 56 到 62 中建立的 R1 到 V4 的資料增加散佈圖。標記圖表 "Risk vs Return"。

72. 在第一頁的右下角，使用 PortfolioBreakdown 工作表上的資料新增一個圓餅圖，其中包含按資產類型劃分的細分（ =Portfo lioBreakdown!$A$1:$C$4）。

根據需要格式化這些圖表。第一頁的頁尾應如圖 10-5 所示。"Risk vs Return" 圖表可以快速顯示哪些基金獲得了最佳的風險調整回報。理想情況下，基金或投資組合將位於 "Risk vs Return" 圖表的左上象限中，因為這是最小風險下的最大回報。相反，圖表的右下方表示承擔大量風險但卻低回報的基金。

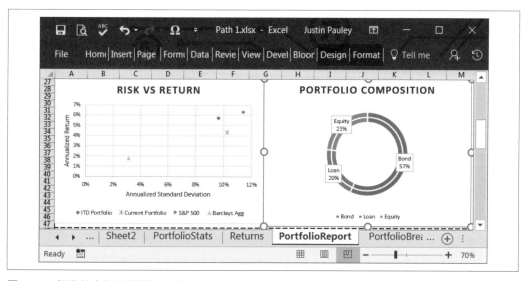

圖 10-5：投資組合報表的頁尾，第 1 頁

接下來的幾個步驟將在第二頁的頁首新增兩個圓餅圖，這些餅圖將按公司評等和類別顯示投資組合的組成。

73. 在藍色虛線的正下方增加一個圓餅圖，用於分隔左上角的報表頁面。使用 PortfolioBreakdown 工作表中的表格中的 "% of Portfolio"，按投資組合公司評等細分投資組合。將圖表標記為 "By Company Rating"。

74. 在第二頁的右上角，使用 PortfolioBreakdown 工作表中的類別細分表增加圓餅圖。將圖表標記為 "By Category"。

格式化這些圖表後，第二頁的頁首應如圖 10-6 所示。這些圖表是可以用來迅速回答有關投資組合構成的常見問題，但你可以將其替換為更適合你需求的其他圖表。

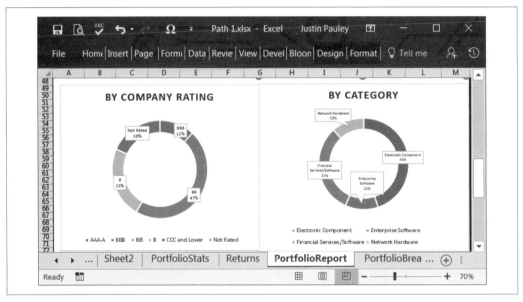

圖 10-6：投資組合報表的頁首，第 2 頁

最後兩步驟將結合直條圖和折線圖新增到報表第二頁的頁尾。這些圖表示範如何顯示一個範圍的總市場價值和投資組合百分比。

75. 在第二頁的左下角，新增一個標有 "Market Cap" 的直條圖，其中包含 PortfolioBreakdown 工作表中的 Market Cap 分佈。包括 Market Value 欄和 "% of Portfolio"。右鍵點擊圖表中的 Market Value 欄，然後選擇 "變更圖表類型"，將 Market Value 數列更改為折線圖且新增至副座標軸。

76. 重複步驟 75，使用 PortfolioBreakdown 工作表中固定收益資產的價格分佈，增加標有 "Fixed Income Price Distribution" 的圖表。

格式化後，第 2 頁的下半部分應如圖 10-7 所示。這些圖表可以迅速告知使用者分佈的百分比和總市值。

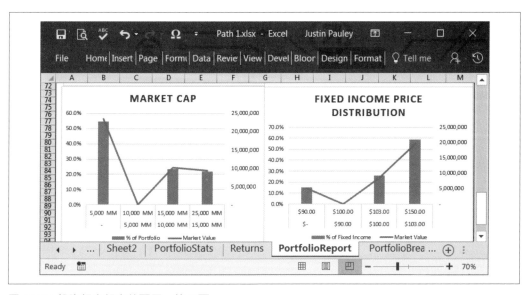

圖 10-7：投資組合報表的頁尾，第 2 頁

途徑 3：C# 與 SSRS

本節介紹如何在 Visual Studio 中對第 9 章中建立的 Windows Form 應用程序進行修改以查看報表。這些修改新增了一個附加按鈕，該按鈕將在應用程序的個別索引標籤中顯示 SSRS Portfolio 報表。該應用程序包含與本章 Excel 部分相同的計算，並建立大多數相同的圖表。由於第 7 章已介紹過投資組合分項的查詢，因此本章不再贅述這些圖表。在開始之前，請務必新增參照本書中其他專案中使用的 MathNet.Numerics。本章假定在 Access 資料庫中建立並填入了一個新表（"Returns"），其中包含的每月損益和初始 AUM，參照表 10-1 的資料型態。請注意，Period 欄是主鍵。

表 10-1：Returns 表模式

資料欄名稱	資料型態
Period*	日期
MonthlyPNL	數值（Double）
StartingAUM	數值（Double）

在第 9 章中建立的 Visual Studio 解決方案中，第一次修改發生在 *ADS.xsd* DataSet 中。除了增加 Returns TableAdapter 之外，還需要增加三個額外的 DataTable 以將計算結果傳遞給報表（RDLC）。三個 DataTable 中的第一個是 ReturnCalcs，它類似於 Returns Excel 表，並將儲存來自彭博的計算回報。第二個 DataTable 是 ReturnSummary，它包含不同時期的時間加權回報和標準差。最後，名為 Header 的 DataTable 將包含投資組合的夏普比率、最後回報的日期以及在報表標題更新最新市場價值。

1. 增加一個名為 **Returns** 的 TableAdapter，它可以選取查詢 Returns 表中的每一欄。

2. 增加包含以下欄的 ReturnsCalc DataTable：**Date**、**Month lyPNL**、**StartingAUM**、**MonthlyReturn**、**ValueOf100**、**MonthlyRF**、**ReturnRF**、**SP500**、**SPRF**、**Barclays** 和 **BarclaysRF**。將 Date 設為主鍵、將 DataType 設為 DateTime。其他欄都應設為 Double。

3. 增加包含以下欄的 ReturnSummary DataTable：**Range**、**Date**、**PortfolioReturn**、**SP500Return**、**BarclaysReturn**、**PortfolioStdDev**、**SP500StdDev** 和 **BarclaysStdDev**。將 Range 設為具有 String DataType 的主鍵，將 Date 設為 DateTime DataType，並將其餘設為 Double。

4. 增加包含以下欄的標題資料表：**Sharpe**、**LatestMV** 和 **Date**。此 DataTable 不需要主鍵。將 Date 設為 DateTime DataType，將其他設為 Double。

完成後，產生的 DataSet 應該有其他表，如圖 10-8 所示。

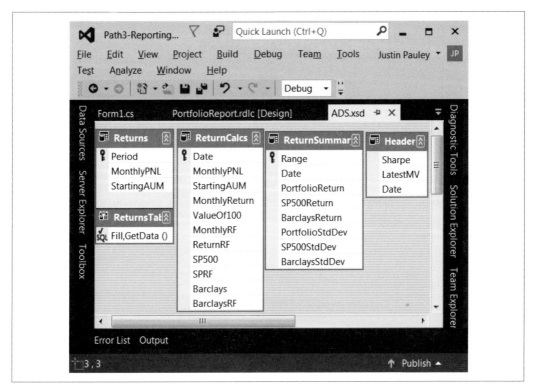

圖 10-8：ADS 中的新 DataTables

以下步驟在專案中新增 SSRS 報表，並增加其他 ReportViewer 至表單：

5. 在專案中新增 SSRS 報表並命名為 PortfolioReport.rdlc。

6. 在報表資料視窗中，右鍵點擊資料集，然後一次增加以下資料集：Returns、header、ReturnSummary

7. 在 Windows 表單（Form1.cs）設計上，在 panel2 中增加索引標籤控制器，將其 Dock 設為 fill，將原始 ReportViewer 控制項放在第一個索引標籤中，然後將新 ReportView 增加到第二個索引標籤。

8. 將新 ReporterViwer（名為 rptPortfolio）的 Report 屬性設為在步驟 5 中建立的 PortfolioReport。這還將自動為步驟 1 到 4 中建立的不同表 BindingSources 和 TableAdapter。

9. 增加一個名為 **btnPortfolio** 的新按鈕，並將其標記為 **Portfolio**。

10. 在 Form1.cs 中，刪除會自動新增至 Form_Load 事件的 rptPortfolio.RefreshReport()。

加強這個事件的整個程式碼都在 btnPortfolio_Click 裡。程式碼一開始先取得標準普爾 500 指數、彭博巴克萊美國綜合債券指數和三個月 LIBOR 的彭博歷史價格。然後，它將 BloombergHistory 與 Returns 資料組合在一起，並填入 ReturnCalcs DataTable 中。ReturnCalcs DataTable 與 Returns Excel 表基本相同，它們使用相同的計算方式。

接下來，程式碼首先填入具有不同期間範圍及其相對應日期的 ReturnSummary DataTable。雖然這確實需要透過 ReturnSummary 兩個迴圈，但我發現它比嘗試一次完成所有操作更簡潔。

然後，只要 ReturnSummary DataTable 具有範圍和日期，它就會再次執行迴圈、參照給定日期的 ReturnCalcs DataTable 中的相關列，並計算除 "ITD Annualized" 之外的各個期間的回報。年化計算將保留到下一步因為它參照了其他期間的計算，特別是 ITD 列。

最後，計算夏普比率，並將 ADS 資料集發送到投資組合報表：

```csharp
private void btnPortfolio_Click(object sender, EventArgs e)
{

    // 填入 Returns 表
    this.ReturnsTableAdapter.Fill(this.ADS.Returns);


    // 搜尋開始日期和最新回報日期
    DateTime inception = this.ADS.Returns.OrderBy(x => x.Period).First().Period;
    DateTime latest =
    this.ADS.Returns.OrderByDescending(x => x.Period).First().Period;

    // 取得標準普爾 500 指數、彭博巴克萊美國綜合債券指數和三個月 LIBOR 的彭博歷史價格
    // 該方法傳回每日價格，如果資料量過大，
    // 可以調整為以月為單位傳回。
    // 因為我們需要計算第一個月的月度回報，
    // 所以減去了 31 天
    Dictionary<DateTime, double> sp500 =
    GetHistory("SPX Index", "PX_LAST", inception.AddDays(-31));
    Dictionary<DateTime, double> barclays =
    GetHistory("LBUSTRUU Index", "PX_LAST", inception.AddDays(-31));
    Dictionary<DateTime, double> libor =
    GetHistory("US0003M Index", "PX_LAST", inception.AddDays(-31));

    // 填入 ReturnCalcs 表
    double valueof100 = 100;
    foreach (ADS.ReturnsRow row in this.ADS.Returns.OrderBy(x => x.Period))
    {
        // 弄清楚上個月的最後一天
        // 如果你只減去 1 個月，若月份是 2 月會發生中斷，
        // 因為它將傳回 1 月 28 日。
```

```
        DateTime endOfPriorMonth =
        new DateTime(row.Period.Year, row.Period.Month, 1).AddDays(-1);
        ADS.ReturnCalcsRow calc = this.ADS.ReturnCalcs.NewReturnCalcsRow();
        calc.Date = row.Period;
        calc.MonthlyPNL = row.MonthlyPNL;
        calc.StartingAUM = row.StartingAUM;
        calc.MonthlyReturn = (calc.MonthlyPNL / calc.StartingAUM);
        calc.ValueOf100 = valueof100 * (1 + calc.MonthlyReturn);
        valueof100 = calc.ValueOf100;
        calc.MonthlyRF = libor[calc.Date] / 100 / 12;
        calc.ReturnRF = calc.MonthlyReturn - calc.MonthlyRF;
        calc.SP500 =
        (sp500[calc.Date] - sp500[endOfPriorMonth]) / sp500[endOfPriorMonth];
        calc.SPRF = calc.SP500 - calc.MonthlyRF;
        calc.Barclays =
        (barclays[calc.Date] - barclays[endOfPriorMonth]) /
        barclays[endOfPriorMonth];
        calc.BarclaysRF = calc.Barclays - calc.MonthlyRF;
        this.ADS.ReturnCalcs.AddReturnCalcsRow(calc);
    }


    // 在 ReturnsSummary 增加範圍
    List<string> ranges = new List<string>()
    {
        "Latest Monthly",
        "QTD",
        "YTD",
        "Last 12 Months",
        "ITD",
        "ITD Annualized"
    };
    // 迴圈進行增加 Ranges 和它們的
    // 相對應的日期。
    foreach (string range in ranges)
    {
        ADS.ReturnSummaryRow srow = this.ADS.ReturnSummary.NewReturnSummaryRow();
        srow.Range = range;
        switch(range)
        {
            case "Latest Monthly":
                srow.Date = latest;
                break;
            case "QTD":
                // 基於最新的回報
                // 這將取得季度開始前一天
                srow.Date =
                new DateTime(latest.Year, 3 * ((latest.Month + 2) / 3) - 2, 1).
                AddDays(-1);
                break;
```

```
            case "YTD":
                srow.Date = new DateTime(latest.Year - 1, 12, 31);
                break;
            case "Last 12 Months":
                srow.Date = latest.AddMonths(-12);
                break;
            case "ITD":
                // 傳回開始前一個月的最後一天
                srow.Date =
                new DateTime(inception.Year, inception.Month, 1).AddDays(-1);
                break;
            case "ITD Annualized":
                // 傳回開始前一個月的最後一天
                srow.Date =
                new DateTime(inception.Year, inception.Month, 1).AddDays(-1);
                break;
        }
        this.ADS.ReturnSummary.AddReturnSummaryRow(srow);
}

// 迭代 ReturnSummary
// 計算 Returns 和 StandardDev
foreach(ADS.ReturnSummaryRow srow in this.ADS.ReturnSummary)
{
    ADS.ReturnCalcsRow curr = this.ADS.ReturnCalcs.FindByDate(latest);
    ADS.ReturnCalcsRow prev = this.ADS.ReturnCalcs.FindByDate(srow.Date);
    if (srow.Range=="Latest Monthly")
    {
        srow.PortfolioReturn = prev.MonthlyReturn;
        srow.SP500Return = prev.SP500;
        srow.BarclaysReturn = prev.Barclays;
    }
    else if (srow.Range== "ITD Annualized")
    {
        // 此處未增加 ITD Annualized
        // 因為它依賴於其他列
        continue;
    }
    else
    {
        // 因為 ValueOf100
        // ITD 總是以 100 的價格開始
        if(srow.Range=="ITD")
            srow.PortfolioReturn= (curr.ValueOf100 - 100) / 100;
        else
            srow.PortfolioReturn =
            (curr.ValueOf100 - prev.ValueOf100) / prev.ValueOf100;

        srow.SP500Return =
```

```
    (sp500[latest] - sp500[srow.Date]) / sp500[srow.Date];
    srow.BarclaysReturn =
    (barclays[latest] - barclays[srow.Date]) / barclays[srow.Date];

    // 在傳回的 ReturnSummary 中，
    // 將日期大於起始日的資料
    // 依序填入陣列物件之中
    List<double> monthlyReturns = new List<double>();
    List<double> sp500Returns = new List<double>();
    List<double> barclaysReturns = new List<double>();
    foreach (ADS.ReturnCalcsRow calc in this.ADS.ReturnCalcs)
    {
        if (calc.Date > srow.Date)
        {
            monthlyReturns.Add(calc.MonthlyReturn);
            sp500Returns.Add(calc.SP500);
            barclaysReturns.Add(calc.Barclays);
        }
    }
    srow.PortfolioStdDev =
    Statistics.StandardDeviation(monthlyReturns) * Math.Sqrt(12);
    srow.SP500StdDev =
    Statistics.StandardDeviation(sp500Returns) * Math.Sqrt(12);
    srow.BarclaysStdDev =
    Statistics.StandardDeviation(barclaysReturns) * Math.Sqrt(12);
    }
}
ADS.ReturnSummaryRow ITDRow = this.ADS.ReturnSummary.FindByRange("ITD");

// 一旦其他的每一列填入後，
// 填入 ITD Annualized 列
ADS.ReturnSummaryRow annualRow =
this.ADS.ReturnSummary.FindByRange("ITD Annualized");
double daycount =
(latest - new DateTime(inception.Year, inception.Month, 1).
AddDays(-1)).TotalDays;
annualRow.PortfolioReturn =
Math.Pow(1 + this.ADS.ReturnSummary.FindByRange("ITD").PortfolioReturn,
(365 / daycount)) - 1;
annualRow.SP500Return =
Math.Pow(1 + this.ADS.ReturnSummary.FindByRange("ITD").SP500Return,
(365 / daycount)) - 1;
annualRow.BarclaysReturn =
Math.Pow(1 + this.ADS.ReturnSummary.FindByRange("ITD").BarclaysReturn,
(365 / daycount)) - 1;
// 在非年化列使用與上面相同的 StdDev
annualRow.PortfolioStdDev = ITDRow.PortfolioStdDev;
annualRow.SP500StdDev = ITDRow.SP500StdDev;
annualRow.BarclaysStdDev = ITDRow.BarclaysStdDev;
```

```
// 報表標題所需的資料欄
ADS.HeaderRow header = this.ADS.Header.NewHeaderRow();

header.Sharpe =
this.ADS.ReturnCalcs.Average(x => x.ReturnRF) * 12/ITDRow.PortfolioStdDev;
header.LatestMV =
this.ADS.Returns.OrderByDescending(x => x.Period).First().StartingAUM;
header.Date = latest;
this.ADS.Header.AddHeaderRow(header);


    this.rptPortfolio.RefreshReport();
}
```

在投資組合報表中，標題資料集用於填入頁首的文字方塊中，例如 Portfolio MV：

```
="$"&Format(Sum(Fields!LatestMV.Value/1000000, "Header"),"#,##0.00")
& "MM Market Value"
```

ReturnSummary 資料集用於填入包含時間加權回報的直條圖。Returns 資料集用於填入右上角的折線圖，其中包含投資組合市場價值的歷史記錄。

最後，再次使用 ReturnSummary 資料集製作頁尾的散佈圖，該圖表比較年化回報和標準差。圖表的過濾器僅包含 Range 等於 ITD Annualized 的列。即使此散佈圖不包含第 7 章中計算的投資組合的當前標準差或預測回報，你也可以使用該章中的程式碼附加至 ReturnSummary DataTable。

完成後，程式輸出應如圖 10-9 所示。

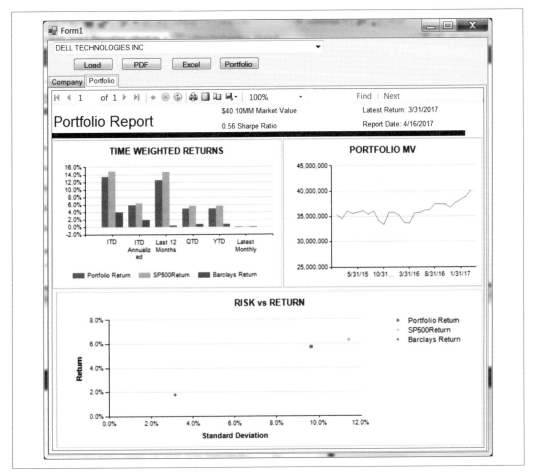

圖 10-9：帶有投資組合報表的 Windows 表單

小結

你可以使用本章中介紹的計算和圖表來衡量投資組合或投資的表現、成長和相對價值。本章也解釋了為什麼考慮複合是很重要的。雖然 Excel 和資料庫表對於分析資訊很有用，但將數字轉換為圖表可以更容易地識別趨勢和發現問題。

第十一章

結論

本書說明如何從彭博和 Markit 查找和檢索金融資訊、分析資料以及產生定製報表，內容著重在需要每一步增加你自己的觀點，以創造真正有價值和獨特的東西。然而，真正的目標並不是簡單地重新建立隨書附帶的試算表、資料庫或程式碼，而是從這些練習中學會如何建構自己的分析和報表平台。一定有許多人想知道為什麼我沒有提到一些對你來說至關重要的資料欄、計算或報表要件。我希望無論你想要建立什麼，本書都為你提供了實現目標的框架。

接下來的步驟，我建議用更高一階的自我要求，明確設定好下一個目標。我認為勾勒出理想的試算表、報表或應用程序的外觀並一次建構完成是有用的。首先，確定所需的所有不同資料，並找到該資料的最佳來源。請記住，有時最佳或是唯一的良好資料來源是你。確保你真正了解資料及其細微差別（準確性、來源的可靠性等）。記住第 2 章中的第三正規化，並確保資料被適當地儲存。請確保將資料列入比較，否則它將毫無意義。請花點時間確認一切是具備意義，太多人只相信他們的計算而不會仔細檢查結果。最後，發揮創意，享受報表帶來的樂趣。

感謝你的閱讀，歡迎聯絡我 *Justin.Pauley@gmail.com*。
—Justin

參照表

整本書中的表格已經編譯在此處以便參照。

表 *A-1*：報價源小結（表 *3-1*）

報價源	描述
BGN	基於來自多個貢獻引用的即時組合
BVAL	將直接市場觀察與定量定價模型相結合
MSG1	彭博從你的 inbox（收件箱）中挖掘價格
TRAC	TRACE 是 FINRA 的公司和機構的債券報價服務。獲得即時債券價格資訊需要付費取得授權。非訂戶在延遲四小時的情況下查看報價資訊。

表 *A-2*：*BDS* 的 *Excel* 選項（見 "取出批量資料（*BDS*）" 位於第 *29* 頁）

參數	描述
方向	細說明傳回值的排列方式，可以橫向排列，也可以縱向排列
SORTASC/SORTDESC	控制傳回資料順序的參數
標題	顯示標題
STARTROW, ENDROW, STARTCOL, andENDCOL	限制傳回資料的參數
AGGREGATE/SEPARATOR	AGGREGATE 將 BDS 結果組合到一個儲存格中，SEPARATOR 自定義資料彙總的方式
PCS	更改報價來源
ARRAY	回報可在 Excel 彙總函數中使用的值

表 A-3：彭博日期類型（表 3-2）

類型	每日	每週	每月	季度	半年度	年度
會計	—	—	—	FQ	FS	FY
日曆	CD	CW	CM	CQ	CS	CY
實際	AD	AW	AM	AQ	AS	AY

表 A-4：BDH 的 Excel 選項（見 "取出歷史資料（BDH）" 於第 31 頁）

參數	描述
Fill	指示缺失日期設置為上一個、錯誤、空白、NA、PNA（上一個日期）、F（下一個可用）或自定義文本
PERIOD	以每天以外的頻率顯示資料
CAPCHG	改變彭博為分拆、股票拆分 / 合併、股票股息 / 獎金以及權利 / 債券 / 權利而調整的方式
FX	調整傳回值的幣別
POINTS	控制要傳回的最大日期數量
SORT	設為 D 降序
DIRECTION	指定傳回值的排列方式，可以橫向排列或垂直排列
ARRAY	傳回可用於 Excel 彙總函數的值
PCS	更改報價來源
DATES	設置為隱藏僅傳回值
QUOTETYPE	當 PC_LAST 傳回時，設置為 "P" 價格

表 A-5：債券工作表專欄和彭博地圖（表 3-3）

欄	輸入第 1 列	輸入第 2 列	描述
A	[特意留空]	BondID	
B	[特意留空]	BBID	
C	BOND_TO_EQY_TICKER	CompanyID	債券發行人股票代碼
D	SECURITY_DES	Security Description	彭博對證券的描述
E	CPN_TYP	Coupon Type	利率類型（固定、浮動）
F	CPN	Fixed Coupon	目前的利率
G	MATURITY	Maturity	債券到期日
H	RTG_MOODY	Moody's Rating	穆迪評等
I	RTG_SP	S&P Rating	S&P 評等
J	QUOTED_CRNCY	Currency	報價幣別
K	PAYMENT_RANK	Rank	支付排名（高級無擔保、擔保等）
L	PX_LAST	Price	最新的價格
M	CHG_PCT_YTD	YTD Px Chg	年初至今的價格變動（百分比）
N	CHG_PCT_3M	3M Px Chg	三個月的價格變動（百分比）

欄	輸入第 1 列	輸入第 2 列	描述
O	YAS_YLD_SPREAD	YAS Spread	以當前價格計算債券收益率與其違約基準收益率之間的基點差（bps）。由 YASD <GO> 篩選控制的預設設定。
P	YAS_BOND_YLD	YAS Yield	按當前價格計算債券收益率。由 YASD <GO> 篩選控制的預設設定
Q	CALLABLE	Callable?	債券可以贖回嗎？
R	NXT_CALL_DT	Next Call Date	下一個債券可以由發行人贖回的日期
S	NXT_CALL_PX	Next Call Price	下個通知贖回日期的債券贖回價格
T	[特意留空]	Bond Comments	

表 A-6：貸款工作表專欄和彭博地圖（表 3-4）

列	輸入第 1 列	描述
[特意留空]	LoanID	包含每筆貸款的唯一識別碼
[特意留空]	BBID	包含完整的彭博識別碼
ISSUER_PARENT_EQY_TICKER	CompanyID	貸款發行人股票代碼
SECURITY_DES	Security Description	彭博對證券的描述
LN_CURRENT_MARGIN	Margin	保證金或利差優於基準息票
INDEX_FLOOR	Floor	如果適用，則按照指數分級
RESET_IDX	Index	息票的基準指數
MATURITY	Maturity	到期日
RTG_MOODY	Moody's Rating	穆迪評等
RTG_SP	S&P Rating	標準普爾評等
PX_LAST	Price	最後更新的價格
CHG_PCT_YTD	YTD Px Chg	年初至今的價格變動（百分比）
DISC_MRGN_ASK	DM	基於當前詢價價格的利差折價（DM）
YLD_YTM_ASK	Yield	基於賣價之到期收益率
CALLABLE	Callable?	債券可以贖回嗎？
NXT_CALL_DT	Next Call Date	下一個債券可以由發行人贖回的日期
NXT_CALL_PX	Next Call Price	下個通知贖回日期的債券贖回價格
[特意留空]	Loan Comments	

表 A-7：IDX 工作表專欄和彭博地圖（表 3-5）

輸入第 1 列	輸入第 2 列	描述
[特意留空]	IndexID	包含每筆貸款的唯一識別碼
[特意留空]	BBID	包含完整的彭博識別碼
NAME	Name	指數的名稱
PX_LAST	Price	最後更新的價格

輸入第 1 列	輸入第 2 列	描述
CHG_PCT_HIGH_52WEEK	52 Week High	過去 52 週當前價格和最高價格之間的差異百分比
CHG_PCT_LOW_52WEEK	52 Week Low	過去 52 週當前價格與最低價格之間的差異百分比
CHG_PCT_YTD	YTD Px Change	年初至今的百分比價格變動
CHG_PCT_3M	3M Px Change	過去三個月的價格變動百分比
CURRENT_TRR_1YR	12M Total Return	一年總回報；股息被再投資

表 A-8：公司工作表專欄和彭博地圖（表 3-6）

輸入第 2 列	輸入第 3 列	描述
[特意留空]	CompanyID	包含每個公司的唯一識別碼
[特意留空]	BBID	包含完整的彭博識別碼
NAME	CompanyName	公司的名稱
COMPANY_IS_PRIVATE	Private	指出公司是否是私人的
GICS_SECTOR_NAME	Sector	全球產業分類標準（GICS）行業分類
GICS_INDUSTRY_NAME	Industry	全球產業分類標準（GICS）產業分類
GICS_SUB_INDUSTRY_NAME	Sub-Industry	全球產業分類標準（GICS）子產業分類
RTG_SP_LT_LC_ISSUER_CREDIT	S&P Rating	標準普爾長期債務發行人評等
RTG_MDY_LT_CORP_FAMILY	Moody's Rating	穆迪的長期公司家族評等
CRNCY_ADJ_MKT_CAP*	Market Cap	幣別經市值調整
SHORT_AND_LONG_TERM_DEBT*	Total Debt	短期和長期債務總額（百萬）
NET_DEBT*	Net Debt	公司的債務淨部位
CRNCY_ADJ_CURR_EV*	Enterprise Value	幣別經企業價值調整
TRAIL_12M_EBITDA*	TTM EBITDA	過去 12 個月的稅前息前折舊攤銷前收益
PE_RATIO	PE Ratio	市盈率、股票價格與公司每股收益的比率
EQY_DVD_YLD_IND	Dividend Gross Yield	最新公佈的年度總利潤除以當前價格
CURRENT_TRR_1YR	12M Total Return	一年總回報。股息再投資
CHG_PCT_YTD	YTD Px Change	年初至今的百分比價格變動
CHG_PCT_3M	3M Px Change	過去三個月的價格變動百分比
SALES_REV_TURN*	Total Revenue	公司的總營業收入減去對總銷售額的各種調整
TOT_DEBT_TO_EBITDA	Total Debt/EBITDA	總債務除以 12 個月後的稅前息前折舊攤銷前收益
INTEREST_COVERAGE_RATIO	Interest Coverage	息稅前利潤（EBIT）除以利息總額
TRAIL_12M_FREE_CASH_FLOW*	FCF	過去 12 個月的自由現金流量
FCF_TO_TOTAL_DEBT	FCF/Total Debt	過去 12 個月的自由現金流量除以總債務

輸入第 2 列	輸入第 3 列	描述
CRNCY_ADJ_PX_LAST*	Price	幣別經最後更新的價格調整
CHG_PCT_HIGH_52WEEK	52 Week High Change	過去 52 週當前價格和最高價格之間的差異百分比
CHG_PCT_LOW_52WEEK	52 Week Low Change	過去 52 週當前價格與最低價格之間的差異百分比
CDS_SPREAD_TICKER_5Y	5yr CDS Spread Ticker	彭博股票代碼為五年期信用違約互換價差
TOT_BUY_REC	Buy Recommendations	研究分析師建議購買的總數
TOT_SELL_REC	Sell Recommendations	研究分析師建議出售的總數
TOT_HOLD_REC	Hold Recommendations	研究分析師建議持有的總數
[特意留空]	Net Debt/EBITDA	
[特意留空]	5yr CDS Spread	
[特意留空]	Category	
[特意留空]	Company Comments	

表 A-9：公司表設計（表 3-7）

類別名稱	資料型態
CompanyID*	短文本
BBID	短文本
CompanyName	短文本
IsPrivate	短文本
Sector	短文本
Industry	短文本
SubIndustry	短文本
SPRating	短文本
MoodyRating	短文本
MarketCap	數值
TotalDebt	數值
NetDebt	數值
EV	數值
EBITDA	數值
TotalRevenue	數值
TotalDebtToEBITDA	數值
InterestCoverage	數值
FCF	數值
FCFToTotalDebt	數值
Price	數值
YrHi	數值

類別名稱	資料型態
YrLow	數值
CDS5YrTicker	短文本
NetDebtToEBITDA	數值
CDSSpread5Yr	數值
Category	短文本
CompanyComments	長文本
PERatio	數值
DVDYield	數值
TotalReturn12M	數值
PxChgYTD	數值
PxChg3M	數值
RecBuy	數值
RecSell	數值
RecHold	數值

表 A-10：Bond 表設計（表 3-8）

類別名稱	資料型態
BondID*	短文本
BBID	短文本
CompanyID	短文本
SecurityDes	短文本
CpnType	短文本
FixedCpn	數值
Maturity	日期 / 時間
MoodyRating	短文本
SPRating	短文本
Currency	短文本
Rank	短文本
Price	數值
PxChgYTD	數值
PxChg3M	數值
YASSpread	數值
YASYield	數值
IsCallable	短文本
NextCallDate	日期 / 時間
NextCallPrice	數值
BondComments	長文本

表 A-11：Loan 表設計（表 3-9）

類別名稱	資料型態
LoanID*	短文本
BBID	短文本
CompanyID	短文本
SecurityDesc	短文本
CpnType	短文本
Margin	數值
Floor	數值
Index	短文本
Maturity	日期／時間
MoodyRating	短文本
SPRating	短文本
Currency	短文本
Rank	短文本
Price	數值
PxChgYTD	數值
PxChg3M	數值
DM	數值
Yield	數值
IsCallable	短文本
NextCallDate	日期／時間
NextCallPrice	數值
LoanComments	長文本

表 A-12：Index 表設計（表 3-10）

類別名稱	資料型態
IndexID*	短文本
BBID	短文本
IndexName	短文本
Price	數值
YrHi	數值
YrLow	數值
PxChgYTD	數值
PxChg3M	數值
TotalReturn12M	數值

表 A-13：Map 表設計（表 3-11）

類別名稱	資料型態
DestTable*	短文本
DestCol*	短文本
BloombergFLD	短文本

表 A-14：Map 表資料（表 3-12）

Dest 表	Dest 列	彭博類別
公司	CompanyName	NAME
公司	IsPrivate	COMPANY_IS_PRIVATE
公司	Sector	GICS_SECTOR_NAME
公司	Industry	GICS_INDUSTRY_NAME
公司	SubIndustry	GICS_SUB_INDUSTRY_NAME
公司	SPRating	RTG_SP_LT_LC_ISSUER_CREDIT
公司	MoodyRating	RTG_MDY_LT_CORP_FAMILY
公司	MarketCap	CRNCY_ADJ_MKT_CAP
公司	TotalDebt	SHORT_AND_LONG_TERM_DEBT
公司	NetDebt	NET_DEBT
公司	EV	CRNCY_ADJ_CURR_EV
公司	EBITDA	TRAIL_12M_EBITDA
公司	TotalRevenue	SALES_REV_TURN
公司	TotalDebtToEBITDA	TOT_DEBT_TO_EBITDA
公司	InterestCoverage	INTEREST_COVERAGE_RATIO
公司	FCF	TRAIL_12M_FREE_CASH_FLOW
公司	FCFToTotalDebt	FCF_TO_TOTAL_DEBT
公司	Price	CRNCY_ADJ_PX_LAST
公司	YrHi	CHG_PCT_HIGH_52WEEK
公司	YrLow	CHG_PCT_LOW_52WEEK
公司	CDS5YrTicker	CDS_SPREAD_TICKER_5Y
公司	PERatio	PE_RATIO
公司	DVDYield	EQY_DVD_YLD_IND
公司	TotalReturn12M	CURRENT_TRR_1YR
公司	PxChgYTD	CHG_PCT_YTD
公司	PxChg3M	CHG_PCT_3M
公司	RecBuy	TOT_BUY_REC
公司	RecSell	TOT_SELL_REC
公司	RecHold	TOT_HOLD_REC
債券	CompanyID	BOND_TO_EQY_TICKER

Dest 表	Dest 列	彭博類別
債券	SecurityDes	SECURITY_DES
債券	CpnType	CPN_TYP
債券	FixedCpn	CPN
債券	Maturity	MATURITY
債券	MoodyRating	RTG_MOODY
債券	SPRating	RTG_SP
債券	Currency	QUOTED_CRNCY
債券	Rank	PAYMENT_RANK
債券	Price	PX_LAST
債券	PxChgYTD	CHG_PCT_YTD
債券	PxChg3M	CHG_PCT_3M
債券	YASSpread	YAS_YLD_SPREAD
債券	YASYield	YAS_BOND_YLD
債券	IsCallable	CALLABLE
債券	NextCallDate	NXT_CALL_DT
債券	NextCallPrice	NXT_CALL_PX
貸款	CompanyID	ISSUER_PARENT_EQY_TICKER
貸款	SecurityDesc	SECURITY_DES
貸款	CpnType	CPN_TYP
貸款	Margin	LN_CURRENT_MARGIN
貸款	Floor	INDEX_FLOOR
貸款	Index	RESET_IDX
貸款	Maturity	MATURITY
貸款	MoodyRating	RTG_MOODY
貸款	SPRating	RTG_SP
貸款	Currency	QUOTED_CRNCY
貸款	Rank	PAYMENT_RANK
貸款	Price	PX_LAST
貸款	PxChgYTD	CHG_PCT_YTD
貸款	PxChg3M	CHG_PCT_3M
貸款	DM	DISC_MRGN_ASK
貸款	Yield	YLD_YTM_ASK
貸款	IsCallable	CALLABLE
貸款	NextCallDate	NXT_CALL_DT
貸款	NextCallPrice	NXT_CALL_PX
指數	IndexName	NAME
指數	Price	PX_LAST
指數	YrHi	CHG_PCT_HIGH_52WEEK

Dest 表	Dest 列	彭博類別
指數	YrLow	CHG_PCT_LOW_52WEEK
指數	PxChgYTD	CHG_PCT_YTD
指數	PxChg3M	CHG_PCT_3M
指數	TotalReturn12M	CURRENT_TRR_1YR

表 A-15：API 參數用於取得歷史資料（表 3-13）

參數	BDH 相對應	註釋
startDate	—	開始日期以 YYYYMMDD 格式
endDate	—	結束日期以 YYYYMMDD 格式
periodicityAdjustment	—	實際年度、日曆年度或會計年度
periodicitySelection	—	每日、每週、每月、每季度、半年、每年
currency	FX	三字母 ISO 代碼；例如，美元、英鎊
overrideOption	Quote	設置為 OVERRIDE_OPTION_GPA 以在報價計算中使用平均價格而不是收盤價格
pricingOption	QuoteType	價格為 PRICING_OPTION_PRICE，收益率為 PRICING_OPTION_YIELD
nonTradingDayFillOption	Days	NON_TRADING_WEEKDAYS、ALL_CALENDAR_DAYS、ACTIVE_DAYS_ONLY
nonTradingDayFillMethod	Fill	PREVIOUS_VALUE 或 NIL_VALUE for blank
adjustmentNormal	CshAdjNormal	設置為 true 或 false
adjustmentAbnormal	CshAdjAbnormal	設置為 true 或 false
adjustmentSplit	CapChg	設置為 true 或 false
adjustmentFollowDPDF	UseDPDF	設置為 true 或 false
calendarCodeOverride	CDR	例如 "US" 或 "JN"

由於 Markit 與 S&P 有合作關係，因此表 A-16 中的某些欄目（以星號 [*] 表示）只能由與標準普爾達成協議的客戶取得。另外，Markit 中有一些專欄（用 ** 表示）必須特別要求（可以聯繫 *support@markit.com*），然後才能顯示在結果中。用 *** 表示的專欄需要與標準普爾達成協議並且需要 Markit 的特定請求。

表 A-16：授信更新欄（表 4-1）

欄	描述
LoanX ID	每筆貸款的唯一識別碼
PMD ID	與特定發行人 / 付款組合相關聯的唯一識別碼。這可以是正數或負數
PMD Trans ID*	PMD / LCD 識別交易的唯一 ID 或貸款包
Issuer Name	借款人或發行人的名稱
Issuer ID*	與特定發行人相關聯的唯一識別碼

欄	描述
Deal Name	借款人的名稱。這通常與前面的儲存格相同，但可以包括交易的日期和類型
Facility Type	特定貸款類型：TLB、過橋貸款等
LoanX Facility Type	Markit 將 PMD 工具類型合併為當前的 16 個標準化值之一
Facility Status*	特定儀器類型：橋樑、364 天、次級、定期貸款攤銷
LoanX Facility Type Code*	貸款 X 授信類型 + 貸款 X 授信類別的代碼表示。
LoanX Facility Category*	Markit 將 PMD 授信類型簡化為以下之一：機構、RC、TLA、其他
Industry	基於 SIC 代碼的行業分類
Initial Amount	授信金額以 MM 計
Initial Spread	初始 LIBOR 利差
Maturity Date	最後到期日
Ticker***	發行人的股票代碼
Currency***	貸款的幣別
LoanX Currency Code*	標定的幣別縮寫
SP Org ID***	標準普爾指定的組織 ID
Commitment Fee*	擔保費
Sponsor*	貸款的保薦人
LoanX Sponsor Code*	將保薦人名稱作為數字代碼
Launch Date*	貸款的發行日期
Close Date*	貸款的截止日期
State*	發行人的狀態
Country*	發行人的國家別
LoanX Country Code*	標定的的國家縮寫
Pro Rata Assignment*	Pro Rata Assignment 最小值
Institutional Assignment*	機構指定最小值
Pro Rata Fee*	Pro Rata 費用
Institutional Fee*	機構費用
Facility Fee*	支付全部授信的年費
Consent*	代理、公司、兩者
Security*	擔保貸款之資產
LoanX Security Code*	標定的證券縮寫
Lead Agent*	首位代理人
LoanX Lead Agent Code*	產生與保證人名稱關聯的唯一識別碼
Admin Agent*	行政代理人
LoanX Admin Agent Code*	產生與代理名稱關聯的唯一識別碼
Document Agent*	文件代理
LoanX Doc Agent Code*	產生與代理名稱關聯的唯一識別碼

欄	描述
Syndicate Agent*	聯合代理
LoanX Synd Agent Code*	產生與代理名稱關聯的唯一識別碼
Initial SP Rating*	初始標準普爾評級
Industry Code*	產業代碼
SIC Code*	SIC 代碼
SIC Description*	SIC 描述
Industry Segment ID*	產業細分 ID
Industry Segment Description*	產業細分描述
Status Code*	內部狀態代碼
Status	內部狀態描述
Cancelled*	表示交易被取消的標誌
Created Time	產生授信記錄的日期
Modified Time	修改授信記錄的日期
Term*	貸款期限,以年為單位
RC Term*	RC 貸款的年限,以年為單位
TLA Term*	TLA 貸款期限,以年為單位
TLB Term*	TLB 貸款期限,以年為單位
TLD Term*	TLD 貸款期限,以年為單位
OID*	原始發行時的貸款價格
Libor Floor*	在 Libor 事件中支付的最低基本費率低於特殊門戶級別
Lien Type***	在借款人的資本結構水準其債務順序
Cov-Lite***	表示該付款的標誌是 cov-lite

表 A-17:推薦的更新欄(表 4-2)

欄	描述
LoanX ID	每筆貸款的唯一識別碼
LCD ID	識別標準普爾 LCD 資料
Issuer Name	借款人或發行人的名稱
Dealname	借款人的名稱。這通常與前面的儲存格相同,但可以包括交易的日期和類型
Facility Type	具體貸款類型:TLB、過橋貸款等
Industry	基於 SIC 代碼的行業分類
Initial Amount	授信金額(MM)
Final Maturity	最終到期日
Initial Spread	原始的 LIBOR 傳播
Facility Status	有效 / 無效狀態(A 或 I)
Inactive Date	狀態更改日期,始終在過去

欄	描述
Inactive Reason	狀態改變的原因
Replacement LoanX ID	替換貸款的 LoanX ID
Replacement PMD ID	替換與特定發行人 / 付款組合相關聯的唯一識別碼。這可以是正數或負數
Replacement Issuer Name	替換借款人或發行人的名稱
Replacement Deal Name	替換借款人名稱；通常與前面的儲存格相同，但可以包含交易的日期和類型
Replacement Facility Type	替換特定貸款類型：TLB、過橋貸款等
Replacement Industry	基於 SIC 代碼的替代行業分類
Replacement Initial Amount	替換授信金額以 MM 計
Replacement Final Maturity	替換最終到期日
Replacement Initial Spread	替換原始 LIBOR 利差
Replacement Status	替換授信狀態

表 A-18：每日評等欄（表 4-3）

欄	描述
As of Date	文件產生日期
LoanX ID	每筆貸款的唯一識別碼
Price Date	所提供的投標和提議的日期
Moody's Rating	由穆迪提供的評等
Moody's Rating Date	穆迪上次更新評等的日期
Moody's Watch	穆迪觀察列表的描述
Moody's Watch Date	穆迪觀察列表上次更新的日期
Moody's Outlook	穆迪提供的展望
Moody's Outlook Date	穆迪上次更新展望的日期
S&P Rating	由標準普爾提供的評等
S&P Rating Date	標準普爾上次更新評等的日期
S&P Watch	標準普爾觀察列表的描述
S&P Watch Date	標準普爾觀察列表上次更新的日期
S&P Outlook	標準普爾提供的展望
S&P Outlook Date	標準普爾上次更新展望的日期

表 A-19：LoanID 更新欄（表 4-4）

欄	描述
Identifier	與特定發行人 / 付款組合相關聯的產業標準唯一識別碼（通常儲存 CUSIP）
Identifier Type	指定識別碼的來源（例如 "CUSIP"）
LoanX ID	每筆貸款的唯一識別碼

欄	描述
Valid From	識別碼被標示到 LoanX ID 的日期
Valid To	識別碼未被標示到 LoanX ID 的日期
Modified Time	標示識別碼標示被編輯的日期

表 A-20：標記欄說明（表 4-5）

欄	描述
LoanXID	每筆貸款的唯一識別碼
Mark Date	價格的日期
Evaluated Price	收盤價 / 收盤價的中點
Bid	授信買價因日內交易波動以平均價為代表
Offer	授信賣價因日內交易波動以平均價為代表
Depth	深度通常是指提供參與經銷商的數量
Close Bid	買方收盤價為美國東部時間下午 4 點。這不會改變
Close Offer	賣方收盤價為美國東部時間下午 4 點。這不會改變
Close Date	買方和賣方收盤價日期
Contributed	如果貴公司對平均分做出貢獻，則傳回 "是"

表 A-21：財務報表欄（表 4-6）

欄	描述
SP_COMPANY_ID	S&P Capital IQ 識別碼
Currency	財務數據的幣別
Year	財務報表的年份
Quarter	季度的財務報表
Is_Annual	年度數據指標
Is_Latest	可用的最新資訊指標
Total_Sr_Secured_EBITDA	主順位無擔保負債 / 稅前息前折舊攤銷前收益
Sr_Debt_EBITDA	主順位負債 / 稅前息前折舊攤銷前收益
Sr_Sub_Debt_EBITDA	高次順位負債 / 稅前息前折舊攤銷前收益
Jr_Sub_Debt_EBITDA	低次順位負債 / 稅前息前折舊攤銷前收益
Sub_Debt_EBITDA	次順位負債 / 稅前息前折舊攤銷前收益
Total_Debt_EBITDA	債務總額 / 稅前息前折舊攤銷前收益
Net_Debt_EBITDA	（債務總額 - 減去現金及短期投資等資產）/ 稅前息前折舊攤銷前收益
Total_Assets	資產總額
Revenue	收入
EBITDA	稅前息前折舊攤銷前收益
Retained_Earnings	保留盈餘
EBITDA_INT	稅前息前折舊攤銷前收益 / 利息費用

欄	描述
Quick_Ratio	（現金和短期投資總額 + 應收帳款）/ 流動負債總額
Current_Ratio	流動資產總額 / 流動負債總額
Total_Debt_Capital	負債總額 / 資本總額
Total_Debt_Equity	負債總額 / 權益總額

表 A-22：Markit 表的主鍵（表 4-7）

表格名稱	主鍵
LoanIDUpdates	識別碼，修改時間
LoanPricingAndAnalytics	PricingAsOf、LoanX ID
LoansDailyRatings	日期，LoanX ID
LoanXFacilityUpdates	LoanX ID，修改時間
LoanXMarks	LoanX ID，標記日期
LoanXRecUpdates	LoanX ID，失效日期
FinancialStatement	SP_COMPANY_ID、年份、季度
FinancialStatementMap	LXID

表 A-23：投資組合表格設計（表 5-1）

類別名稱	資料型態
PositionID*	數值
Type	短文本
SecurityID	短文本
Size	數值
PurchasePx	數值
PurchaseDate	日期 / 時間
Position Comments	短文本

表 A-24：穆迪評等因子（來源：穆迪投資者服務公司；表 6-1）

評等	評等因子
Aaa	1
Aa1	10
Aa2	20
Aa3	40
A1	70
A2	120
A3	180
Baa1	260

評等	評等因子
Baa2	360
Baa3	610
Ba1	940
Ba2	1,350
Ba3	1,766
B1	2,220
B2	2,720
B3	3,490
Caa1	4,770
Caa2	6,500
Caa3	8,070
Ca	10,000
C	10,000

表 A-25：*Comp* 表架構（表 6-2）

類別名稱	資料型態
HistDate	日期 / 時間（設置為主鍵）
X	數值（將資料欄大小轉換成 Double）
Y	數值（將資料欄大小轉換成 Double）

表 A-26：*RF* 表架構（表 6-3）

類別名稱	資料型態
Rating（主鍵）	短文本
Factor	數值

表 A-27：*MedianBondStats* 表模式（表 6-4）

類別名稱	資料型態
PeerGroup（主鍵）	短文本
Count	數值
PxChgYTD	數值（資料欄大小為 Double）
PxChg3M	數值（資料欄大小為 Double）
YASSpread	數值（資料欄大小為 Double）
YASYield	數值（資料欄大小為 Double）
FixedCpn	數值（資料欄大小為 Double）
MonthsUntilMaturity	數值（資料欄大小為 Double）
RF	數值

表 A-28：*MedianLoanStats* 表架構（表 6-5）

類別名稱	資料型態
PeerGroup （主鍵）	短文本
Count	數值
PxChgYTD	數值（資料欄大小為 Double）
PxChg3M	數值（資料欄大小為 Double）
DM	數值（資料欄大小為 Double）
Yield	數值（資料欄大小為 Double）
Margin	數值（資料欄大小為 Double）
MonthsUntilMaturity	數值（資料欄大小為 Double）
RF	數值

表 A-29：*MedianCompanyStats* 表模式（表 6-6）

類別名稱	資料型態
Category （主鍵）	短文本
Count	數值
MarketCap	數值（資料欄大小為 Double）
TotalDebt	數值（資料欄大小為 Double）
TotalDebtToEBITDA	數值（資料欄大小為 Double）
NetDebtToEBITDA	數值（資料欄大小為 Double）
FCFToTotalDebt	數值（資料欄大小為 Double）
YrHi	數值（資料欄大小為 Double）
YrLow	數值（資料欄大小為 Double）
PxChgYTD	數值（資料欄大小為 Double）
PxChg3M	數值（資料欄大小為 Double）
TotalReturn12M	數值（資料欄大小為 Double）

表 A-30：*BondZWeights* 模式（表 6-7）

類別名稱	資料型態
PxChgYTD	數值（資料欄大小為 Double）
PxChg3M	數值（資料欄大小為 Double）
YASSpread	數值（資料欄大小為 Double）
YASYield	數值（資料欄大小為 Double）
FixedCpn	數值（資料欄大小為 Double）
MonthsUntilMaturity	數值（資料欄大小為 Double）
RF	數值（資料欄大小為 Double）

表 *A-31*：*PortfolioScenarios* 模式（表 *7-1*）

資料欄名稱	資料型態
PositionID（主鍵）	數值
BestReturn	數值（Double）
AverageReturn	數值（Double）
WorstReturn	數值（Double）
BestProbability	數值（Double）
AverageProbability	數值（Double）
WorstProbability	數值（Double）

表 *A-32*：傳回表模式（表 *10-1*）

資料欄名稱	資料型態
Period*	日期
MonthlyPNL	數值（Double）
StartingAUM	數值（Double）

索引

※ 提醒您：由於翻譯書排版之故，部份索引名詞的對應頁碼會和實際頁碼有一頁之差。

A

Access（資料庫管理系統）, 6, 7
  優點與限制, 7
  製作報表, 228-232
  將Markit數據匯入, 86
  使用C＃匯入Markit數據, 88-92
  連接Excel工作表到, 103
  用C＃維護投資組合資料表的歷史資料, 109
  在資料表中組織金融數據, 16-20
    利用查詢連接資料, 19
  利用彭博 C# API填入資料庫的資料表, 62-73
    程式碼, 63
    產生一個類型化的資料集, 62
    初步, 62
  為了和C＃一起使用而設置, 46
  用於分析大型資料集, 202
  用於市場分析, 207-216
    最近交易在80美元以下的貸款，目前交易在90美元以上, 213
    新發行貸款分析, 208
    公司貸款的歷史價格, 210
    再融資, 209
  用於投資組合風險分析, 178-184
    產生警示訊息, 183
    投資組合明細, 178
  用於相對價值分析, 130
    相關性和迴歸, 131
    Access中位數, 132
  用來保存歷史, 107-109
accessing financial data（取得金融數據）, 2

ADS.xsd dataset, creating（ADS.xsd資料集，產生）, 63
analysis（分析）（見金融數據分析）
analytics on loans（IHS Markit）（貸款分析）, 83
annualizing returns（年化收益）, 247
  計算公式, 254
array functions（Excel）（Excel陣列函數）, 30
autocomplete functionality（Excel）（Excel自動完成函數）, 15
AVERAGE function（Excel）（平均值函數）, 124, 128

B

backup.bat script（底稿備份）, 106
bank loans（銀行貸款）（見公司貸款）
banks, custom indices on Bloomberg（銀行，彭博的定制指數）, 35
BasicExample method, Program class（BasicExample方法，程序類）, 53
batch files（批次檔案）, 106
BDH function（Excel）, pulling historical data into Excel（Excel BDH函數，取出歷史數據匯入Excel）, 30, 119
BDP（Bloomberg Data Point）function（彭博數據點函數）, 25
  取出一個類別匯入Excel, 26
    填入參數, 27
    證券參數, 27
  返回證券代碼, 35
  在Excel中的債券覆蓋工作表中使用, 46
  在Excel中的公司工作表中使用, 45

BDS function（BDS函數）, 28
　　取出指數的組成列表匯入Excel中, 35
　　檢索同業證券, 35
　　返回證券標識符, 35
Beta（貝它值）, 117, 225
Bloomberg Barclays Indices（彭博巴克萊指數）, 34
Bloomberg Barclays US Aggregate Bond Index（Barclays Agg）index（彭博巴克萊美國綜合債券指數）, 248
　　計算投資組合回報, 253
　　在Excel中計算回報, 250
Bloomberg Field Search（in Excel）（彭博類別搜索）（在Excel中）, 25
Bloomberg financial data（彭博金融數據）, 1, 21-73
　　Access和, 228
　　彭博 C# API
　　基本歷史資料範例, 58
　　基本參照範例, 53
　　填入Access資料庫, 62-73
　　參照, 185
　　設置Access與C＃一起使用, 46
　　彭博日期類型, 275
　　債券工作表專欄和彭博地圖, 276
　　公司工作表專欄和彭博地圖, 278
　　同業證券, 34-38
　　利用指數找, 34
　　同業, 35
　　相關證券, 36
　　公司債券, 5
　　範例，取出資料匯入Excel中
　　使用BDP函數取出單個類別, 26
　　使用BDH函數取出歷史資料, 30
　　Excel模板庫單頁分析報告, 217
　　找到你需要的東西, 4
　　IDX工作表專欄和彭博地圖, 277
　　錯誤的資料, 21
　　貸款工作表專欄和彭博地圖, 277
　　使用彭博C＃API, 46-73
　　使用Excel和Access, 38-46

公司工作表, 43
公司債券、貸款和指數, 38
在Excel中參照和覆蓋, 45
Bloomberg ID（BBID）（彭博ID）, 40, 43
　　從工作表取出之公式, 152
Bloomberg ID Numbers（彭博ID數字）, 40, 101
Bloomberg Office Tools（彭博Office工具）, 24
Bloomberg Professional（彭博專業）, 21
　　（see also Bloomberg Terminal）（另見彭博終端）
Bloomberg Terminal（彭博終端）, 21
　　Excel加載項和.NET API, 21
　　使用Live Help查找Excel中的類別, 26
　　確定要檢索的類別, 22
　　FLDS篩選, 22
Bloomberg USD High Yield Corporate Bond Index Technology（彭博美元高收益公司債券指數技術）, 34
Bond Override worksheet（Excel）（債券覆蓋工作表）, 45
Bond table（Access）（債券表）, 48, 280
bonds（see corporate bonds）（債券）（見公司債）
Bonds table（Access）, populating（債券表）（填入）, 65
BondZWeights schema（BondZWeights架構）, 291
BOND_TO_EQY_TICKER field（Bloomberg）（OND_TO_EQY_TICKER 類別）（彭博）, 40
bulk data, pulling into Excel using BDS function（批量資料，使用BDS功能填入Excel）, 28

C

C#, 6
　　優點和缺點, 8
　　彭博 C# API, 46-73
　　基本歷史資料範例, 58
　　基本參照範例, 53
　　彭博的桌面API與C＃, 53

填入Access資料庫, 62-73

設置Access與C#一起使用, 46

中位數和標準差函數，寫入, 98

用於投資組合風險分析, 184

投資組合分解和警告訊息, 193

夏普比率與歷史或預測回報, 184-193

用於相對價值分析, 134-149

相關性和迴歸, 134-138

同業群組, 138

評等, 139

並排比較, 147

統計表, 139

加權z-分數, 148

用於分析金融數據, 8

用於產生投資組合報表, 263-271

用於產生報表, 237-246

用於將Markit資料匯入Access, 88-92

用於保留歷史金融數據, 109

CDS（Credit Default Swap）（信用違約交換）, 45

CDS_SPREAD_TICKER_5Y Bloomberg Field（CDS_SPREAD_TICKER_5Y Bloomberg 類別）, 45

cells（儲存格）

在Excel中命名, 104

在Excel文件中引用, 107

charts（圖表）, 217

在Excel中增加報表, 222, 257

歷史數據與圖表, 227

增加到SSRS公司報表, 235

comma-separated values（CSV）files（以逗號分隔的CSV檔）

從IHS Markit取得資料, 76

來自IHS Markit的授信資料, 76

IHS Markit資料，儲存在Excel中, 85

IHS Markit貸款授信資料，匯入到Access中, 86

Committee on Uniform Security Identification Procedures（統一證券認證程序委員會）（見CUSIPs）

Comp table schema（Comp表架構）, 289

Company table（公司表）（Access）, 47, 279

Company worksheet（公司工作表）（Excel），using Bloomberg data（使用彭博資料）, 43, 278

comparable securities（同業證券）, 34-38

利用指數找, 34

同業, 35

彭博資料相關證券, 36

composite key or composite primary key（複合鍵 或複合主鍵）, 15

corporate bond and loan data（公司債券和貸款資料）, 1

corporate bonds（公司債券）, 2

彭博資料, 5

Excel中的債券覆蓋工作表, 45

Access中的債券表, 48

債券工作表專欄和彭博地圖, 276

Excel中使用彭博資料的債券工作表, 38

Access中的債券工作表，填入, 65

IHS Markit資料, 84

投資組合明細, 167

corporate family ratings（公司家族評等）

所有投資組合部位的, 173

CCC或更低評等的警告, 176

corporate loans（公司貸款）, 2, 4

使用彭博資料在Excel產生貸款工作表, 40

IHS Markit資料, 75-84

取得資料, 76

授信資訊, 76

貸款報價、財務和分析, 81

用於市場分析, 195

投資組合明細, 167

Access中的貸款表, 48

貸款工作表專欄和彭博地圖, 277

用Access分析最近交易在80美元以下的貸款，目前交易在90美元以上, 213

Access中的貸款表，填入, 71

Access中的新發行貸款分析, 207

Excel中的新發行貸款分析, 195

Access中的價格歷史分析, 210

再融資，在Access市場分析中檢驗, 209

再融資，在Excel市場分析中檢驗, 199

CORREL function（CORREL函數）（Excel）, 119

　　使用OFFSET和MATCH函數, 156

correlation and regression（相關性和迴歸）

　　公司股票和指數的每日價格變化之間的相關性, 225

　　投資組合中的相關性, 152, 155

　　　　使用C＃計算, 192

　　在Access, 131

　　在 C#, 134, 138

　　在Excel, 114-120

　　　　產生一個相關性之矩陣, 119

　　　　迴歸, 115

creating financial reports（產生財務報告）, 3

Credit Default Swap（CDS）（信用違約交換）, 45

currencies（貨幣）

　　在Excel之彭博數據, 27

　　在Excel公司工作表中使用彭博資料, 43

CUSIPs, 27, 39, 53

　　在IHS Markit LoanID更新, 81

D

Daily Ratings channel（IHS Markit）（每日評等途徑）, 80

　　Daily Rating columns（每日評等專欄）, 286

data access（數據取得）（見取得金融數據）

data analysis（數據分析）（見金融數據分析）

data integrity（數據完整性）, 96-99

　　檢查數據, 96

　　離群值, 98

　　樣本大小, 97

data validation（資料驗證）

　　資料驗證工具, 218

　　在Excel, 15

Database Tools（Access）（資料庫工具）, 17

DataSet, typed, creating in Visual Studio（資料集，在Visual Studio產生）, 63

DATEDIFF function（DATEDIFF 函數）, 210

dates and time（日期和時間）

　　彭博資料型態, 31, 275

　　日期在程序類中, 58

　　特定日期之評等資料, 80

discount margin（DM）（貼現）, 195

DMedian function（DMedian函數）, 134

Dow Jones Industrial Average（道瓊斯工業平均指數）, 34

E

EDATE function（Excel）（EDATE函數）, 197, 253

Enforce Referential Integrity（Access）（實施參照完整性）, 17

EOMONTH function（Excel）（EOMONTH函數）, 252

equities（股市）, 2, 3

　　投資組合明細, 167

　　投資組合市場價值, 174

European loans, Markit loan pricing data on（歐洲貸款，Markit貸款報價資料）, 81

examples from this book（本書的範例）, 8

Excel, 6

　　優點和缺點, 6

　　彭博Excel加載項, 21

　　　　確定要檢索的類別, 22

　　彭博函數生成器和搜尋Excel中的類別, 24

　　將範圍轉換為表格, 12

　　產生報告, 217-228

　　資料驗證工具, 15

　　股票分析, 3

　　利用彭博Live Help找類別, 26

　　將工作表連接到Access, 7, 103

　　中位數和標準差函數, 98

　　投資組合工作表, 99

　　將彭博指數的組成名單拉入, 35

　　將資料拉入，範例, 26

　　　　使用BDP功能拉入單一類別, 26

　　　　使用BDS函數取出批量數據, 28

　　　　使用BDH函數取出歷史數據, 30

儲存Markit資訊, 85-86
表
　　增加匯總資訊之欄, 15
　　增加參照欄, 14
用於市場分析, 195-207
　　新發行貸款分析, 195
　　公司貸款歷史價格, 202
　　再融資, 199
用於投資組合風險分析, 152-178
　　產生警告訊息, 175
　　投資組合明細, 163
　　夏普比率與歷史和預測回報, 159
　　變異數、波動度、標準差, 152-159
用於相對價值分析, 114
　　比較證券和指數, 127
　　相關性和迴歸, 114
　　同業群組, 120
　　評等, 121
　　並排比較中位數統計資料, 125
　　統計工作表, 121
　　加權z分數, 127
用於產生投資組合報告, 247-263
　　計算回報, 248, 257
　　投資組合報告, 257-263
用於保存歷史, 104
　　歷史工作表, 104
　　每天備份工作簿的底稿, 106
與彭博數據一起使用
　　債券工作表與彭博資料, 38
　　公司工作表, 43
　　IDX工作表, 42
　　貸款工作表, 40
　　覆蓋, 45
　　參照, 45

F

facility information for loans（IHS Markit）（貸
　　款的授信資訊）, 197
　　將CSV文件匯入到Access中, 86
　　貸款ID更新, 81

推薦更新, 78
Facility Update channel（IHS Markit）（授信更新
　　途徑）, 76
　　授信更新欄, 284
Facility Update worksheet（授信更新工作表）,
　　85
financial data analysis（金融數據分析）, 2, 95-
　　112
　　類別, 95
　　資料的完整性, 96-99
　　保存歷史, 103-112
　　　　使用Access, 107
　　　　使用C#, 109
　　　　使用Excel, 104
　　將Excel工作表連接到Access, 101
　　市場分析, 195-216
　　投資組合, 99-101
　　投資組合風險分析, 151-193
　　相對價值分析, 113-149
financial data, organizing（金融數據，組織）,
　　11-20
　　在Access表中, 16-20
　　在Excel, 12-16
financial markets（金融市場）, 3
　　公司債券, 5
　　公司貸款, 4
　　股票, 3
Financial Statement channel（IHS Markit）（財務
　　報表途徑）, 83
　　財務報表欄, 287
Financial Statement Map channel（IHS Markit）
　　（財務報表地圖途徑）, 84
FLDS screen（Bloomberg）（FLDS篩選）, 22
forecasted portfolio returns（預測的投資組合回
　　報）, 159
foreign keys（外來鍵）, 12
　　在Access表中, 17
　　在Excel分類表格範例中, 14
　　證券代碼, 99
forms（表格）
　　Windows Form應用程序，Form1.cs, 237

Windows Form與投資組合報告, 270

Windows Form,增加額外的報表查看器, 265

formulas in Excel tables（Excel表格中的公式）

複製和貼上, 15

使用INDEX和MATCH函數的範例, 15

Function Builder（Bloomberg）（函數生成器），
24

G

Global Industry Classification Standard（GICS）
（全球行業分類標準）, 45

Global Investment Performance Standards（GIPS）
（全球投資表現標準）, 247

GROUP BY statement（GROUP BY陳述式），
209

H

has-a relationship（有關聯）, 11

historical data（歷史資料）

取得歷史資料的API參數, 283

Excel中公司的歷史財務報告, 226

保存歷史資料, 103-112

使用Access, 107

使用C#, 109

使用Excel, 104

使用彭博 C＃ API拉入Access, 58

使用BDH功能拉入Excel, 30

用歷史回報計算夏普比率, 159

I

IHS Markit, 1, 75-93

公司和主權債券資料, 84

公司貸款資料、類型, 5

公司貸款資料, 75-84

取得資料, 76

授信資訊, 76

貸款報價、財務和分析, 81

定價, 202

來自市場分析的金融數據, 195

將Markit數據匯入Access, 86

使用C#, 88-92

將資訊儲存在Excel中, 85-86

IIF function（IIF函數）, 101, 179, 210

Import Excel Spreadsheet dialog box（匯入Excel
試算表對話框）, 103

INDEX function（Excel）（INDEX函數）, 15, 45

在投資組合工作表中使用, 99

年初至今的價格變化, 127

Index table（Access）（指數表）, 49, 281

填入, 72

indices（指數）, 2

公司或組織的彭博金融數據, 3

在Excel中計算回報, 250

在Access中產生公司歷史價格相對應其指數,
230

在Excel中比較證券, 127

在Excel中用彭博資料產生指數（IDX）工作
表, 42

IDX工作表專欄和彭博地圖, 277

用來找同業證券, 34

INDIRECT function（Excel）（INDIRECT函
數）, 105

INDX_MEMBERS field（INDX_MEMBERS類
別）, 35

INNER JOIN statement（SQL）（INNER JOIN陳
述式）, 20, 213

integrity of data（資料完整性）（見資料完整
性）

intercept, calculating in Access（攔截，在Access
中計算）, 131

intrinsic value（內含價值）, 113

ISINs, 27, 39

由Excel函數返回, 35

J

JOIN statement（JOIN陳述式）, INNER JOIN,
20, 211

L

labeling Excel tables（標記Excel表格）, 14

linear regression（in Excel）（線性迴歸）, 115

Loan Performance channel（IHS Markit）（貸款表現途徑）, 83

Loan table（Access）（貸款表）, 48, 280

LoanID Updates channel（LoanID更新途徑）（IHS Markit）, 81

    LoanID Updates columns（LoanID更新欄）, 287

LoanID Updates worksheet（LoanID更新工作表）, 85

loans（貸款）（見公司貸款）

Loans table（Access）（貸款表）

    填入, 71

LoanX ID（IHS Markit）（貸款 X 代碼）, 81

    連接財務報表途徑資訊, 84

    用作Excel表格的主鍵, 85

London Interbank Offered Rate（LIBOR）（倫敦銀行同業拆借利率）, 159, 196, 195, 250

    Excel年化3個月LIBOR利率, 250

M

macros（巨集）

    在Access中產生, 108

    在Access中列印或發送電子郵件報告, 184

Map table（Access）（地圖表）, 49, 281

market analysis（市場分析）, 96, 195-216

    使用Access和C＃, 207-216

        最近交易在80美元以下的貸款，目前交易在90美元以上, 213

        新發行貸款分析, 208

        公司貸款的歷史價格, 210

        再融資, 209

    使用Excel, 195-207

        新發行貸款分析, 195

        公司貸款的歷史價格, 202

        再融資, 199

market value（市場價值）

    在Excel投資組合工作表中進行計算, 101

    內含價值和, 113

    投資組合股票部位價格, 174

    股票部位, 167

    在歷史工作表中追?投資組合, 104

Markit（見IHS Markit）

Markit Loans Automated Data Exchange（Markit貸款自動數據交換）, 76

Marks channel（IHS Markit）（標記途徑）, 82

    標記欄說明, 287

Marks worksheet（標記工作表）, 85

MATCH function（Excel）（MATCH函數）, 15, 45

    在投資組合工作表中使用, 99

    使用CORREL和OFFSET函數, 156

MathNet library（MathNet資料庫）, 134, 185

maturity（到期）

    公司債券, 5

    公司貸款, 4

    基於...投資組合警告訊息, 175

MAXIFS function（Excel）（MAXIFS函數）, 206

median and standard deviation（中位數和標準差）

    並排比較統計工作表, 125

    在C＃stats表中, 141

        MedianBondStats表, 147

    Access中位數, 132

    Excel統計工作表, 121

    StdDevBondStats Excel表, 124

MEDIAN function（Excel）（中位數函數）, 98

MedianBondStats table schema（MedianBondStats表架構）, 289

MedianCompanyStats table schema（MedianCompanyStats表架構）, 291

MedianLoanStats table schema（MedianLoanStats表架構）, 291

Microsoft .NET Framework（Microsoft .NET架構）（見.NET Frame work）

Microsoft Access（見Access）

Microsoft Excel（見Excel）

MINIFS function（Excel）（MINIFS函數）, 206

Moody's ratings（穆迪評等）

對於公司貸款，在每日評等途徑, 80

穆迪評等欄, 43

投資組合明細，在Excel表格中, 171

評等因素（RF）, 121, 288

在C＃中進行相對值分析, 139

CCC或更低評等的警告, 176

N

N function（Excel）（N函數）, 86, 197

與SUMPRODUCT一起使用, 200

在Excel中命名範圍, 15

NASDAQ Composite Index（納斯達克綜合指數）, 34

.NET Framework（.NET架構）, 8

彭博的.NET API, 21

numbers, formatting in Access report（數字，在Access報告中格式化）, 230

O

OFFSET function（Excel）（OFFSET函數）, 154, 156

OleDB driver for Microsoft Access（用於Microsoft Access的OleDB驅動程序）, 88

online files for this book（這本書的線上文件）, 8

outliers in data（資料離群值）, 98

overrides（Excel worksheets）（覆蓋）（Excel工作表）, 45

P

P-value（在Excel）（P值）, 118

Page Layout tab（Excel）（頁面排版表）, 217

Peer Correlation（PC）screen on Bloomberg（彭博的同業相關篩選）, 35

peer groups（同業群組）

Excel相對價值分析, 120

中位數和標準差值分解, 121

使用C# 相對價值分析, 138

並排比較中位數統計資料, 147

統計, 139

peers（同業）（證券）, 28

在Excel發現彭博資料, 35

performance（績效）

比較證券, 2

Markit的貸款績效途徑, 83

使用投資組合報告進行監控, 247

portfolio（投資組合）, 99-101

用Excel保存歷史資料, 104

用Access保存歷史資料, 107

使用C# 保存Access投資組合的歷史表 109, 109

投資組合資料庫表, 101

查詢以從其他表中取出欄, 101

投資組合表設計, 288

投資組合工作表, 99

portfolio reports（投資組合報表）, 247-271

使用C# 和SSRS產生, 263-271

使用Excel產生, 247-263

計算回報, 248-257

投資組合報告, 257-263

監控績效和風險, 247

portfolio risk analysis（投資組合風險分析）, 151-193

使用Access, 178-184

產生警告訊息, 183

投資組合明細, 178

使用C#, 184-193

投資組合細分和警告訊息, 193

夏普比率與歷史或預測回報, 184-193

使用Excel, 152-178

產生警告訊息, 175

投資組合明細, 163

夏普比率與歷史或預測回報, 159

變異數，波動度，標準差, 152-159

PortfolioScenarios table schema（PortfolioScenarios表架構）, 292

Position Comments field（部位註釋類別）, 99

PositionID, 99, 101

prices（價格）

　　Markit的債券定價資料, 84

　　價格變化超過10％，在Access中分析公司貸
　　　　款, 213

　　公司貸款的價格歷史分析, 202

　　　　使用Access, 210

　　SSRS報告中公司的價格歷史記錄, 234

　　用Access產生公司歷史價格及相對應指數,
　　　　230

　　對投資組合部位價格變化的警告, 176

pricing（loans）, IHS Markit data on（報價貸
　　款，IHS Markit數據）, 81

pricing sources（報價來源）, 28

　　覆蓋BDP證券參數中的預設值, 27

　　彭博PCSS篩選摘要, 27

　　匯總表, 275

primary keys（主鍵）, 11

　　Markit表, 288

　　用於Access中的Markit表, 87

　　在Access表中, 16

　　在Excel表中, 14

　　PositionID，用於投資組合表, 99, 101

　　使用LoanX ID，將Markit數據儲存在Excel表
　　　　格, 85

Program class（Program類）（彭博C# API）, 53

Program.cs file, adding using directives for
　　Bloomberg classes（Program.cs文件，增加
　　使用指令彭博類別）, 53

PurchaseDate（投資組合）, 99

PurchasePx attribute（PurchasePx屬性）（投資
　　組合）, 99

Q

queries（SQL）（查詢）

　　基本語法, 19

　　以資產類別細分投資組合部位, 178

　　產生將連接表中的列插入新的歷史表中, 108

　　從其他表中，將欄拉入投資組合表, 101

　　子查詢, 20

R

R-Squared（R平方）, 131

　　在Excel公司報告中計算, 225

　　在圖表上顯示值, 115

　　Excel中的RSQ公式, 117

range-based Excel tables（基於範圍的Excel表
　　格）, 174

ranges（Excel）（範圍）, 248, 260

　　轉換成表格, 12

　　命名範圍，增加到表中, 15

ratings（評等）, 5

　　所有投資組合部位的公司家族評等, 173

　　每日評等欄, 286

　　對於投資組合部位，按順序顯示在Access中,
　　　　182

　　在Excel中進行相對值分析, 121

　　Markit每日評等途徑, 80

　　在Excel中依投資組合之穆迪評等分類, 171

　　穆迪的RF在C＃中的相對價值分析, 139

　　對投資組合部位為CCC或更低評等之警告,
　　　　176

Recommended Updates channel（IHS Markit）
　　（推薦更新途徑）, 78, 199

　　推薦更新的欄, 286

reference columns, adding to Excel tables（參照
　　欄，增加到Excel表格中）, 14

references（Excel worksheets）（參照）（Excel
　　工作表）, 45

refinancings（再融資）

　　Access分析, 209

　　在Excel市場分析中檢查, 199

regression（迴歸）, 115

　　（另見相關性和迴歸）

　　在Access中計算迴歸方程, 131

　　在Excel, 114

　　　　迴歸工作表, 118

regression coefficient（迴歸係數）131, 131

Regulation S（Reg S）corporate bonds（法規S公
　　司債券）, 39

related securities, finding in Bloomberg data（在彭博資料中找到相關證券）, 36

relationships between tables（表格之間的關聯）, 11

    Access中的關聯主選單選項, 17

relative value analysis（相對價值分析）, 95, 113-149

    在Excel公司報告中, 220

    使用Access, 130

        相關性和迴歸, 131

        中位數，計算, 132

    使用C#, 134-149

        相關性和迴歸, 134-138

        同業群組, 138

        評等, 139

        並排比較, 147

        統計表, 139

        加權z分數, 148

    使用Excel, 114

        比較證券和指數, 127

        相關性和迴歸, 114

        同業, 120

        評等, 121

        並排比較, 125

        統計工作表, 121

        加權z分數, 127

Relevance Indicator（Bloomberg）（相關指標）, 37

reporting（報告）（見產生財務報告）

reports（報告）, 3, 217-246

    使用Access產生, 228-232

        增加標籤, 230

        公司報告, 231

        公司報告查詢, 229

        一家公司的價格歷史相對應其指數, 230

    用C#和SSRS產生, 232-246

    用Excel產生, 217-228

        增加圖表, 222

        公司報告中的歷史財務報表, 226

        第1頁與圖表, 225

        第2頁，歷史資料與圖表, 227

        相對價值和公司報告評論部分, 222

        公司報告頂部, 220

    在Access中為投資組合風險產生警告報告, 183

    投資組合, 247-271

        使用C#和SSRS產生, 263-271

        監控績效和風險, 247

        使用Excel，為了, 247-263

returns（回報）

    年化, 247

    在Excel中計算投資組合, 248-257

        年化回報公式, 254

        回報表, 252

    回報表模式, 292

RF table schema（RF表架構）, 289

risk analysis（風險分析）, 95, 151-193

    為新發行的貸款, 195

    監控投資組合報告中的風險, 247

risk-free rate（無風險利率）, 159

    在Excel中減少每月回報, 251

Rule 144a（規則144a）（公司債券）, 39

    144a ISINs, 39

Russell 2000 Index（羅素2000指數）, 34

S

S&P 500（標準普爾500）, 34

    計算投資組合回報, 247, 250

S&P partnership with IHS Markit（標普與IHS Markit合作）, 76

S&P ratings for corporate loans（公司貸款的標準普爾評等）, 80

S&P's Capital IQ financial data（標準普爾的Capital IQ金融數據）, 83

sample size（樣本大小）, 97

schemas（模式）, 11

    為BondZWeights, 291

    為Comp表, 289

    為MedianBondStats表, 289

    為MedianCompanyStats表, 291

為MedianLoanStats表, 291

為PortfolioScenarios表, 292

為回報表, 263, 292

為RF表, 289

PortfolioScenarios範例, 184

security identifiers（證券標識符）, 27

彭博ID號碼, 40

為公司債券, 39

由Excel函數返回, 35

SecurityID（證券代號）, 99

在投資組合工作表中匹配, 99

SELECT statement（SQL）（SELECT陳述式）
（基本語法）, 19

Sharpe Ratio（夏普比率）, 151, 247, 266

在Excel中計算回報, 256

計算標準普爾500指數和巴克萊美國指數綜
合債券指數（巴克萊Agg）, 247

與歷史或預測的回報, 159

用C#計算, 184-193

Sheet Options group（Excel）（工作表選項組）,
217

short CCC（短的CCC）, 5

Significance F value（in Excel）（有效的 F 值）,
118

Size attribute（大小屬性）（投資組合）, 99

SLOPE function（Excel）（SLOPE函數）, 117,
225

sovereign bonds, IHS Markit data on（主權債
券，IHS Markit數據）, 84

spread（利差）（貸款）, 195

在再融資中計算, 200

計算加權平均初始利差, 197

初始和替換利差之間的加權平均差額, 210

SQL（見結構化查詢語言）

SQL Server（關聯式資料庫）, 7

SQL Server Data Tools（SSDT）（關聯式資料庫
工具）, 233

SQL Server Reporting Services（SSRS）（關聯式
資料庫之報表伺服器專案）, 1, 8

產生報告, 232-246

公司報告設計模式, 237

用於產生投資組合報告, 263-271

standard deviation（標準差）

作為波動率和風險的衡量標準 152, 152

在C＃組合風險分析中計算, 192

...的投資組合, 152

年化, 255

要在工作表中計算的公式, 153

在夏普比率公式中, 159

...的貸款價格, 207

StdDevBondStats Excel表, 124

變異數公式中的加權標準差, 159

stats tables（統計表）, 139

stats worksheets（統計工作表）, 121

BondStats工作表, 121

CompanyStats工作表, 124

LoanStats工作表, 124

STDEV function（Excel）（STDEV函數）, 98,
128

Structured Query Language（SQL）（結構化查詢
語言）, 7

查詢的基本語法, 19

公司報告查詢SSRS報告, 233

Access中的公司報告查詢, 229

GROUP BY陳述式, 209

INNER JOIN陳述式, 213

按資產類別查詢投資組合明細, 178

投資組合表，查詢拉入其他工作欄, 101

Access中的價格歷史查詢, 231

從連接表中的列查詢並插入新的歷史表格,
108

UNION，用於組合多個查詢, 179

WHERE子句, 214

subqueries（SQL）（子查詢）, 20

SUBSTITUTE function（Excel）（SUBSTITUTE
函數）, 35

summary information columns, adding to（摘要
訊息欄，增加到Excel表格）, 15

SUMPRODUCT function（Excel）
（SUMPRODUCT函數）, 86

與N功能一起使用, 197, 200

T

tables（表）

　　在Access中產生, 16

　　Excel, 12

　　　　增加摘要資訊的欄, 15

　　　　增加參照欄, 14

　　　　範例顯示正確的數據儲存, 12

　　　　標籤, 14

　　本書中使用的參照表, 275-292

Task Scheduler application（Task Scheduler應用程序）, 106

tear sheet reports（公司現況說明書）, 217

third normal form（第三範式）, 11

Total Row, adding to Excel table（總列數，增加到Excel表格中）, 12

Type attribute（類型屬性）（投資類型）, 99

U

UNION statement（UNION陳述式）, 179

using directives for Bloomberg classes（使用彭博類別的指令）, 53

V

validation of data（資料驗證）（見資料驗證）

valuations（估值）, 1

variance（變異數）, 152

　　投資組合中的變異數公式, 158

Visual Basic for Applications（VBA）code（程式）, calculating median in Access（在Access計算中位數）, 132

Visual Studio IDE, 8

　　增加對Microsoft.VisualBasic的參照, 88

　　產生一個新的C＃控制台應用程序, 53

　　產生一個類型化數據集ADS.xsd, 62

VLOOKUP function（Excel）（VLOOKUP函數）, 15, 45, 153

　　在債券覆蓋工作表中使用, 46

volatility（波動度）, 152

W

WAPI <GO> screen on Bloomberg（彭博WAPI<GO>篩選）, 53

warning signs（警告訊息）

　　使用Access產生投資組合風險分析, 183

　　使用C＃生成投資組合風險分析, 193

　　使用Excel生成投資組合風險分析, 175

weighted z-scores（加權z分數）, 128

　　在C＃中, 148

WHERE clause（WHERE子句）, 214

　　在SELECT陳述式中, 19

　　使用？通過CompanyID篩選, 233

Wilshire 5000 Index（Wilshire 5000指數）, 34

X

XML format, data requests for IHS Markit（XML格式，IHS Markit的資料請求）, 76

Z

z-score（z分數）, 127

　　C＃中的加權z分數, 148

關於作者

Justin Pauley 目前是 Brigade 資產管理公司的高級結構信用分析師，負責提出投資建議、執行交易，以及開發用於分析和評估複雜投資的系統。在加入 Brigade 之前，Justin 在蘇格蘭皇家銀行領導 CLO 戰略部門，負責提供投資者月度報表並開發債券分析系統。Justin 在 Wachovia 的技術部門開始他的職業生涯，為分析師和交易員開發前台應用程序。他在結構性金融雜誌發表文章並曾被引用於華爾街日報和彭博新聞中，曾在金融相關會議上發表過多次演講。

金融數據解密｜產業研究與策略分析的實用技術指南

作　　者：Justin Pauley
譯　　者：陳泳如
企劃編輯：莊吳行世
文字編輯：詹祐甯
設計裝幀：陶相騰
發 行 人：廖文良

發 行 所：碁峰資訊股份有限公司
地　　址：台北市南港區三重路 66 號 7 樓之 6
電　　話：(02)2788-2408
傳　　真：(02)8192-4433
網　　站：www.gotop.com.tw
書　　號：A560
版　　次：2019 年 02 月初版
建議售價：NT$580

國家圖書館出版品預行編目資料

金融數據解密：產業研究與策略分析的實用技術指南 / Justin
Pauley 原著；陳泳如譯. -- 初版. -- 臺北市：碁峰資訊, 2019.02
　　面；　公分
　　譯自：Unlocking Financial Data: a practical guide to
technology for equity and fixed income analysts
　　ISBN 978-986-476-984-1(平裝)
　　1.資料探勘　2.軟體研發
312.74　　　　　　　　　　　　　　　　　107020373

讀者服務

● 感謝您購買碁峰圖書，如果您
對本書的內容或表達上有不清
楚的地方或其他建議，請至碁
峰網站：「聯絡我們」\「圖書問
題」留下您所購買之書籍及問
題。(請註明購買書籍之書號及
書名，以及問題頁數，以便能
儘快為您處理)
http://www.gotop.com.tw

● 售後服務僅限書籍本身內容，
若是軟、硬體問題，請您直接
與軟體廠商聯絡。

● 若於購買書籍後發現有破損、
缺頁、裝訂錯誤之問題，請直
接將書寄回更換，並註明您的
姓名、連絡電話及地址，將有
專人與您連絡補寄商品。